Activity Book

Façon de Parler

Parler

2

Intermediate French

Fifth Edition

Angela Aries and
Dominique Debney

Acknowledgements

The authors and publishers would like to thank the following for permission to reproduce photographs in this book:

page 43 © Bayazid Akter/Demotix/Corbis; page 115 © Pimental Jean/Corbis Kipa; page 138 courtesy of K. Wotherspoon.
Other photos courtesy of Dominique and Roy Debney.

Extract from *Bleus sont les étés* © Christian Signol, éditions Albin Michel.

Orders: please contact Bookpoint Ltd, 130 Milton Park, Abingdon, Oxon OX14 4SB. Telephone: (44) 01235 827720. Fax: (44) 01235 400454. Lines are open 9.00–5.00, Monday to Saturday, with a 24-hour message answering service. You can also order through our website www.hoddereducation.co.uk

If you have any comments to make about this, or any of our other titles, please send them to educationenquiries@hodder.co.uk

British Library Cataloguing in Publication Data
A catalogue record for this title is available from the British Library

ISBN: 978 1 444 18124 1

First Edition 2007. This edition 2013
This edition reprinted in 2024 by John Murray Languages.
Impression number   12
Year   2024

Copyright © 2007, 2013 Angela Aries and Dominique Debney

Hachette UK's policy is to use papers that are natural, renewable and recyclable products and made from wood grown in sustainable forests. The logging and manufacturing processes are expected to conform to the environmental regulations of the country of origin.

Cover photo © Nejron photo–Fotolia
Typeset by Integra Software Services Pvt. Ltd., Pondicherry, India.
Printed and bound by CPI Group (UK) Ltd, Croydon, CRO 4YY, for Hachette UK, 338 Euston Road, London NW1 3BH.

Contents

Introduction

This Activity Book has been designed to complement and enhance *Façon de Parler 2* Student Book. It closely reflects the topics covered in the corresponding units of the course, although it can be used independently.

In addition to the comprehensive and varied activities for each unit, you will find the following support features:

Objectifs
These tell you in French what topics and grammatical points are going to be revised and practised in the unit. For broader topics, the formula 'dans tous ses états' (in all its aspects) is used.

La citation du jour
Every unit starts with one or two quotations, linked to the topic(s) of the unit, with brief biographical notes about the author(s).

Pense-bête!
This is a reminder of basic grammar rules to help you tackle an exercise and/or to advise you to revise a particular point before beginning the activity.

Coin info
This is an eclectic mix of information in French about France, the French way of life, the French language or general information related to the topic of the unit.

Bilan
Finally, each unit ends with a multiple-choice exercise designed to check vocabulary and grammar points covered in the unit.

The **Key** at the end of the book provides answers to all the activities, including suggested answers for open-ended exercises. Personal questions are left to the individual student to decide.

An English equivalent of the quotations can be found after the key on page **186**.

1

Première unité

Les nombres. Se présenter et parler des autres. Décrire l'apparence physique et la personnalité.
Le présent. Les adjectifs possessifs. Les prépositions. Les adjectifs et les adverbes.

Les citations du jour

'Il y a des gens si ennuyeux qu'ils vous font perdre une journée en cinq minutes.'
Jules Renard (1864–1910) – Écrivain français.
Il a été élu maire en 1904 et est devenu membre de l'Académie Goncourt en 1907.

'Le meilleur moyen de faire tourner la tête à une femme, c'est de lui dire qu'elle a un joli profil.'
Sacha Guitry (1885–1957) – Écrivain d'origine russe, auteur de pièces de théâtre, mais aussi metteur en scène, dialoguiste, scénariste et réalisateur de films.

1 **Écrivez les numéros de téléphone, les prix et les années en chiffres.**

A zéro deux, quarante-six, trente-trois, soixante et onze, quinze, **B** zéro six, cinquante-sept, vingt-quatre, quatre-vingts, cinquante-cinq, **C** Deux cents euros, **D** Quatre-vingt-treize euros, **E** Quatorze euros soixante, **F** Deux mille huit, **G** Dix-neuf cent cinquante, **H** Mille huit cent quatorze, **I** Deux mille vingt, **J** Mil sept cent quatre-vingt-onze.

2 **Écrivez les dates en lettres.**

EXEMPLE: 25-12-1998
→ Le vingt-cinq décembre mil(le) neuf/dix-neuf cent quatre-vingt dix-huit.

A 1-06-1945, **B** 13-07-1981, **C** 17-08-1824, **D** 28-02-1743, **E** 30-03-1615, **F** 21-04-1512, **G** 23-05-1950, **H** 27-09-2000, **I** 5-10-2001, **J** 11-11-2008.

3 **Ajoutez les adjectifs possessifs pour compléter les phrases.**

1 Dis-moi, Serge, comment s'appellent _____ parents?
2 Vous pouvez me montrer une photo de _____ enfants?
3 Eloïse ne s'entend pas très bien avec _____ sœur.
4 Je n'aime pas quand _____ fille rentre tard le soir.
5 Comment est _____ sœur? Elle vous ressemble?
6 Ils sont fiers de _____ fils car il a remporté le premier prix.
7 Martine a trente ans mais elle habite toujours chez _____ parents.
8 Il ressemble comme deux gouttes d'eau à _____ frère jumeau.
9 Nous aimons beaucoup _____ oncle Archibald, il est drôle et très généreux.
10 Elle préfère _____ grand-père à _____ grand-mère, il est moins sévère.
11 J'ai rencontré Alena, _____ amie tchèque, en Angleterre.
12 Heureusement, il adore _____ infirmière car elle est douce et très patiente.

4 **Complétez avec les bonnes prépositions.**

1 Ils vont en vacances ___ France.
2 Elle travaille ___ Paris.
3 Le bateau va arriver __ Havre.
4 Tu aimerais aller ___ Maroc?
5 Ils vont aller aux 24 Heures ___ Mans.
6 J'ai des amis ___ États-Unis.
7 Elles aiment faire du shopping ___ New York.
8 Vous habitez ___ Canada?
9 On habite Québec ___ notre mariage.
10 Nous sommes nés ___ Bastia.
11 C'est ___ Corse, n'est-ce pas?
12 Vous travaillez ___ longtemps comme journaliste?

5 **Lisez les petites annonces ci-dessous puis répondez vrai (V), faux (F) ou 'on ne sait pas' (?).**

1 La personne vend son aquarium pour cause de déménagement.
2 Le transport de l'aquarium ne va pas être facile.
3 La petite lapine ne coûte pas cher.
4 Le propriétaire du chien passe beaucoup de temps au travail.
5 On ne peut pas acheter le cheval pour moins de 3600 €.
6 On peut facilement identifier les chats s'ils se perdent.
7 On peut faire de longues promenades avec le cheval.
8 On peut retrouver le cheval grâce à un tatouage.
9 Les propriétaires de l'âne habitent dans une ferme.
10 Les propriétaires de l'âne mangent chez eux le midi.

ANIMAUX

Donne lapin femelle 3 mois marron très mignonne contre bons soins.

Part vd* chien type Shih Tzu 6 mois tatouage cause travail. Prix à débattre. Tél. 06 17 94 85 10 ap 20 h.

A rés 3 chatons type sacré de Birmanie Siamois femelles nées 26 mars tatouées et vacc.

Vds âne 1,20 m brun né 2009. 300 €. Tél 02 51 33 98 67 09 heures repas.

Aquarium 450 L complet avec pompe eau pompe air + poissons 400 €.

Vds cheval 6 ans bai vaccin et puce.* Idéal pour balades ou trec. 3600 € à débattre.

*Part vd: Particulier vend = *for private sale*; une puce = *a chip* (here)

6 **A quel animal ressemblent-ils? Choisissez entre** *cheval, cochon, crabe, éléphant, oiseau, pie, rossignol, singe.*

1 Il est malin comme un _____ .
2 Elle chante comme un _____ .
3 Il marche en _____ .
4 Elle a un appétit d'_____ .
5 Il a une mémoire d' _____ .
6 Elle a une fièvre de _____ .
7 Ils mangent comme des _____ .
8 Elle est bavarde comme une _____ .

7 **Complétez les titres des romans en utilisant la bonne forme de l'adjectif.**

La retraite (sentimental)	Colette
La bête (humain)	Émile Zola
Vue de la terre (promis)	Georges Duhamel
Le jardin de bêtes (sauvage)	Georges Duhamel
La mer (cruel)	Nicolas Montserrat
Les anges (noir)	François Mauriac
Mémoires (intérieur)	François Mauriac
La symphonie (pastoral)	André Gide
Les nourritures (terrestre)	André Gide
Les (nouveau) nourritures	André Gide
Les parents (terrible)	Jean Cocteau
Les enfants (terrible)	Jean Cocteau
La machine (infernal)	Jean Cocteau
Les (merveilleux) nuages	Françoise Sagan
Un (certain) sourire	Françoise Sagan
Les enfants (humilié)	Georges Bernanos

8 **Reliez les adjectifs ci-dessous à leurs définitions.**

fort	curieux	jaloux	laid
gourmand	joli	drôle	minuscule
jeune	pauvre	gros	cruel
avare	intelligent	vieux	

1 Animé du désir de comprendre, d'apprendre, de voir, de savoir.
2 Qui éprouve du dépit devant les avantages des autres, envieux.
3 Qui aime à amasser des richesses et n'aime pas dépenser son argent.
4 Qui mange trop de bonnes choses.
5 Agréable à voir.
6 Qui fait rire.
7 Très petit.
8 Qui a des dimensions importantes.
9 Qui se plaît à faire souffrir.
10 Qui n'a pas assez d'argent pour vivre.
11 Qui peut porter des choses très lourdes.
12 Qui n'est pas avancé en âge.

9 **Maintenant mettez tous les adjectifs au féminin.**

10 **Répondez aux questions suivantes pour décrire un homme que vous connaissez. Dites de qui il s'agit.**

Est-ce qu'il est jeune ou est-ce qu'il est vieux?
À votre avis, il est grand ou petit?
Il a les cheveux de quelle couleur?
Et ses yeux?
Porte-t-il une barbe ou une moustache?
Est-ce qu'il porte des lunettes?
Quels sont ses qualités et ses défauts?

11 **Maintenant, répondez aux questions suivantes pour décrire une femme que vous connaissez. Dites de qui il s'agit.**

Est-ce qu'elle est jeune ou est-ce qu'elle est vieille?
Est-ce qu'elle est grande?
Est-ce qu'elle est mince?
Elle a les cheveux de quelle couleur?
Sont-ils longs, courts, raides ou bouclés?
De quelle couleur sont ses yeux?
Quels sont ses qualités et ses défauts?

Coin info

À propos de barbe

- rire dans sa barbe = rire en se cachant, pour soi-même.
- parler dans sa barbe = parler de telle façon que les autres personnes n'entendent pas.
- faire quelque chose 'à la barbe' ou 'au nez et à la barbe' de quelqu'un = faire une chose dangereuse ou interdite (par exemple voler quelque chose), devant une personne, malgré sa présence.
- une vieille barbe = une personne sérieuse et ennuyeuse.
- 'quelle barbe!' = 'quel ennui!' ou 'ah, zut!'.
- 'la barbe!' = 'quel ennui!' ou 'ça suffit!', 'laisse(z)-moi tranquille!'.
- se barber (fam.) = s'ennuyer
- la barbe à papa = grosse confiserie très légère, de couleur rose, faite de sucre étiré à chaud autour d'un bâtonnet et qui ressemble à une énorme boule de coton.
- Au pluriel, les barbes sont les petites irrégularités d'une pièce de métal sur le bord où elle a été coupée.

12 Lisez le texte puis décrivez Marie-Claire et Laurence.

Marie-Claire parle de Laurence, sa sœur jumelle: 'Elle est réceptionniste comme moi. Nous travaillons dans le même hôtel à Lausanne en Suisse. Nous nous ressemblons beaucoup. Nous avons les yeux bleus et les cheveux châtains, bouclés. La seule différence, c'est que j'ai les cheveux mi-longs, tandis que Laurence a les cheveux courts. En plus, elle porte des lentilles de contact, tandis que moi, je vois bien et je n'ai pas besoin de lunettes.'

Continuez: *Les sœurs jumelles sont …*

13 Maintenant décrivez Fabien.

Fabien se présente: 'Moi? Je mesure 1 mètre 95. J'ai les cheveux roux et les yeux verts. Je fais du sport pour rester en forme et garder la ligne … Je fais de la musculation trois fois par semaine et je joue au squash avec ma partenaire Claude. Mes qualités? Je ne sais pas. Je suis généreux, honnête … Mes défauts? Je ne suis pas très patient et je suis gourmand. J'adore manger au restaurant et essayer de nouveaux plats!'

Continuez: *Fabien est … , il mesure …*

14 Écrivez un paragraphe sur les personnes suivantes et dites quand elles se consacrent à leurs loisirs (par ex. tous les jours, quelquefois, etc.), puis présentez-vous de la même façon.

Juliette Pignon, divorcée, née Les-Sables-d'Olonne, 2 enfants, études à Nantes. Professeur, lycée Jean Jaurès, La-Roche-sur-Yon depuis 2011. Passe-temps: aérobic, promenades (week-end), basket.

Maurice Etienne, marié, sans enfants, né Fort-de-France, Martinique, infirmier à l'hôpital Victor Hugo depuis 2008. Passe-temps: (été) jet-ski, planche à voile, (hiver) cinéma.

Hasan et Muhammed Hafiz, célibataires, jumeaux, nés à Casablanca, Maroc, études supérieures, Grenoble. Ingénieurs dans une entreprise globale à Fès. Passe-temps: ski, tennis, deltaplane* (pas trop de vent).

*deltaplane = *hang gliding*

15 Imaginez que vous recherchez l'âme sœur* sur Internet. Remplissez le questionnaire en ligne de Ame-sœur.com.

*âme sœur (f.) = *soul mate*

Ame-sœur.com – le site multiracial de l'amitié et du mariage

Inscription gratuite

Prénom:

Nom:
Votre nom de famille n'apparaît pas sur votre profil.

Choisissez un mot de passe:
Utilisez un mélange de lettres et de chiffres, de 6 à 20 caractères.

Votre adresse e-mail:
Votre adresse électronique doit être valide. Elle n'est pas dévoilée aux autres membres.

Questions à votre sujet:

Je suis

Sélectionnez…
Un homme
Une femme

Je vis

(Indiquez le pays où vous vivez.)

dans l'état/la province/la région de

dans/près de la ville de

Mon pays de nationalité est

Mon origine ethnique est

Sélectionnez…
Arabe
Africain
Asiatique
Caucasien
Hispanique
Métisse
Autre

Je parle

(Indiquez les langues que vous parlez et à quel niveau – ex. français couramment, russe assez bien).

Continuez →

J'ai [ ] ans.

Mon signe du zodiaque est

Sélectionnez... ▲
Bélier
Taureau
Gémeaux
Cancer
Lion
Vierge
Balance
Scorpion
Sagittaire
Capricorne
Verseau
Poissons ▼

Ma religion. Je suis

Sélectionnez... ▲
Boudhiste
Catholique
Hindouiste
Juif
Mormon
Musulman
Protestant
Sikh
Autre
Sans religion ▼

Je fume

Sélectionnez... ▲
Oui
Non
Occasionnellement ▼

Je bois

Sélectionnez... ▲
Oui
Non
Occasionnellement ▼

Ma situation de famille. Je suis [ ]

Enfants: [ ]

Continuez →

Mon niveau d'études:

Sélectionnez… ▲
École primaire
Collège
Lycée
Formation professionnelle
Diplôme universitaire
Doctorat ▼

Mon travail:

Choisissez un en-tête pour votre profil:

(ex. Jolie Princesse recherche Prince Charmant.)

Décrivez-vous:

(Donnez une brève description de votre physique et de votre personnalité.)

Questions à propos de la personne que vous recherchez:

Je veux rencontrer

Sélectionnez… ▲
Un homme
Une femme ▼

Pour

Sélectionnez… ▲
Correspondre
Amitié
Romance/Rendez-vous
Mariage ▼

(Pour sélectionner plusieurs choses, maintenez la touche ctrl.)

Décrivez le/la partenaire que vous recherchez.

(Tapez quelques mots pour maximiser vos chances de succès.)

Termes et conditions

En sélectionnant "J'accepte" vous devenez membre et acceptez les termes et conditions ci-dessous.

Lire les termes et conditions

Polichinelle*

Grâce au théâtre de marionnettes, ce personnage d'origine italienne, grotesque et bossu, au nez crochu, farceur et moqueur, est devenu universellement connu.

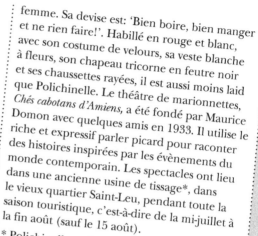

À Amiens, en Picardie, les marionnettes sont une grande tradition. Le héros picard est un personnage qui s'appelle Lafleur et qui est de tempérament gai, indépendant et débrouillard. Accompagné de Blaise, son jeune compagnon candide, il ne fait mal qu'aux personnes méchantes, en leur donnant un léger coup de pied, et il ne bat jamais sa

Coin info

femme. Sa devise est: 'Bien boire, bien manger et ne rien faire!'. Habillé en rouge et blanc, avec son costume de velours, sa veste blanche à fleurs, son chapeau tricorne en feutre noir et ses chaussettes rayées, il est aussi moins laid que Polichinelle. Le théâtre de marionnettes, *Chés cabotans d'Amiens*, a été fondé par Maurice Domon avec quelques amis en 1933. Il utilise le riche et expressif parler picard pour raconter des histoires inspirées par les évènements du monde contemporain. Les spectacles ont lieu dans une ancienne usine de tissage*, dans le vieux quartier Saint-Leu, pendant toute la saison touristique, c'est-à-dire de la mi-juillet à la fin août (sauf le 15 août).

* Polichinelle = *Punch;* une usine de tissage = *a weaving mill*

16 Lisez les renseignements sur Audrey Tautou, puis préparez une série de questions en vue de l'interviewer.

Elle est née le 9 août 1976 à Beaumont en Auvergne.

Elle a deux sœurs et un frère.

Son père est dentiste et sa mère est professeur.

Elle aime la peinture et la photographie.

Elle est passionnée par les voyages; elle connaît l'Indonésie et le Pérou.

Elle s'intéresse au monde du spectacle depuis son enfance.

Elle a déclaré: «La célébrité ne me rend pas heureuse».

17 Complétez le texte.

Hector et moi **1** _____ (habiter) à Bruxelles depuis cinq ans. Il **2** _____ (travailler) pour la Communauté Européenne et moi, je **3** _____ (être) médecin. Il **4** _____ (partir) en taxi très tôt

le matin, tandis que moi, je **5** _____ (prendre) le métro pour aller à l'hôpital. En général, je **6** _____ (finir) vers sept heures du soir. Quelquefois, si je **7** _____ (devoir) y rester plus tard, Hector **8** _____ (venir) me chercher en voiture. Notre fille aînée **9** _____ (étudier) l'architecture à Londres où elle **10** _____ (espérer) trouver un poste dans une firme renommée. Sa sœur **11** _____ (attendre) avec impatience les résultats de ses examens. Elle **12** _____ (vouloir) faire un stage aux États-Unis et, à son retour, elle **13** _____ (aller) probablement continuer ses études dans une Grande École française. Nous **14** _____ (avoir) de la chance car nous **15** _____ (pouvoir) aller facilement en France pour voir le reste de la famille.

18 Complétez les proverbes et reliez-les aux équivalents anglais.

1 Quand le chat n'est pas là, les souris _____ (danser).

2 Il ne faut pas réveiller pas le chat qui _____ (dormir).

3 Une hirondelle ne _____ (faire) pas le printemps.
4 Les murs _____ (avoir) des oreilles.
5 Les affaires _____ (être) les affaires.
6 Déshabiller Pierre pour _____ (habiller) Paul.
7 Tout _____ (venir) à point, à qui _____ (savoir) attendre.
8 Tout _____ (être) bien qui _____ (finir) bien.

A Everything comes to him who waits.
B Rob Peter to pay Paul.
C While the cat's away the mice will play.
D Let sleeping dogs lie.
E Walls have ears.
F All is well that ends well.
G Business is business.
H One swallow doesn't make a summer.

BILAN

Choisissez les bonnes réponses pour parler de Fanny.

1 Ma / Mon / Mes meilleure amie 2 s'appelle / est nommé / appelle Fanny. Elle habite 3 à / au / dans Havre 4 dans / en / à Normandie.

5 C' / Il / Elle est plutôt 6 joli. / jolie. / jolies. Elle est 7 grande / grand / grosse et 8 mince / minces / minuscule avec des cheveux

9 longs / long / longues et des yeux 10 bleues. / bleu. / bleu clair. Elle a beaucoup de 11 qualité. / défauts. / qualités. Elle est

12 intelligent, / stupide, / intelligente, 13 généreux / généreuse / avare et toujours de 14 bonne / bien / bon humeur. Elle adore la

15 lecture / lectrice / lire et le 16 bricolage. / bricoleur. / couture. Quand elle a du temps 17 libéré / libre / perdu elle joue

18 à la / au / aux échecs et elle joue 19 du / de la / des 20 violoncelle. / vermicelle. / baguette. Fanny et Marcel

21 est / sommes / sont mariés depuis cinq ans mais ils n'ont pas 22 encore / déjà / toujours d'enfants.

Ils travaillent 23 quelquefois / dur / souvent parce qu'ils 24 vont / viennent / veulent acheter une maison.

Ils ont des chats 25 jumelles / siamois / d'Inde 26 depuis / en / environ six mois. Ils adorent 27 leurs / ses / nos compagnons.

Ils les ont trouvés grâce à 28 un article / une petite annonce / une publicité dans le journal.

2

Deuxième unité

OBJECTIFS

Parler de ce que l'on a fait récemment. Envoyer des invitations, en recevoir et y répondre (mariage, dîner etc.).
Le passé composé avec **avoir**.

La citation du jour

'Les chaînes du mariage sont si lourdes qu'il faut être deux pour les porter; quelquefois trois.'
Alexandre Dumas (1803–1870) – Romancier et auteur dramatique le plus populaire de son temps, il a écrit près de 300 ouvrages, certains avec l'aide de collaborateurs. *Les trois mousquetaires* et *Le Comte de Monte Cristo* sont parmi ses romans les plus connus.

1   Répondez au questionnaire ci-dessous.

Questionnaire

Quelle sorte de personne êtes-vous?

Que faites-vous dans les situations suivantes? Choisissez la solution qui vous convient le mieux.

1 *Vous avez cassé le vase que votre grandmère adore.*
  A Vous lui faites des excuses.
  B Vous lui dites. 'Tant pis, tu en as plein d'autres'.
  C Vous lui offrez un bouquet de fleurs et un vase qui est plus joli.

2 *Vous avez des invités importants. Votre partenaire a brûlé les pommes de terre.*
  A Vous lui faites une scène devant tout le monde.
  B Vous disparaissez à la cuisine pour faire cuire des pâtes.
  C Vous lui faites un beau sourire en lui demandant de préparer du riz.

3 *Votre chien a mordu le facteur.*
  A Vous dites que l'animal appartient à un voisin.
  B Vous emmenez le facteur à l'hôpital.
  C Vous vous excusez et expliquez que c'est un chien de garde.

4 *Vous avez invité votre belle-sœur au mariage de votre fille, mais elle n'a pas répondu.*
  A Vous lui téléphonez et lui dites qu'elle est très impolie.

Continuez →

B Vous lui téléphonez et lui demandez gentiment si elle a reçu l'invitation.

C Vous ne faites rien et attendez patiemment sa réponse.

5 *Quelqu'un a renversé un verre de vin rouge sur votre tenue élégante.*

A Vous lui demandez d'aller chercher une éponge.

B Vous l'accusez d'être très maladroit.

C Vous acceptez ses excuses et dites que ce n'est pas grave.

Vous avez combien de points?

1 A – 2, B – 1, C – 3
2 A – 1, B – 3, C – 2
3 A – 1, B – 3, C – 2
4 A – 1, B – 2, C – 3
5 A – 2, B – 1, C – 3

12–15 – Vous êtes généreux, altruiste, mais un peu trop à l'écoute des autres.
8–11 – Vous êtes une personne équilibrée.
7 ou moins – Vous pouvez vous montrer égoïste et manquer de franchise et de patience.

2 Trouvez les verbes. Ils sont à l'infinitif.

IF EAR	BRIL CORE	DEAR TENT
RIM ROD	RAVEL	IN FIR	PRE RED
RUE JO	CURE TOE	RILE	REAR DREG
IVO POUR

3 Utilisez les verbes ci-dessus pour compléter le texte suivant.

> **Pense-bête!**
>
> | Infinitif | → | Participe passé |
> | écouter | → | écouté |
> | finir | → | fini |
> | entendre | → | entendu |

Yann
'Dimanche dernier? J'ai 1_____ jusqu'à midi, puis 2_____ un peu de jardinage. L'après-midi 3_____le journal.'

Xavier
'Le matin j'ai 4_____, puis 5_____ la voiture. L'après-midi

6_____ avec impatience l'heure du programme sportif. Ma femme 7_____ la vaisselle puis elle 8 _____ la télé.

Sandra
'C'était vraiment ennuyeux. Nous n'avons pas 9_____ sortir, parce que Philippe 10_____ la clé de la voiture. Nous 11_____ la radio et nous 12_____ au scrabble.'

4 Demandez à un(e) enfant s'il/si elle a fait les activités suivantes.

> **Pense-bête!**
>
> *aller* se conjugue avec l'auxiliaire *être* et le participe passé s'accorde avec le sujet.
>
> Exemple: Elles sont allées à Troyes.

Fléchettes/planche à voile/jeux vidéos/iPod/stade/piscine

5 Regardez les dessins (page 12) et dites ce que vous avez fait ou n'avez pas fait.

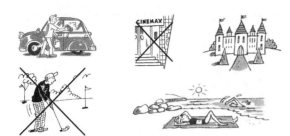

3 Dominique

Continuez: *Moi, j'ai …*

> ### Pense-bête!
>
> Dans une phrase négative, seul l'auxiliaire est placé entre *ne/n'* et *pas*.
>
> | Infinitif | → | Participe passé |
> |---|---|---|
> | faire | → | fait |
> | écrire | → | pris |
> | prendre | → | écrit |
> | boire | → | bu |

4 Michel et Sabine

6 Qu'est-ce qu'ils ont fait ou n'ont pas fait récemment?

1 Nadine et Catherine

2 Arnaud

5 Yvette

7 Répondez 'Non' et proposez une autre activité.

EXEMPLE: → Est-ce que tu as vu ta grand-mère la semaine dernière?
→ Non, je n'ai pas vu ma grand-mère mais je lui ai téléphoné.

1 Est-elle allée au restaurant le mois dernier?
2 Est-ce qu'ils ont fait du patinage?
3 Vous avez préparé une omelette?
4 Alice, est-ce que vous avez fait un gâteau?
5 Vous avez joué au rugby, les enfants?
6 Tu as joué sur l'ordi?
7 Est-ce que vous avez passé l'aspirateur, Aline?
8 Vous avez fait le ménage tous les deux hier?
9 Est-ce que Justin a fait du tai-chi?
10 Êtes-vous allés au cinéma?

8 Mots croisés. Connaissez-vous les Français célèbres?

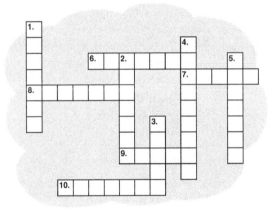

Verticalement

1 L'homme qui a inventé un alphabet pour les aveugles.
2 Le médecin qui a inventé le stéthoscope.
3 La chanteuse qui a chanté 'Tous les garçons et les filles'.
4 Le philosophe qui a dit 'Je pense donc je suis.'
5 Le biologiste qui a trouvé le vaccin contre la rage.

Horizontalement

6 La femme qui a écrit *Claudine*.
7 La femme qui a écrit *Bonjour Tristesse*.
8 Les frères qui ont inventé le cinéma.
9 Le couple qui a découvert le radium.
10 Le musicien qui a composé *La Mer* et *Children's Corner*.

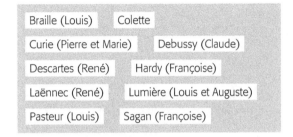

Braille (Louis)   Colette

Curie (Pierre et Marie)   Debussy (Claude)

Descartes (René)   Hardy (Françoise)

Laënnec (René)   Lumière (Louis et Auguste)

Pasteur (Louis)   Sagan (Françoise)

9 Reliez les phrases.

> **Pense-bête!**
>
> Révisez les participes passés irréguliers.

SITUATIONS

1 Hier soir il a trop bu.
2 Lundi c'était l'anniversaire d'Anna.
3 Dimanche il n'a pas fait beau.
4 À midi Claude a brûlé l'omelette.
5 Ils ont beaucoup travaillé.
6 Elle est rentrée tard hier soir.
7 Hier ils ont regardé la télé pendant 6 heures.
8 Anne et Sylvie ont fait les grands magasins.
9 Patrick et Yves sont allés à la pêche.
10 Pamela a perdu sa montre.

CONSEQUENCES

A Ils n'ont pas pris beaucoup de poissons.
B Elle a été en retard au bureau.
C Elles ont acheté de nouveaux vêtements.
D Elle n'a pas entendu le réveil ce matin.
E Ils ont mal aux yeux.
F Elle est restée à la maison.
G Aujourd'hui il a mal à la tête.
H Ils sont très fatigués.
I Il est allé au restaurant.
J Elle a reçu beaucoup de cadeaux.

10 Débrouillez les mots pour découvrir ce que Jean-Luc a fait pendant le week-end.

1 Vend redis oiri la ouver tuneb on neb out eille eti lat ropbu.
2 Sa me dima tini laét éma lad ema isil af ait unp eude bric ol age.
3 L'ap rèsmi diila lul ejour nal, eti laécri tunc our riel àsonc ous in.
4 Sam edis oiril estal léc hez de samis, oùil ar eçu unca dea ud'an niver saire.
5 Iln' apas pul aver lavoi turedi manchep arceq u'ilap luto utelaj our née.
6 Ile stal léa ucin ém aoùi lavu unfi lmde sci enc e-fic tion.
7 Leso iri laeum alà lat ête, don cil adûp ren dreu neas piri ne.
8 Ilap risun edo ucheav ant des ecou cher.

11 Demandez à un groupe de jeunes ce qu'ils ont fait au week-end. Utilisez le vocabulaire ci-dessous.

photos/méls/magazines/alcopops/textos/
cigarettes/DVD/téléphone mobile/film

12 À quoi correspondent les réponses suivantes? Un mariage, une naissance, un décès?

1

MAURICE LEBLANC

vous prie de bien vouloir agréer l'expression de sa douloureuse sympathie et vous adresse ses plus sincères condoléances

2

JEAN-BAPTISTE LACROIX

adresse ses compliments et ses félicitations à la famille et ses vœux de bonheur aux jeunes époux

3

ANGÉLIQUE RAVIER

Vous adresse ses plus vives félicitations à l'occasion de l'arrivée de la petite Sophie

4

MONSIEUR ET MADAME GÉRARD CHEVALIER

Vous adressent leurs compliments aux parents et leurs vœux de bonheur au jeune couple

13 Que dit-on dans les situations suivantes?

1 Un anniversaire.
2 Le 1er janvier.
3 Des fiançailles.
4 Le 25 décembre.
5 Un décès.

Maintenant choisissez la bonne réponse.

6 Vous vous excusez.
   a Je ne regrette rien.
   b Je suis désolé(e).
   c Ce n'est pas de ma faute.
7 Quelqu'un vous a invité.
   a Avec plaisir.
   b C'est délicieux.
   c Il ne faut pas.

8 On vous a offert un cadeau.
  a Non merci.
  b Merci mais c'est trop tard.
  c C'est très gentil, merci.
9 Quelqu'un vous a rendu service.
  a Je vous suis éternellement
    reconnaissant(e).
  b Je suis désolé(e) de vous ennuyer
    avec ce problème.
  c Excusez-moi, j'ai oublié.

Complétez.

10 Je vous prie d'accepter mes _____
   les meilleurs pour un prompt
   rétablissement.
11 Je suis _____ d'apprendre le mariage de Paul
   et de Virginie.
12 Je vous adresse mes plus vives
   félicitations à l'occasion de la _____
   du petit Mathieu.

14 Complétez la réponse.

Chers Madeleine et Guy,
Nous sommes enchantés d'apprendre
le 1_____ de Marie et de
Julien. Toutes nos 2_____.
Nous sommes très touchés par votre
3_____. On ne peut
malheureusement assister ni à la
cérémonie ni au 4_____
car nous allons aux États-Unis au
5_____ de mai. En effet nous
y allons pour le baptême de 6_____
petit-fils, Jérôme. Transmettez tous nos
vœux de 7_____ aux 8_____
époux.
Bien affectueusement,
Monique et Karl

15 Complétez les plaintes.

Pense-bête!

Quand un verbe au passé composé conjugué
avec *avoir* est précédé par un complément
d'objet direct, le participe passé s'accorde avec
ce complément.

EXEMPLE: La moto que j'ai achetée.

1 Le train que j'ai _____ (prendre) n'est pas
  direct.
2 La voiture que j'ai _____ (acheter) il y
  a deux semaines est déjà en panne.
3 Où sont les clés? Est-ce que tu les as
  _____ (mettre) sur la table?
4 Les femmes que nous avons _____
  (rencontrer) au bureau ne sont pas très
  aimables.
5 Les gants que mon père m'a _____
  (prêter) sont beaucoup trop grands.
6 Elle ne m'a pas montré les chemises qu'elle
  a _____ (ranger) dans le placard.
7 J'ai grossi. La robe que j'ai _____
  (emprunter) à ma sœur est trop étroite.
8 J'ai mal aux pieds. Les bottes en cuir que
  mon frère m'a _____ (prêter) sont
  trop petites.
9 Les cadeaux que j'ai _____ (choisir) ne
  plaisent pas à ma mère.
10 Le costume que j'ai _____ (louer) ne
   me va pas.

16 Écrivez un e-mail à votre ami(e) Claude en utilisant les renseignements ci-dessous.

- Dimanche épouvantable/mal de tête/
  rester au lit/rien manger
- Samedi/réunion/noces d'argent/trop
  manger/boire beaucoup
- Lundi/travailler?/Aller chez le
  médecin?/rester à la maison?

✔ BILAN

Choisissez les bonnes réponses pour aider Didier à raconter son anniversaire.

Samedi dernier j'ai **1** [fait / eu / avait] de la chance. J'ai passé une **2** [journée / jour / semaine] bien agréable.

D'abord j'ai **3** [mis / prépare / pris] le petit déjeuner au lit puis j'ai **4** [ouvert / fermé / ouvre] le courrier

et j'ai **5** [lit / lu / lys] mes cartes d'anniversaire. J'ai reçu beaucoup de **6** [cadeaux. / journaux. / chevaux.] Ma mère m'a envoyé

une chemise mais celle qu'elle a **7** [choisit / choisi / choisie] ne me **8** [plaît / vais / prête] pas. Le soir j'ai été dans un restaurant

9 [anglais / chinois / très connu] avec des amis. J'ai bien **10** [manqué / mangé / mélangé] malgré les baguettes et j'ai trop

11 [vu. / voulu. / bu.] Le lendemain matin j'ai **12** [reçu / eu / fait] la grasse matinée. Bien sûr,

je n'ai pas entendu le **13** [réveil, / sommeil, / réveille,] et j'ai **14** [dormi / dormi / dormir] jusqu'à midi.

L'après-midi je suis **15** [resté / reposé / rentré] chez moi et je n'ai rien **16** [regardé. / montré. / fait.]

Vers huit heures j'ai **17** [chanté / téléphoné / crié] à ma mère pour la **18** [retourner / remercier / réveiller] pour son cadeau.

Lundi matin je suis **19** [appelé / allé / écouté] chez le médecin qui m'a dit: «Vous n'avez pas **20** [assez / besoin de / envie]

21 [régime» / félicitations» / médicaments».] Est-ce qu'il m'a fait une **22** [ordonnance? / proposition? / note?] Bien sûr que non!

3
Troisième unité

OBJECTIFS

Les régions de France. Parler d'une région ou d'une ville que vous connaissez. Le logement dans tous ses états.
Les pronoms relatifs *qui, que* et *dont*.

La citation du jour

'Si on bâtissait la maison du bonheur, la plus grande pièce en serait la salle d'attente.'

Jules Renard (1864–1910) – Moraliste au style laconique, connu pour ses romans, ses pièces de théâtre et son volumineux *Journal*.

Poitou-Charentes, Normandie, Aquitaine, Nord-Pas de Calais, Alsace, Région PACA, Bretagne, Auvergne, Lorraine, Île de France.

2 Où se trouvent les régions de France ci-dessous?

1 la Champagne Ardenne
2 la région Rhône-Alpes
3 la Bourgogne
4 les pays de la Loire
5 le Midi Pyrénées
6 la Picardie
7 le Languedoc Roussillon
8 la Franche-Comté

Nord
Ouest ⊕ Est
Sud

1 Trouvez les régions qui manquent sur la carte.

Les régions de France

3 Complétez les renseignements sur les îles françaises en utilisant les mots ci-dessous.

villages	légumes	trouve	touristes
voile	département	île	située	sépare
vignobles	pont	forts	pêche	bicyclette

Belle-île est une 1 _____ de Bretagne qui se 2_____ en face de Quiberon et où il y a beaucoup de 3_____ l'été.

Noirmoutier est une île de l'Atlantique qui forme un canton du 4_____ de la Vendée. Un pont la relie au continent. On y fait pousser des fleurs et des 5_____. La 6_____ est aussi une activité très populaire.

L'île d'Oléron est une île de la Charente-Maritime 7_____ à l'embouchure de la Charente. On y pratique l'ostréiculture* et la pêche. On y trouve aussi des 8_____. Le pertuis* d'Antioche la 9_____ de **l'île de Ré** et un 10 _____ la relie au continent.

* l'ostréiculture (f.) = *oyster-farming*; un pertuis = *strait(s), channel*

4 **Trouvez le nom de la ville ou de la région. La première lettre de chaque réponse va vous donner un synonyme (fam.) de l'adjectif *'ennuyeux'*.**

DEVINETTE

— — — — — — — = ENNUYEUX

1 Une région à l'ouest de la France qui produit du cidre et du fromage et dont les habitants s'appellent les bretons.
2 Une ville des Alpes qui a un vieux quartier très pittoresque et qui est connue pour son lac.
3 La ville historique de Normandie où Jeanne d'Arc a été brûlée vive.
4 Grande région vinicole qui est réputée pour ses grands vins et sa gastronomie et dont la capitale est Dijon.
5 Une ville qui se trouve en Picardie, dans le nord de la France, et qui a une belle cathédrale.

6 Une ville qui se trouve dans le sud de la France et qui a donné son nom au denim.
7 Une ville au sud-est de Paris dont le nom se prononce comme le chiffre '3' mais qui s'écrit différemment.

5 **Complétez les phrases avec *qui* ou *que/qu'*.**

> **Pense-bête!**
>
> Si l'antécédent (film, restaurant etc.) est le sujet du verbe qui suit, utilisez *qui*. S'il est l'objet direct, utilisez *que/qu'*.

1 Le film ___ j'ai vu la semaine dernière était très violent.
2 Le restaurant ___ est sur la place du Marché est fermé le lundi.
3 La bouteille de vin ___ il vient d'ouvrir a goût de bouchon.
4 Le plat ___ je préfère est une spécialité savoyarde ___ s'appelle la tartiflette.
5 Nous aimons les vieux bâtiments ___ datent du Moyen Âge.
6 Les requins sont des animaux ___ me font très peur.
7 J'envie les gens ___ jouent de plusieurs instruments de musique.
8 Moi, ce sont les personnes ___ parlent plusieurs langues ___ j'admire le plus.
9 Nous avons un tramway ___ est très rapide et très pratique.
10 C'est la veste rouge ___ vous va le mieux.
11 Ils viennent d'acheter une maison ___ a une cave et un grenier.
12 L'appartement ___ elle loue est au dernier étage.

6 Combinez les deux phrases avec *qui* ou *que/qu'* pour en faire une seule.

EXEMPLES: Le restaurant est dans la rue Pasteur. Il est cher.

→ Le restaurant qui est dans la rue Pasteur est cher.

C'est le restaurant. Je vous recommande ce restaurant.

→ C'est ce restaurant que je vous recommande.

1 C'est un plat compliqué. Je n'aime pas le préparer.
2 C'est une vieille église. Elle se trouve en Bourgogne.
3 Le paysage est varié. Il permet de faire de belles randonnées.
4 C'est un petit village perdu. Il s'appelle Beauchamp.
5 C'est une petite ville de Normandie. On la trouve très pittoresque.
6 La Martinique est une île des Antilles. Elle a choisi de rester française.
7 Je m'intéresse à l'histoire de la Corse. Elle est très compliquée.
8 Les 'figatelli' et le 'brocciu' sont des spécialités corses. Les touristes aiment les goûter.
9 Belle-Ile est une île de Bretagne. Je ne l'ai jamais visitée.
10 Il faut aller à l'île de Ré. Elle a un climat particulièrement agréable.

7 Complétez les phrases avec *qui, que/qu'* ou *dont* et essayez de deviner le nom de la région, de la ville ou de la spécialité dont il s'agit.

A Spécialité de la ville de Dijon **1** ___ on se sert pour accompagner les viandes froides et **2** ___ on ajoute quelquefois à la vinaigrette.
B Une ville au sud de la France **3** ___ le nom commence par un A et **4** ___ est connue pour ses pruneaux.
C Une ville de Champagne **5** ___ a une magnifique cathédrale gothique et **6** ___ les habitants s'appellent les rémois.
D Un plat à base de viande de bœuf et de vin rouge **7** ___ est une spécialité d'une autre grande région vinicole et **8** ___ les habitants sont très fiers, ce qu'ils expriment dans une chanson à boire.
E Une ville française **9** ___ se trouve en face de Lausanne et **10** ___ l'eau minérale est très appréciée.
F Un plat **11** ___ les Français aiment beaucoup et **12** ___ est d'origine nord-africaine.
G Une région à l'ouest de la France **13** ___ produit de bons vins, **14** ___ un, léger et peu coloré **15** ___ les anglais appellent 'claret' ('clairet' en français).
H Spécialité de Bretagne **16** ___ est très populaire et **17** ___ l'on peut manger comme plat principal ou en dessert.
I Région de l'Est de la France **18** ___ la spécialité gastronomique, à base de chou blanc et de porc, s'appelle la choucroute.
J Salade composée à base de riz **19** ___ l'on mange partout en France mais **20** ___ est originaire de Nice.

8 Lisez le texte et répondez vrai (V), faux (F) ou 'on ne sait pas' (?).

❤ La maison multicolore ❤

Rozenn et Nicolas habitent dans leur maison depuis environ trois ans. Ils l'aiment beaucoup car elle est à quelques kilomètres de Nantes, pas très loin de la Loire et à proximité des magasins, des écoles, de la bibliothèque et d'une piscine. Quand ils l'ont achetée, ils ont tout de suite décidé de refaire les peintures pour l'égayer*. C'est maintenant une vraie palette de couleurs.

Ils ont donné à leurs deux fils, Malo 8 ans et Ilan 5 ans, la permission de participer à ces travaux de décoration en leur laissant faire une peinture murale sur un des murs du jardin qui était gris et triste. On y voit maintenant Astérix, Obélix et un général à grosses moustaches qui tombe de son cheval.

Quand on pénètre dans la maison, on remarque tout de suite la porte des toilettes qui est rouge vif et sur laquelle il y a un poster qui représente un index pointé avec le mot 'ici'. La cuisine, qui n'a pas de porte, se trouve à gauche. Les murs sont vert anis et rouge vif. La faïence* est blanche avec, ici et là, des carreaux décorés à la main par Rozenn et qui représentent la boîte de soupe Campbell rendue célèbre par Andy Warhol. Les placards sont peints d'un côté en jaune et de l'autre en rouge. La cuisinière, de style rétro, est noire. Tout le petit électroménager – grille-pain, robot, cafetière, four micro-ondes etc. – est rouge.

Pas de porte non plus à droite pour entrer dans la salle à manger qui, comme l'entrée, est peinte en jaune. Elle communique avec le salon par une arche bleu outremer. Le mur de la salle à manger où se trouve l'arche est rose fuchsia mais les autres murs sont rouge foncé.

L'escalier se trouve face à l'entrée. Sur le palier il y a six portes, deux orange, deux vertes et deux bleues. Les murs sont peints avec les mêmes couleurs, mais en contraste avec celles des portes.

Pour sa chambre, Malo a choisi trois murs unis de couleur orange et pour le quatrième, une tapisserie* bleu nuit avec des planètes, des vaisseaux spatiaux et des cosmonautes. Dans la chambre d'Ilan, la tapisserie est jaune avec, à mi hauteur, une frise représentant des girafes, son animal préféré. Les rideaux sont assortis à la frise. Dans la chambre des parents, le bas des murs est un papier peint* dans les tons pastel qui représente une bordure de tulipes. La partie supérieure est jaune d'or.

Rozenn et Nicolas n'ont pas encore eu le temps de refaire la salle de bains. Les murs sont marron, le lavabo et la baignoire sont vert olive et le sol est kaki. Ils la détestent!

* égayer = *to jazz up*; la faïence = *ceramic tiles*; la tapisserie, le papier peint = *wallpaper*

1 Rozenn et Nicolas habitent en Bretagne.
2 Ils ont leur maison depuis longtemps.
3 La maison est bien située.
4 Ils ont choisi la maison car les couleurs étaient gaies.
5 Ils laissent leurs enfants dessiner sur les murs de la maison.
6 La porte des toilettes montre que Rozenn et Nicolas ont le sens de l'humour.
7 Les enfants préfèrent la soupe en boîte à la soupe maison.
8 La salle à manger est entre l'entrée et le salon.
9 On n'a pas besoin d'ouvrir de portes pour aller de la cuisine au salon.
10 Rozenn et Nicolas ont des idées originales.
11 Malo a choisi un décor typique pour un garçon.
12 Les meubles sont très modernes.
13 Quand on est dans la chambre de Rozenn et Nicolas, on a l'impression d'être dans un jardin ensoleillé.
14 Rozenn et Nicolas aiment les couleurs vives.
15 Ils n'ont pas l'intention de changer la salle de bains.

9 Lisez ce que disent différentes personnes sur l'usage qu'elles font de leur véranda et reliez-les à leur description.

 # Vive les vérandas!

Louise: L'hiver j'ai besoin d'un abri pour mes plantes et quand je reviens du potager,* c'est un véritable sas* qui m'évite de trop salir la maison. Et puis, dès qu'il y a du soleil je peux en profiter sans avoir froid. C'est parfait pour une petite sieste après le déjeuner.

Josselin: Je trouve que notre véranda est le lieu idéal pour manger un morceau avant de partir à la chasse avec les copains. Et puis elle sert de salle à manger quand les amis viennent dîner et c'est très confortable, même l'hiver.

Coralie: C'est très agréable quand je fais mes exercices de gym pour garder la forme, j'ai l'impression d'être au milieu de mon jardin. Autre avantage, la maison paraît plus grande et plus claire; c'est très important pour moi car j'ai tendance à faire de la claustro.

Hakim: Pour une somme relativement modique, j'ai pu faire un grand atelier très lumineux. Je suis vraiment dans des conditions idéales pour peindre et je peux laisser courir mon imagination.

Vincent: C'est surtout utile pendant les week-ends quand les enfants partent et nous laissent les petits en garde. C'est alors une véritable extension d'habitation et notre véranda se transforme en salle de jeux. Et elle devient une superbe salle à manger pour les grands repas de famille.

*un potager = a kitchen garden; un sas = a space between two entrance doors (normally a double-entrance security door or an airlock)

A Un grand-père
B Une jeune femme
C Un jeune artiste
D Une retraitée
E Un homme actif

Maintenant devinez qui parle (L, J, C, H ou V).

1 J'ai besoin de me reposer l'après-midi.
2 Je trouve mon équilibre grâce aux activités physiques et à la nature.

3 Ma femme et moi nous adorons recevoir.

4 Je m'intéresse à tous les styles mais, personnellement, je fais de l'abstrait.

5 Depuis que je suis en retraite je consacre beaucoup de temps à ma famille.

6 J'aime que ma maison soit propre et bien rangée.

7 C'est une occasion de faire une grande promenade dans la campagne avec mon chien.

8 Malheureusement je n'ai pas encore vendu beaucoup de tableaux.

9 Je donne beaucoup de légumes à mes voisins.

10 J'ai besoin d'une maison avec beaucoup d'espace et de lumière.

11 M'occuper de mes petits-enfants me procure beaucoup de plaisir.

12 J'ai aussi un jardin d'agrément où je fais pousser toutes sortes de fleurs.

10 Lisez l'article puis répondez vrai (V), faux (F) ou 'on ne sait pas' (?).

Des locations pas comme les autres

Un petit air de déjà vu? Normal, c'est la même maison qui a servi de décor aux deux séries télé, *Julie Lescaut* et *Femmes de loi*. En effet, de plus en plus de particuliers* louent leur habitation pour le tournage* d'un téléfilm ou d'une pub. Comme il faut beaucoup de temps aux équipes de production pour trouver la chambre ou la cuisine idéale, des agences spécialisées se sont multipliées depuis quelques années. Des milliers d'adresses y sont enregistrées – vingt à trente propositions arrivent quotidiennement dans leur boîte aux lettres.

De nos jours, on a besoin de tout. De maisons et d'appartements, bien sûr, mais aussi de bureaux, d'usines, de garages, d'entrepôts ou de bâtiments en mauvais état. Les professionnels peuvent même louer une gare et tourner dans le TGV – la SNCF reçoit environ 450 demandes par an.

Il faut remplir certaines conditions pour pouvoir louer son habitation pour le tournage d'un film. Tout d'abord, il faut être propriétaire. Il faut disposer d'au moins cent vingt mètres carrés de superficie car le matériel et la manipulation des caméras nécessitent beaucoup d'espace. Il faut se trouver près d'une rue assez large pour les camions de production. Par contre, il ne faut pas être à proximité d'une école, d'une caserne de pompiers ou d'un aéroport.

Les propriétaires trouvent de nombreux avantages à ces locations pas comme les autres. Ils peuvent gagner entre mille et deux mille cinq cents euros par jour, tout en restant chez eux pendant le tournage s'ils le souhaitent. Naturellement tout est sens dessus dessous* dans le logement, mais à la fin, tout est remis à sa place grâce aux photos prises en arrivant. Si quelque chose est cassé ou abîmé, les assurances sont là. En plus, en passant des annonces sur Internet, on n'est plus obligé de payer quinze pour cent de commission à une agence.

* un particulier = *a person, an individual*; le tournage = *shooting*; sens dessus dessous = *topsy turvy*

1 Beaucoup d'acteurs de séries télé tournent dans leur propre logement.

2 Les équipes de production n'aiment pas perdre leur temps à chercher le décor idéal.

3 Les agences reçoivent jusqu'à trente propositions de propriétaires par jour.

4 On ne peut pas louer des bâtiments en mauvais état.

5 Les professionnels doivent s'adresser à la SNCF pour filmer dans le TGV.

6 Il faut de la place dans le logement pour accueillir l'équipe technique.

7 Les équipes techniques se déplacent généralement en avion.

8 Il faut être près d'une caserne de pompiers en cas d'incendie.

9 Ces locations coûtent plus cher que les locations ordinaires.

10 Les propriétaires retrouvent leur logement en désordre après les tournages.

11 Beaucoup de choses sont cassées ou abîmées pendant les tournages.

12 Beaucoup de propriétaires font des économies en passant leurs annonces sur Internet.

Petit historique de la ville de Rouen

Le Gros Horloge, un des monuments les plus remarquables de Rouen, enjambe la rue piétonne à laquelle il a donné son nom depuis la construction de l'arche en 1527. L'horloge indique à la fois l'heure, le jour de la semaine et les phases de la lune. L'escalier intérieur permet d'accéder à l'un des plus beaux panoramas sur Rouen.

La ville est reliée à Paris par le chemin de fer depuis 1843.

C'est du port de Rouen que la Statue de la Liberté a quitté la France pour New York en 1885.

En février 1896 on a pu y traverser la Seine à pied pendant plus d'une semaine car elle était gelée sur soixante centimètres d'épaisseur.

Il existe des sens interdits dans les rues de Rouen depuis le 15 octobre 1925.

Les autobus y circulent depuis 1927.

Il y a une université à Rouen depuis 1966.

Le métro existe depuis 1994.

Coin info

Petit historique de la ville de Strasbourg.

La ville de Strasbourg est rattachée à la France depuis 1681, sous le règne du roi Louis XIV. Elle est le siège du Conseil de l'Europe depuis 1949 et le siège du Parlement européen depuis 1992.

Le vieux Strasbourg est classé patrimoine mondial de l'UNESCO depuis 1988.

La cathédrale, construite entre le 11ième et le 15ième siècle, est un monument important du Moyen-Age. Sa flèche, haute de 142 mètres, est achevée depuis 1439. On peut voir le défilé des Apôtres de son horloge astronomique tous les jours à midi et demi.

Malgré leur nom, les ponts couverts n'ont plus de toit depuis le 18ième siècle.

La cave historique des hospices de Strasbourg existe depuis 1395 et témoigne d'une histoire hospitalière et viticole prestigieuse. On y trouve du vin qui date de 1472.

Le parc de l'Orangerie, avec son lac et son petit zoo, est depuis toujours un lieu privilégié de promenade pour les Strasbourgeois.

11 Complétez le petit historique de la ville de Dijon avec le vocabulaire ci-dessous.

| bateau | cassis | activités sportives | siècle |

| forteresse | université | cuisines | moutarde |

| jardins | tour |

L'actuel palais des Ducs et des Etats était au départ une simple 1 _____.

Le logis ducal comporte des appartements, des salles de réception et des dépendances dont les imposantes 2 _____ depuis 1455. La 3 _____ Philippe le Bon domine la ville depuis la même époque.

Dijon est aussi une ville verte. On y trouve de nombreux **4** _____ , privés ou publics, depuis l'établissement des communautés monastiques au XVIIᵉ siècle et à la construction des hôtels particuliers.

La ville de Dijon est dotée d'une **5** _____ depuis 1722.

Les boulevards autour du vieux centre remplacent les anciens remparts depuis le 19ième **6** _____ .

On fabrique de la **7** _____ à Dijon depuis le Moyen Âge mais on y produit la crème de **8** _____ depuis seulement le milieu du 19ième siècle.

C'est en 1833 que le premier **9** _____ parti de Dijon arrive à Paris par le canal de Bourgogne.

La base nautique du lac de Kir offre de nombreuses **10** _____ – cyclisme, natation, voile, pêche etc – depuis 1964.

12 Lisez les conseils écologiques ci-dessous et classez-les par catégories. Certains conseils appartiennent à plus d'une catégorie.

Quelques gestes citoyens pour sauvegarder l'environnement

Pour faire des économies d'eau:
Pour faire des économies d'énergie:
Pour limiter la détérioration de
   l'environnement:

1 Dégivrer votre congélateur régulièrement.
2 Triez vos déchets et recyclez ou réutilisez le plus de choses possibles.
3 Ne faites tourner votre lave-vaisselle que quand il est plein.
4 Évitez d'acheter des savons et des produits de nettoyage antibactériens. Rincez les fruits et les légumes dans une cuvette et utilisez l'eau pour arroser vos plantes.
5 Quand vous faites votre shopping, choisissez les produits en vrac aux produits préemballés.
6 Mettez seulement la quantité d'eau nécessaire dans votre bouilloire.

7 Détartrez votre cafetière et votre bouilloire avec du vinaigre.
8 Prenez une douche plutôt qu'un bain.
9 Avant de faire la vaisselle, laissez refroidir les matières grasses et jetez-les dans la poubelle.
10 Faites tout de suite réparer un robinet qui fuit.
11 Emportez vos sacs, filets et paniers et refusez les sacs plastiques proposés par les supermarchés.
12 Ne laissez pas couler l'eau quand vous vous lavez les mains ou les dents.
13 Utilisez du citron pour nettoyer les vitres et les glaces.
14 Choisissez les programmes les plus courts pour votre lave-linge, lave-vaisselle et sèche-linge.
15 Prenez les transports en commun ou votre vélo pour les trajets les plus courts.
16 Préférez les piles rechargeables.
17 Achetez des ampoules basse énergie.
18 Choisissez des produits d'entretien biodégradables et utilisez-les parcimonieusement.
19 Pensez aux énergies renouvelables (solaire, éolienne etc).
20 Adoptez le covoiturage si vous devez aller travailler en voiture.

13 Utilisez les informations sur les Français au Canada, parues il y a quelques mois, pour compléter le texte.

Continuez: *Récemment...*

De nos jours...

1 le Québec déroule le tapis rouge aux professionnels et aux techniciens.
2 le taux de natalité baisse.
3 la Belle Province cherche d'urgence des jeunes actifs âgés de 20 à 35 ans.
4 le nombre de Français expatriés augmente.
5 chaque année plus de 6000 Français quittent la France.
6 c'est le cadre de vie qui les attire.

14 Marianne interviewe Jean-Luc, un Français installé au Québec. Lisez le texte et répondez aux questions.

Marianne: Jean-Luc, pouvez-vous m'expliquer pourquoi vous avez quitté votre pays d'origine?

Jean-Luc: C'est surtout le fabuleux cadre de vie au Canada qui nous a attiré. Ici à Montréal, il y a les grands espaces, la montagne, les lacs, les parcs merveilleux, tout cela à portée de la main.

M: Et est-ce que vous avez rencontré des difficultés en arrivant?

J-L: Vous savez, il existe un bon réseau d'expatriés qui s'occupe d'accueillir les nouveaux venus.

M: Et au point de vue travail?

J-L: Avant de quitter l'Hexagone nous sommes allés sur un site Internet créé spécialement pour aider les gens dans notre situation.

M: Donc vous avez pu trouver facilement un bon emploi?

J-L: Disons qu'il faut savoir s'adapter, ne pas trop exiger, être prêt à repartir à zéro. Moi par exemple, en France j'étais directeur d'une petite firme. Ici, à Montréal, je suis simple employé de banque.

M: Et votre femme? Elle a éprouvé des difficultés à trouver du travail?

J-L: Sandrine est prof de SVT*, mais en ce moment elle travaille comme télé-opératrice. Ça ne va pas durer longtemps. Un jour nous souhaitons créer notre propre entreprise*.

M: Et les enfants, ils s'adaptent bien à leur nouvelle vie?

J-L: En fait, c'est pour eux que nous sommes venus au Québec. Maintenant notre fils Alexis se sent vraiment québécois, car il a pris facilement l'accent, et notre fille Lucie se débrouille déjà pas mal en anglais.

M: Une dernière chose. Quels conseils pouvez-vous donner aux futurs immigrés?

J-L: D'abord renseignez-vous bien avant de partir. Ne cherchez pas à fuir un problème en quittant la France. Il y a de fortes chances de le retrouver ici. Acceptez ce qui vous arrive et restez ouverts aux gens.

*SVT = Sciences et Vie de la Terre (anciennement 'sciences naturelles'), une entreprise = *a company*

Les phrases suivantes s'appliquent à qui? Répondez Jean-Luc (J-L), Sandrine (S), Alexis (A) ou Lucie (L).

1 … le cadre de vie les a attirés au Canada.
2 … a surfé sur le net pour avoir des renseignements sur le Québec.
3 … ne travaille plus dans un collège.
4 … parle assez bien anglais.
5 … n'a plus un métier aussi lucratif.
6 … parle comme un vrai québécois.
7 … donne de bons conseils aux futurs immigrés.

15 Mots croisés.

Horizontalement

1   On y passe les vacances au bord de la mer.
9   Je suis _____ en maths.
11 Pas propre.
13 On le prend au lieu d'utiliser l'escalier.
15 Désolé, je ne vends pas ___ pain.
16 J'ai grossi. Je suis au _____.
18 Contraire de haut.
19 Boisson alcoolisée.
21 _____ va?
22 Région du nord-est de la France, célèbre pour sa bière et son vin.
25 L'Irlande fait partie du Royaume-___.
26 Petit mammifère rongeur.
27 Tu _____ raison.
28 _____ - tu compris?
30 Il n'a _____ deux costumes.

31 Contraire d'extérieur.
33 Type de vélo.
35 _____ on parle français.
36 Vous n'avez pas peur? _____!
37 Le _____ gras est une spécialité du Périgord.
39 _____ ne sait pas.
41 Il faut _____ la tapisserie de la reine Mathilde.
42 On les écoute à la radio.
43 Jeanne d'Arc est morte à ___.
45 Pronom personnel masculin.
47 Philosophe français qui a dit: 'Je pense, donc je suis'.
51 Je ___ lève à 6 heures.
52 Elle habite _____ France.

Verticalement

1   Le siège du Parlement européen.
2   Jules Verne a écrit *Voyage* _____ *centre de la terre*.
3   Pronom indéfini qui peut être l'équivalent de 'nous'.
4   Sans vêtements.
5   Surnom des joueurs de foot de l'équipe française.
6   Fleur qui est l'emblème de la royauté française: les _____.
7   Le Moyen _____.
8   Situé au niveau de la rue.
10 On y fait des études supérieures. Celle du troisième âge est réservée aux retraités.
12 Plus petit que le cheval, il fait hi-han.
14 Le Kir est un mélange de vin blanc et de _____.
17 ___ pleut.
20 Action de nager.
23 Adjectif possessif.
24 En France elles sont d'Azur, d'Opale, de Lumière ou d'Or.

29 Contraire de mouillé.
32 Il a _____ quand il a vu le dessin humoristique.
33 Les bateaux à _____ ne polluent pas l'atmosphère.
34 Acronyme qu'on voit sur les camions qui voyagent à l'étranger.
37 Un grand marché public.
38 On les donne aux chiens qui les adorent.
39 Métal précieux.
40 Après 25 ans de mariage, on fête ses ___ d'argent.
42 Les enfants adorent leur cochon d'___.
44 Suit huit. Aussi le contraire de vieux.
46 Le ___ est un des plus célèbres tableaux d'Edvard Munch.
48 ___ l'un, ___ l'autre.
49 La salle de bains est _____ haut.
50 Lequel, celui- ___ ou celui-là?

✔ BILAN

**Choisissez les bonnes réponses pour compléter
le texte sur le Limousin.**

Le Limousin est une **1** [ville / région / campagne] de France que je connais un peu et **2** [qui / dont / que] je voudrais **3** [visiter / voir / revisiter].

La plus grande ville, **4** [que / dont / qui] s'appelle Limoges et qui est **5** [connu / connaît / connue] pour sa porcelaine,

se trouve à l'ouest de la région dans le **6** [pays / bourg / département] de la Haute-Vienne.

Elle a une cathédrale qui **7** [vient / arrive / date] du XIIIe siècle et une université. La ville est desservie par un

petit aéroport et une autoroute qui la relie à Toulouse et Foix au **8** [sud / nord / est] et à Orléans et Paris au **9** [nord / ouest / sud].

C'est un pays qui est connu pour l'élevage de vaches et de bœufs **10** [qui / que / dont] la viande est très appréciée.

Le Limousin est doté de plusieurs beaux **11** [rivières / parcs / lacs] dont celui de Vassivière est le plus grand.

On peut y pratiquer beaucoup de sports **12** [chers / difficiles / nautiques] comme la voile, la plongée sous-marine, le ski

nautique ou même le pédalo. Aux environs de Limoges, il y a beaucoup de villages **13** [grotesques / pittoresques / burlesques]

et de grandes **14** [firmes / formes / fermes] de pierres. Beaucoup de jeunes gens **15** [adorent / quittent / arrivent] la campagne pour aller

16 [voyager / déménager / habiter] et travailler dans les grandes villes. Mais de nos jours, les **17** [chômeurs / retraités / étrangers]

les remplacent – les Anglais, les Néerlandais, les Espagnols, tous à la recherche d'une résidence

18 [primaire / isolée / secondaire] et quelquefois même principale.

4

Quatrième unité

Au restaurant. La nourriture dans tous ses états (gastronomie, boissons, diététique etc.).
Les pronoms relatifs et interrogatifs (lequel, laquelle etc.). Les pronoms démonstratifs
(celui, celle etc.).

La citation du jour

'Le comble de l'optimisme, c'est de rentrer dans
un grand restaurant et compter sur la perle qu'on
trouvera dans une huître pour payer la note.'*

* le comble = *the height*

Tristan Bernard (1866–1947) – Écrivain
français célèbre pour ses mots d'esprit.

1 Mettez les plats dans la bonne catégorie.

Entrées	Plats principaux	Desserts

Mousse de citron au coulis de fraise, canard
à l'orange, artichauts vinaigrette, dinde rôtie,
salade de fraises à l'orange, potage Crécy,
tarte Tatin, 10 huîtres de Marennes, crudités,
lapin chasseur, île flottante, tomates farcies,
nectarines pochées au montbazillac, couscous,
œuf mimosa, tripes à la mode de Caen, glace à
la pistache, assiette de charcuterie.

**2 Mettez la conversation dans le bon ordre.
La première phrase est correcte.**

1 Bonjour, messieurs-dames.

2 Et ensuite messieurs-dames? Steak, poulet
Marengo, sole de Dieppe, côtes de porc?

3 Lacluse.

4 Ah non, Jean, tu conduis! Apportez-nous de
l'eau minérale non gazeuse et un jus
d'orange, mademoiselle.

5 Oui madame, à quel nom?

6 Et comme boisson?

7 Pour moi, une salade niçoise.

8 Merci … Voyons … deux menus à 25 euros
et un menu enfant, s'il vous plaît.

9 Et pour monsieur aussi?

10 J'ai réservé une table pour trois, par
téléphone, ce matin.

11 Nous prendrons la sole de Dieppe.
Et un steak haché avec des frites pour
notre fils.

12 Ah oui, par ici messieurs-dames. …Voilà.

13 Très bien. Qu'est-ce que vous prendrez pour
commencer?

14 Ah non, je n'aime pas les olives. Je vais
prendre l'avocat vinaigrette.

15 Voyons … Une bouteille de muscadet sur lie,
avec le poisson.

3 Décrivez les choses ci-dessous en utilisant les bons mots dans l'encadré.

sale	fêlé	fatigué	taché	ébréché
occupé	rassis	vide	fané	frais

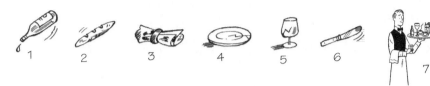

1   2   3   4   5   6   7

EXEMPLE: → Les fleurs sont fanées.

Coin info

Vos droits au café et au restaurant

Il vaut mieux consommer la nourriture proposée par le café, mais légalement, vous pouvez apporter votre sandwich, excepté s'il y a une pancarte qui l'interdit.

Le serveur ne peut pas vous refuser un verre d'eau du robinet, sauf si vous n'avez rien commandé.

Vous pouvez rester aussi longtemps que vous voulez sans passer une autre commande, sauf si une affiche vous en informe.

Vous ne pouvez pas utiliser les toilettes d'un café, même si elles sont payantes, quand vous ne prenez pas de consommation, sauf si un serveur sympa vous en donne l'autorisation.

Le pourboire n'est pas obligatoire car il est compris dans la note, mais si vous êtes content du service, vous pouvez laisser les quelques pièces de monnaie que l'on vous a rendues.

On n'a pas le droit de vous refuser une table au restaurant sous prétexte que vous êtes seul, mais le restaurateur peut vous imposer une table ou la compagnie d'un autre client.

Le propriétaire peut vous refuser l'entrée de son établissement si votre tenue vestimentaire ne correspond pas à la renommée du restaurant.

Le restaurateur n'est pas obligé d'accepter votre chien. S'il l'accepte, tenez-le en laisse et surveillez-le bien, car vous avez la responsabilité des dégâts qu'il pourrait occasionner.

Si vos crustacés ne sont pas frais ou que votre vin sent le bouchon, on doit vous les changer sans discuter.

Si vous avez mis votre veste sur le dossier de votre chaise ou sur le siège voisin et qu'on vous la vole, c'est vous qui êtes responsable. Si elle était dans le vestiaire du restaurant, ce dernier est responsable.

4   Lisez les explications sur la sauce en sachet 'Presto'.

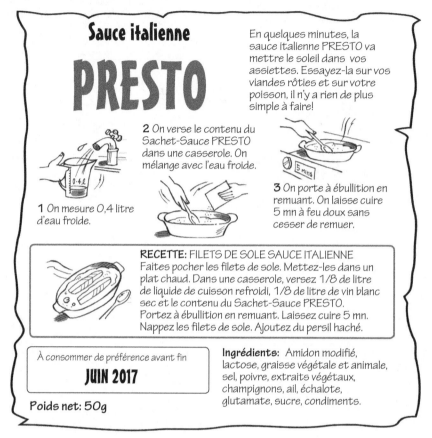

Sauce italienne

PRESTO

En quelques minutes, la sauce italienne PRESTO va mettre le soleil dans vos assiettes. Essayez-la sur vos viandes rôties et sur votre poisson, il n'y a rien de plus simple à faire!

2 On verse le contenu du Sachet-Sauce PRESTO dans une casserole. On mélange avec l'eau froide.

3 On porte à ébullition en remuant. On laisse cuire 5 mn à feu doux sans cesser de remuer.

1 On mesure 0,4 litre d'eau froide.

RECETTE: FILETS DE SOLE SAUCE ITALIENNE
Faites pocher les filets de sole. Mettez-les dans un plat chaud. Dans une casserole, versez 1/8 de litre de liquide de cuisson refroidi, 1/8 de litre de vin blanc sec et le contenu du Sachet-Sauce PRESTO. Portez à ébullition en remuant. Laissez cuire 5 mn. Nappez les filets de sole. Ajoutez du persil haché.

À consommer de préférence avant fin
JUIN 2017

Poids net: 50g

Ingrédients: Amidon modifié, lactose, graisse végétale et animale, sel, poivre, extraits végétaux, champignons, ail, échalote, glutamate, sucre, condiments.

Répondez vrai ou faux.

1   La sauce italienne Presto est une sauce à base de tomate.
2   C'est une sauce qu'on utilise uniquement avec le poisson.
3   Elle se prépare rapidement.
4   Elle est facile à faire.
5   Il faut ajouter un demi-litre d'eau froide.
6   On peut aussi utiliser un peu de vin blanc.

Maintenant, trouvez dans le texte le vocabulaire correspondant aux définitions suivantes.

7   Pièce de vaisselle, souvent ronde, où on met la nourriture de chaque personne à table.

8   Faire chauffer l'eau à cent degrés centigrades.
9   Faire cuire de la viande, du poisson ou des œufs dans un liquide.
10   Un long morceau de poisson ou de viande.
11   Qui n'est plus chaud.
12   Ce qui est à l'intérieur.
13   Couvrir d'une sauce ou d'une crème.
14   Mettre un autre ingrédient.
15   Coupé tout petit.
16   Cuit au four ou sur le gril, sans sauce.

5 Déchiffrez la marche à suivre des trois recettes ci-dessous.

La sauce béarnaise
La soupe à l'oignon
Le cœur à l'ananas

1 Achetez 500g de fromage blanc.
2 La sauce béarnaise est une sauce hollandaise parfumée au vinaigre et à l'échalote.
3 Coupez un gros oignon en menus morceaux.
4 Battez-le et mélangez-le avec un peu de crème épaisse.
5 Épluchez une échalote, coupez-la en tranches fines.
6 Dans une poêle, faites fondre du beurre et ajoutez-y les oignons.
7 Mettez-la dans une casserole avec deux cuillérées de vinaigre.
8 Si le mélange est trop épais, ajoutez un peu de lait.
9 Quand ils sont dorés, ajoutez une cuillérée à café de farine dans la poêle.
10 Faites bouillir jusqu'à réduction du vinaigre. Ajoutez alors une cuillérée d'eau froide.
11 Mélangez bien le tout et ajoutez un demi-litre d'eau chaude.
12 Sucrez et ajoutez un peu de kirsch.
13 Versez dans une casserole et remettez sur le feu. Laissez bouillir huit minutes.
14 Ouvrez une boîte de tranches d'ananas en conserve.
15 Salez et poivrez, puis versez cette soupe sur des tranches de pain saupoudrées de fromage râpé.
16 Salez et retirez du feu.
18 Disposez ces tranches sur le fromage blanc.
19 Ajoutez deux jaunes d'œufs et travaillez en employant la même technique que pour la sauce hollandaise – c'est-à-dire au bain-marie.
20 Vous pouvez ajouter à ce potage, soit un peu de lait chaud, soit un peu de crème, soit un œuf battu en omelette.
21 Vous pouvez servir cette préparation avec des macarons.
22 Utilisez cette sauce pour accompagner une grillade ou une entrecôte à la poêle.

6 Complétez le texte en utilisant les mots ci-dessous.

petit	blanc	mieux	expérience	base
certains	alliance	rouges	qualité	
tannique	tradition	chèvre	bleu	

Comment accompagner votre fromage, avec du vin rouge ou du vin blanc?

Il est de 1_____ bien établie de servir un vin rouge de très bonne 2_____, généralement assez 3_____, avec le fromage. Il est vrai que 4_____ fromages préfèrent les 5_____: livarot, pont-l'évêque et munster font une bonne 6_____ avec des rouges corsés comme le châteauneuf-du-pape et les côtes du Rhône, tandis que brie et camembert vont 7_____ avec les chinons et les saumurs.
Tentez l' 8_____ de déguster un gewurztraminer avec un munster et un blanc liquoreux, comme le sauterne, avec un roquefort ou un 9_____ d'Auvergne. Si vous proposez à vos invités un fromage de 10_____, choisissez un vin à 11_____ de sauvignon. Sur des fromages du Jura – mont d'or, morbier, bleu de Gex – ouvrez une bouteille de 12_____ de la même région.

7 Mettez la conversation dans le bon ordre. La première phrase est correcte.

1 Goûtons cette bouteille de Gevrey-Chambertin, quelle bonne idée!
2 Et on met le vin en bouteille et on le bouche sur place?
3 On l'a mis en bouteille dans un château renommé de la région, dont je connais très bien le propriétaire.

4 Oui, et là on fait fermenter le mélange de fruit et de jus en y ajoutant des produits chimiques.

5 Quelle couleur! Et quel bouquet! Vous avez bien choisi.

6 Eh bien racontez-moi un petit peu comment ça se fait, le vin.

7 Oui, 1999 est une excellente année. A votre santé Max!

8 D'abord, évidemment on fait les vendanges, c'est-à-dire que l'on cueille le raisin …

9 Ça dépend. Chez les grands viticulteurs, on fait tout sur place, même coller les étiquettes.

10 À la vôtre, Georges!

11 Et le vin que nous dégustons et qui est excellent…

12 Ça je sais. Puis on le transporte à la coopérative ou à la propriété.

8 Lisez l'article et choisissez la bonne réponse.

La vinothérapie

Il y a à peu près dix ans, la famille Cathiard a ouvert les Sources de Caudalie, un spa d'un genre tout à fait nouveau. Ce centre de soins est établi au cœur du vignoble bordelais, au château Smith Haut-Lafitte. L'ensemble est typique de la Gironde, avec des constructions ressemblant à des cabanes arcachonnaises ou à des fermes landaises. L'idée de la vinothérapie est née lors de la visite de quelques chercheurs de la faculté de pharmacie de Bordeaux. Ces chercheurs venaient de découvrir que les pépins* de raisin stabilisent le polyphénol, une molécule qui abonde dans ce pépin, et qui permet de lutter contre les radicaux libres responsables du vieillissement.

Mathilde, la fille de Daniel et Florence Cathiard, d'anciens skieurs de l'équipe de France, a d'abord lancé une gamme de cosmétiques qui exploite ces nouvelles connaissances. Ensuite, pour promouvoir ces produits de beauté, la famille a ouvert au château un centre de soins unique au monde. Les traitements typiques du centre sont le drainage vrilles de vigne, le massage enivrant, l'enveloppement miel et vin et le bain à la vigne rouge. On plonge tout de suite dans un bain barrique, puis on se détend dans un fauteuil construit à partir de lames de tonneaux. Les mains expertes des masseuses étendent sur le corps un gommage* cabernet, composé de sel de Guérande, de miel et de pépins de raisin. On frotte* et la peau est comme neuve. Après avoir goûté aux plaisirs innocents de la vinothérapie on peut se mettre à la dégustation de grands crus,* avec modération bien sûr.

* un pépin = *a pip*; un gommage = *a scrub*; frotter = *to rub*; un grand cru = *a great wine*

1 Le centre de soins se trouve   **A** à Bordeaux/**B** dans un château du bordelais/**C** en pleine campagne.

2 Les bâtiments au centre de soins   **A** sont de style girondin/**B** font partie du château original/**C** entourent le vignoble.

3 Les chercheurs sont   **A** d'une pharmacie de Bordeaux/**B** de l'université/**C** de la région.

4 Le polyphénol est une molécule   **A** qui encourage les radicaux libres/**B** qui lutte contre le processus de vieillissement/**C** qui se trouve dans tous les pépins.

5	La famille Cathiard a ouvert le spa	**A** pour encourager la consommation de grands crus/**B** pour des raisons de santé/**C** pour faire connaître les produits Caudalie.
6	Les traitements au centre de soins	**A** sont tous à base de raisin/**B** ont pour but de faire baisser la consommation d'alcool/**C** sont connus ailleurs.
7	Le gommage cabernet	**A** consiste en un mélange de miel, de sel et de raisin/**B** est frotté sur la peau pour enlever les cellules mortes/**C** fait plaisir aux masseuses qui l'appliquent.
8	Après avoir fait la cure on peut	**A** participer à la fabrication du vin/**B** faire un repas gastronomique/**C** déguster de grands vins bordelais.

9 Qu'est-ce que c'est?

DEVINETTE

1. On l'a découvert en Chine. Des voyageurs portugais et hollandais l'ont apporté en Europe. Il a été très populaire à Londres dès 1640. Les principaux pays producteurs sont la Chine et l'Inde.

2. On l'utilise à table pour ne pas se salir les doigts. C'est le roi Henri III qui l'a introduite en France, mais elle a été inventée à Venise en Italie. Ce n'est pas la cuillère.

3. On le trouve dans toutes les pâtisseries françaises. C'est Stanislas Leczinski, roi de Pologne, et duc de Lorraine, beau-père du roi Louis XV, qui l'a inventé. Il a eu l'idée d'arroser d'alcool un gâteau appelé 'kugelhof' parce qu'il était trop sec.

4. C'est une boisson à base de pommes que l'on fabrique en Normandie et en Bretagne. À l'origine, au douzième siècle, elle était faite par des moines.

5. On attribue son invention à l'erreur de deux sœurs qui ont oublié de garnir le moule de pâte brisée avant d'y mettre les pommes. Il faut donc la retourner quand on la sort du four. Malgré tout, c'est délicieux.

6. Ce plat, qui est la spécialité gastronomique alsacienne, est basé sur du chou fermenté. Ce procédé permet de le conserver plus longtemps et augmente sa teneur en vitamine C. Très efficace contre le scorbut, il a contribué au développement économique en facilitant les longs voyages en mer.

7. Plusieurs légendes expliquent l'origine de ces petits gâteaux. L'une raconte qu'elle vient du nom de la jeune fille qui les offrait aux pèlerins de Saint Jacques de Compostelle. Elle les faisait cuire dans une coquille, d'où* leur forme caractéristique. C'est en trempant ce gâteau dans une tasse de thé que Marcel Proust a retrouvé ses souvenirs d'enfance.

8. Originaire des pays du Maghreb, ce plat à base de viande, de légumes et de semoule est en train de devenir universellement reconnu et apprécié. D'après plusieurs sondages, il occupe la seconde place parmi les plats préférés des Français.

* d'où = *hence*

Coin info

Le vocabulaire de la nourriture dans les expressions idiomatiques.

- Casser du sucre sur le dos de quelqu'un. = Faire des critiques à propos d'une autre personne.
- Couper la poire en deux. = Faire des concessions, trouver un compromis.
- Se mettre à table. = Avouer, confesser, parler.
- Faire le poireau. = Attendre longtemps quelqu'un qui n'arrive pas.
- Jeter de l'huile sur le feu. = Aggraver une situation déjà délicate ou explosive.
- Pédaler dans la semoule/la choucroute. = Ne pas progresser ou se sentir perdu; ne rien comprendre.
- Tomber dans les pommes. = Perdre connaissance, s'évanouir.

10 Complétez le quiz de connaissances générales ci-dessous et essayez de répondre aux questions.

Pense-bête!

lequel = masc. sing.

laquelle = fem. sing.

lesquels = masc. pl.

lesquelles = fem. pl.

1 _____ de ces personnes va-t-on voir quand on est malade?
a Un vétérinaire
b Un médecin
c Un dentiste

2 _____ de ces accessoires met-on autour du cou?
a Un foulard
b Une cravate
c Un chapeau

3 _____ de ces activités les profs de langues donnent-ils à faire aux élèves?
a Un jeu de rôle
b De la musculation
c Des exercices respiratoires

4 _____ de ces boissons est la préférée des Maghrébins et des Anglais?
a L'alcool de riz
b Le gin
c Le thé

5 _____ de ces pays produisent beaucoup de riz?
a Les Pays-Bas
b La Chine
c L'Inde

6 _____ de ces produits achète-t-on dans une boucherie?
a De la viande
b Des légumes
c Des bijoux

7 _____ de ces livres est fréquemment utilisé par les traducteurs pour leur travail?
a La Bible
b Un dictionnaire
c Un livre de recettes

8 _____ de ces matières premières se sert-on pour produire le papier?
a Le bois
b Le maïs
c Le sable

9 _____ de ces liquides peuvent être utilisés pour faire marcher les voitures?
a L'essence
b Le pétrole
c Le diesel

10 _____ de ces sauces utilise-t-on pour préparer la salade?
a La sauce hollandaise
b La sauce chasseur
c La sauce vinaigrette

11 Complétez les réponses.

1 Quelles sandales préférez-vous?
_____ qui sont en cuir rouge.

2 Quel dictionnaire voulez-vous?
_____ de 33 000 mots.

3 Quels débardeurs avez-vous choisis?
_____ qu'on peut laver en machine.

4 Laquelle de ces maisons préfères-tu?
_____ qui a un grand jardin.

5 Quel vin as-tu acheté?
_____ qui était le moins cher.

6 Lesquelles de ces bananes faut-il acheter?
_____ qui sont encore vertes.

7 Lesquels de vos profs préférez-vous?
_____ qui ne donnent pas beaucoup de devoirs.

8 Dans quel restaurant veux-tu aller manger?
Dans _____ qui propose les plats les plus originaux.

Pense-bête!

celui = masc. sing.
celle = fem. sing.
ceux = masc. pl.
celles = fem. pl.

Coin info

L'artichaut, une plante miracle?

Saviez-vous que la tête d'artichaut, composée de feuilles, est en fait la fleur de cette plante potagère dont les bienfaits sur la santé sont connus depuis l'Antiquité? On trouve l'artichaut sur des fresques égyptiennes, et les Grecs et les Romains connaissaient déjà ses vertus médicinales. S'il a aussi la réputation d'être bon pour la ligne, c'est sans doute parce qu'il possède des propriétés dépuratives.

Ce qui est certain, c'est que l'artichaut est un véritable cocktail d'énergie, de vitamines et de nutriments très utiles à la santé de l'organisme. C'est grâce à la gourmandise de Catherine de Médicis, qui en était très friande,* que cette merveilleuse fleur a traversé les Alpes. Louis XIV en était accro et le royal potager en comptait déjà cinq variétés pendant son règne.

Cette fleur a longtemps été réservée aux tables royales avant de devenir populaire. Ce n'est que vers le début du dix-neuvième siècle que le *Camus* de Bretagne est devenu l'artichaut le plus consommé en France. Aujourd'hui, environ 75% de la production nationale, qui arrive sur le marché entre mai et septembre, provient de Bretagne.

Attention, il ne faut pas le confondre avec le topinambour, appelé aussi artichaut de Jérusalem ou d'Espagne, et dont le tubercule* est utilisé pour nourrir le bétail* ou bien consommé pendant les périodes de restriction.

*friand = *partial to*; le tubercule = *tuber*; le bétail = *cattle*

12 Lisez le texte puis répondez aux questions ci-dessous.

Récemment une délégation de nutrionnistes et de diététiciennes étasuniennes a fait un voyage d'étude dans une ville de Vendée pour s'inspirer du modèle français d'alimentation scolaire. Cette visite avait pour but de trouver des moyens pour prévenir l'obésité infantile dans leur pays où trente pour cent des enfants sont obèses. L'Institut de la Qualité et de l'Aliment leur a montré les actions menées pour sensibiliser les enfants à la nécessité d'une bonne alimentation et les visiteuses américaines n'ont pas caché leur surprise. Les restaurants scolaires apportent aux enfants une alimentation variée et équilibrée. Quatre-vingt-dix pour cent des produits cuisinés sont frais. Les enfants ne mangent des frites que très rarement, alors que les petits Américains en mangent deux fois par semaine. Ils utilisent de vrais assiettes et des couverts alors qu'en Amérique on mange avec ses doigts dans des assiettes en carton. En France il n'y a que de l'eau sur les tables, jamais de soda. L'entrée, le plat principal et le dessert sont servis l'un après l'autre et on encourage les enfants à goûter à tout. Il faut aussi signaler qu'aux États-Unis les repas ne durent que vingt minutes et représentent un pourcentage bien plus faible du budget scolaire global. Un déjeuner coûte moins de quatre euros alors que les Vendéens dépensent huit euros quarante par repas et par enfant.

1 Quel était le métier des Américaines qui ont visité la Vendée?
2 Quel était le but de leur visite?
3 Pour quelle raison?
4 Que représentent les chiffres suivants: 20 – 90 – 4,40 – 30 et 2 dans le texte?
5 Quelles sont les autres différences principales mentionnées entre un déjeuner scolaire typique en Vendée et aux USA?

13 Maintenant trouvez dans le texte les mots correspondants aux définitions suivantes.

1 Groupe de personnes chargé d'une mission
2 Personne qui s'occupe d'alimentation et de régimes
3 Citoyen des États-Unis
4 Se dit d'une personne qui est beaucoup trop grosse
5 Action pour rendre quelqu'un conscient d'un problème

6 Recette de pommes de terre cuites dans de l'huile très chaude
7 Les couteaux, les fourchettes et les cuillers
8 Plus solide et plus épais que le papier
9 Synonyme de boisson gazeuse sucrée
10 Premier plat d'un repas

14 Complétez le texte avec le vocabulaire de l'encadré.

conseils   prix   mûres   naturel   santé
acides   initiative   bouteilles   variétés
verre   lavées   litre

Pur jus!

Une association régionale a pris une 1 _____ intéressante pour permettre aux habitants de fabriquer eux-mêmes du jus de pommes 100% 2 _____. Le principe est simple: après avoir pris rendez-vous, il suffit d'apporter ses pommes et ses 3 _____. Sachez qu'il faut environ 1,6 kg de pommes pour obtenir un 4 _____ de jus. Une fois sur place, les membres de l'association donnent tous les 5 _____ nécessaires. On peut utiliser toutes les 6 _____ de pommes mais il est recommandé d'utiliser un mélange de fruits doux et 7 _____. Les pommes doivent être saines et à peine 8 _____. Les bouteilles doivent être en 9_____ et préalablement 10 _____. Si vous n'avez ni pommes ni bouteilles, l'association peut vous en fournir à des 11 _____ intéressants. Les pommes sont beaucoup moins chères que dans les supermarchés. 12 _____!

15 Lisez l'article et répondez vrai ou faux.

Premix et alcopops – Des mélanges à ne pas mélanger!

Les premix ou RTD ('ready-to-drink', c'est-à-dire 'prêts-à-boire') existent depuis longtemps. Ce sont des cocktails pré-préparés tels que gin et tonic, rhum et cola ou encore vodka et orange et que l'on peut aussi réaliser soi-même à la maison en achetant les ingrédients séparément. Ces préparations sont particulièrement populaires dans les pays occidentaux où l'utilisation croissante de 'convenience food' permet de réduire considérablement le temps de préparation de la nourriture et des boissons.

De nouvelles boissons alcoolisées sont apparues dans les années 90 en Grande-Bretagne où les médias les ont baptisées 'alcopops'. Leur présentation et leur goût sucré étaient alors très attrayants pour les jeunes. Ce sont des boissons composées d'alcool éthylique où on a ajouté divers ingrédients tels que de la limonade, du sucre et des arômes de fruit. Leur teneur en alcool est semblable à celle de la bière, c'est-à-dire environ 5%. Elles font concurrence à la bière car elles donnent une image plus branchée et beaucoup de filles les préfèrent. Cependant les alcopops coûtent plus cher et, bien que leur impact sur la santé soit identique, ils sont en fait très dangereux car les jeunes les croient souvent inoffensifs et les boivent comme ils boiraient du soda.

Les problèmes d'alcoolisme étant en constante augmentation chez les mineurs, les premix et les alcopops sont maintenant soumis à certaines règles de présentation: les étiquettes et les emballages ne doivent pas comporter d'éléments s'adressant spécifiquement aux jeunes.

1 Les premix existent depuis plus longtemps que les alcopops.
2 On peut facilement préparer des alcopops chez soi.
3 Les premix se vendent surtout en Europe et aux États-Unis.
4 Les premix et les alcopops s'adressent à la même clientèle.
5 Les premix utilisent des alcools de marque.
6 Les alcopops sont plus forts que la bière.
7 Les filles boivent plus d'alcopops que les garçons.
8 Les alcopops sont mauvais pour la santé.
9 Les jeunes ignorent souvent les dangers des alcopops.
10 De nos jours les jeunes ne boivent pas beaucoup d'alcool.

BILAN

Choisissez les bonnes réponses pour compléter la conversation à propos de la Normandie.

– Aimez-vous les spécialités **1** [astronomiques / gastronomiques / économiques] de la région, madame?

– Oui, car je suis plutôt **2** [gourmette. / gros. / gourmande.]

– **3** [Lesquels / Lequel / Lesquelles] préférez-vous?

– J'aime tout, en particulier les **4** [soles / sauces / saules] de Dieppe et les crustacés.

– Aimez-vous les fromages normands?
– Oui, beaucoup.

– **5** [Lesquels / Lequel / Lesquelles] en particulier?

– **6** [Ceux / Celles / Celui] qui sont crémeux, comme le livarot et le camembert.

– Et comme boisson?

– **7** [Celle / Celui / Celles] fabriquées avec des pommes, c'est-à-dire le cidre et le calvados, mais j'adore aussi la bière.

– Quelle autre région de France aimez-vous particulièrement?

– Y a pas photo, **8** [celui / celles / celle] où je suis née, l'Alsace!

Choisissez les bonnes réponses pour expliquer ce que Samia mange.

Depuis qu'elle est **9** [végétarien, / végétarienne, / végétale,] Samia n'a plus besoin de **10** [reçus / recettes / récoltes] basses calories.

Elle a **11** [un régime / une angine / une règle] équilibré qui est bon pour la **12** [vérité / sobriété / santé] et pour **13** [le lien. / la ligne. / le système.]

Elle n'achète plus de plats **14** [cuites / cuisinés / chauffés] que l'on fait **15** [frire / congéler / réchauffer] au **16** [frigidaire. / micro-ondes. / gril.]

Elle préfère les produits **17** [frais / frisés / fraîches] aux **18** [conserves / préservation / conservation] et elle se sert très peu de produits

19 [surgelés / congelés / refroidis] avec tous leurs **20** [équipes / emballages / embouteillages] qui sont mauvais pour l'environnement.

5
Cinquième unité

OBJECTIFS

Le supermarché dans tous ses états. Avantages et inconvénients des grandes surfaces et des petits commerces. A la poste et à la banque. Les cambriolages et les braquages. Le passé composé avec *être*.

La citation du jour

'On ne supprime la misère qu'en donnant aux plus démunis* les moyens de contrôler eux-mêmes leur destin.'
Muhammad Yunus (1940–) – Économiste, créateur de la Grameen Bank au Bangladesh. Prix Nobel de la paix 2006.

*démuni = *destitute*

1 Trouvez l'intrus.

1 1 robe, 1 jupe, 3 paires de collants, 1 smoking, 1 chemisier.
2 1 paire de baskets, des pantoufles, 2 paires de chaussures, des bottes, 1 paire de chaussettes.
3 4 savonnettes, du shampooing, 1 serviette éponge, 1 tube de dentifrice, 1 gel bain.
4 1 botte d'asperges, 1 ampoule, 3 artichauts, 1 kilo de courgettes, 2 concombres.
5 1 robot ménager, 1 micro-ondes, 1 lave-vaisselle, 1 vaisselier, 1 fer à repasser.
6 1 paquet d'enveloppes, 1 agenda, du papier à écrire, des post-it, 1 poivron.
7 12 boîtes de bière, un rouleau de scotch, 1 bouteille de pineau, 1 carton de vin blanc, 1 litre de cognac.

8 1 boîte de sardines, 1 paquet de céréales, 1 boîte de lessive, 500g de farine, 2 kilos de sucre en poudre, 1 paquet de thé.

2 Maintenant essayez de mettre chaque groupe d'articles ci-dessus dans le bon rayon.

vêtements-hommes   vêtements-femmes
chaussures   cosmétiques   linge
fruits et légumes   électroménager   meubles
librairie-papeterie   boissons   épicerie
produits d'entretien   confiserie   surgelés
boulangerie   charcuterie   crémerie   sport

3 Où allez-vous mettre les articles 'intrus'?

4 Écrivez au moins 4 produits que l'on peut trouver dans les rayons suivants.

charcuterie	boulangerie-pâtisserie
boucherie	crémerie

5 Reliez la liste A à la liste B pour compléter les phrases.

Liste A

1 Pour acheter des fruits en boîte …
2 Si vous êtes myope …
3 On se sert d'un chariot …
4 Si on ne peut pas porter trop de choses …
5 Si on a envie de rencontrer des amis et de bavarder un peu …
6 Pour éviter les produits préemballés …
7 Au supermarché on trouve …
8 C'est meilleur marché dans les grandes surfaces parce qu' …

Liste B

A on préfère aller au marché.
B il vaut mieux porter des lunettes quand vous faites vos achats.
C pour faire les commissions dans les grandes surfaces.
D il y a beaucoup de concurrence.
E on va au magasin plusieurs fois par semaine.
F tout ce dont on a besoin sous le même toit.
G il faut aller au rayon épicerie.
H faites vos courses au marché.

6 Débrouillez les deux conversations.

Au marché
— Vous venez souvent au marché?

Au supermarché
— Pardon, monsieur. Vous venez souvent au supermarché?

1 Oui, il y a beaucoup d'avantages. On peut se garer sans problème et on trouve tout sous le même toit.
2 Et au point de vue prix?
3 Je fais mon marché deux fois par semaine.
4 Et la marchandise?
5 Je viens tous les samedis. C'est moi qui fais les courses parce que ma femme travaille.

6 Il y a un très grand choix et c'est moins cher qu'au supermarché.
7 Peut-être, mais moi, je déteste faire la queue à la caisse.
8 Est-ce que vous aimez faire vos courses ici, au centre commercial?
9 Vous préférez aller au marché ou au supermarché?
10 Mais c'est moins agréable quand il fait mauvais temps!
11 Au marché, bien sûr. J'y connais beaucoup de gens. On bavarde, on plaisante …
12 C'est meilleur marché que les petits magasins. Et il y a souvent des offres spéciales.

7 Reliez la liste A à la liste B pour discuter le pour et le contre des grandes surfaces.

Liste A

1 On trouve tout ce dont on a besoin sous le même toit et il y a beaucoup de choix.
2 Il est facile de garer la voiture et c'est gratuit.
3 On peut tout mettre dans le caddie.
4 On n'est pas obligé d'avoir d'argent liquide sur soi.
5 Tout est propre et préemballé.
6 Il y a souvent des offres spéciales très intéressantes.
7 On passe très rapidement à la caisse.
8 C'est meilleur marché que les petits magasins.

Liste B

A Ça dépend, l'emballage coûte cher. Chez les petits commerçants et au marché, on peut acheter des produits de la région qui sont plus frais et qui ont plus de goût.
B On n'a pas toujours besoin d'offres spéciales. Il est facile d'acheter plus de choses que nécessaire.
C A certaines heures, on est obligé de faire la queue. Les gens sont pressés et s'impatientent.
D Les supermarchés sont situés assez loin du centre-ville et il faut y aller en voiture.

E   Avec les cartes de crédit il est facile de dépenser trop.

F   C'est vrai, mais on se sent anonyme dans les grandes surfaces et il n'y a pas l'ambiance du marché ou des petits magasins.

G   Les emballages, surtout le plastique, sont mauvais pour l'environnement.

H   On n'a pas toujours la bonne pièce pour payer les chariots qui sont souvent difficiles à diriger et on est tenté d'y mettre trop de choses.

8   Maintenant, faites une liste des avantages du marché et des petits commerces.

9   Mettez les mots dans le bon ordre et dites où ont lieu les mini-conversations.

1   – an faire dans entreprise je un d'un une en vais Angleterre stage.
    – un place vous conseille dans ce compte cas, je d'ouvrir courant sur

2   – dois est-ce je douane une que pour remplir la fiche?
    – maintenant ce plus nécessaire n'est.

3   – même que est-ce peux manière je la utiliser ma de crédit de qu'ici carte?
    – achats pour automatiques oui, régler les et retirer de aux pour l'argent distributeurs.

4   – colis en voudrais ce recommandé envoyer je.
    – économique euros ça neuf fait en.

5   – charcuterie m'indiquer pouvez-vous le plaît, s'il vous rayon?
    – long puis continuez centrale la deuxième à, le de l'allée gauche prenez.

10   Mettez les phrases au passé composé.

Pense-bête!

Révisez la liste des verbes qui se conjuguent avec *être*. Attention! Le participe passé s'accorde avec le sujet.

1   Je vais au cinéma samedi.
2   Vous arrivez à quelle heure, Leïla?
3   Nous prenons l'avion à 8 heures du matin.
4   Tu descends à quelle station de métro, Lucile?
5   Ils reçoivent beaucoup d'e-mails.
6   On part de bonne heure.
7   Il n'entre jamais sans frapper.
8   Ils ne sortent pas tous les soirs.
9   Je ne comprends rien.
10 Elle reste une semaine à Paris.
11 Les jumelles vont naître au mois de novembre.
12 Est-ce que vous venez en voiture avec votre frère, Yann?
13 Les feuilles des arbres tombent à cause du vent.
14 En Afrique, beaucoup de bébés meurent du SIDA*.
15 Il monte dans le bus à 8 heures du matin.

* le SIDA = *AIDS*

11   Complétez le texte en mettant les verbes au passé composé, puis finissez le titre avec le nom de la ville française concernée.

On fait son shopping à …

Les touristes 1_____(arriver) à la "Cité Europe" en fin de matinée. Ils 2_____(descendre) du car et ils 3_____ (entrer) dans le centre commercial. Le chauffeur 4_____(rester) au volant. Après avoir fumé une cigarette il 5_____(descendre) du car lui aussi. Plusieurs dames 6_____(aller d'abord) aux toilettes. Elles en 7_____(sortir) un bon quart d'heure plus tard parce que deux des WC étaient en panne. Un jeune homme 8_____(entrer) dans un magasin de vêtements, mais il 9_____ (ressortir vite) quand il 10 _____ (voir) les prix. À midi, plusieurs touristes 11_____ (manger) au restaurant self-service près de la grande surface. D'autres 12_____(aller) plus loin à la recherche d'un restaurant typique de la région. Vers cinq heures, deux ou trois couples 13_____

(retourner) au car. D'autres **14**_____
(arriver) quelques minutes plus tard. Ils
15_____ (mettre) les cartons dans la
soute à bagages* puis ils **16**_____(monter)
dans le car. Une dame âgée **17**_____
(tomber) parce qu'elle **18**_____ (perdre)
l'équilibre. Les touristes **19**_____ (repartir)
un quart d'heure plus tard et ils **20**_____
(rentrer) chez eux, en Angleterre, vers vingt et
une heures.

*la soute à bagages = *luggage hold*

12 Relisez le texte, répondez vrai ou faux et
corrigez les erreurs.

13 Lisez le texte et reliez la liste A à la liste B pour compléter les phrases.

1 Les touristes sont arrivés au centre
  commercial avant midi.
2 Avant de fumer une cigarette, le chauffeur
  est descendu du car.
3 Les dames ont dû faire la queue aux toilettes.
4 Le jeune homme n'a rien acheté dans le
  magasin de vêtements.
5 Tous les touristes ont déjeuné près du
  supermarché.
6 La plupart des touristes sont retournés au car
  vers quinze heures.
7 Le car est reparti avant six heures.
8 Les voyageurs sont arrivés à la maison avant
  dix heures du soir.

Réouverture du café-tabac de Boisville

Irène Tignola, la nouvelle propriétaire du café-tabac presse de Boisville, est une femme heureuse. En effet, après avoir longtemps travaillé comme employée dans plusieurs brasseries, cafés ou restaurants de la région, Irène est maintenant la patronne. Elle a appelé son établissement 'Chez Irène', tout simplement, car tout le monde la connaît au village. C'est là où elle est née et ses parents y habitent toujours. Le café-tabac qui a rouvert ses portes après plusieurs mois de fermeture, due au décès inattendu du propriétaire précédent, reprend toutes les activités de l'ancien établissement: bar, tabac, glaces, timbres-poste et timbres fiscaux et dépôt de pain. Il y a aussi une salle réservée pour les amateurs de billard.

Liste A

1 Irène est connue au village…
2 Le café-tabac est resté fermé longtemps…
3 Irène est contente…
4 Irène a gardé toutes les activités du café-tabac…
5 Irène n'a jamais été propriétaire d'un bar-tabac …
6 Les parents d'Irène…
7 Il y a aussi une salle de jeux…

Liste B

a y compris la vente de pain et de glaces.
b d'être enfin sa propre patronne.
c habitent dans le village où se trouve le café-tabac.
d qui est réservée aux amateurs de billard.
e parce que l'ancien propriétaire est mort subitement.
f mais elle a beaucoup d'expérience dans ce domaine d'activités.
g car elle y a vécu quand elle était petite.

Coin info

Micro-crédit et placements solidaires*

La Grameen Bank est une banque de **micro-crédit** qui accorde de petits prêts, sans aucune garantie, à des millions de pauvres, pour leur permettre de créer leur activité. Elle a été fondée par Muhammad Yunus, un économiste du Bangladesh qui a reçu le prix Nobel de la paix en octobre 2006.

Les placements solidaires

Les placements solidaires permettent de mettre en relation des épargnants* souhaitant investir dans des activités à utilité sociale et dans des associations ou des personnes qui ont besoin de crédits mais qui n'ont pas accès au financement classique.

De retour au Bangladesh après des études aux États-Unis grâce à une bourse*, il est devenu professeur d'économie. Mais la terrible famine de 1974 lui a ouvert les yeux sur la gravité de la situation économique de son pays. Après deux ans de combat pour essayer d'encourager les banques à aider les micro-entrepreneurs, il a décidé de créer son propre organisme de prêt avec le modeste capital de 27 dollars. Trente ans plus tard, la Grameen Bank avait prêté de l'argent à 61 millions de personnes.

* un placement solidaire = *an ethical investment*; une bourse = *a grant*.

Les trois quarts environ des capitaux solidaires sont destinés à aider les personnes en difficulté à trouver du travail ou un logement. D'autres placements favorisent le commerce équitable* ou des projets économiques dans les pays en voie de développement. On peut prêter une somme d'argent à des chômeurs* pour créer leur propre entreprise* comme on peut investir dans des zébus en Afrique pour aider les paysans à exploiter leurs terres ou à produire du lait.

Certes la rentabilité* de ces placements est faible mais cette générosité est souvent récompensée par une réduction d'impôt sur le revenu*.

*un épargnant = *a saver/investor*; l'exclusion = *social exclusion*; le commerce équitable = *fair trade*, un chômeur = *an unemployed person*; une entreprise = *a company*; un éleveur = *a breeder*; la rentabilité = *return*; l'impôt sur le revenu = *income tax*.

14 Mettez les phrases dans le bon ordre pour raconter le fait divers ci-dessous. La première phrase est correcte.

Il braque la réceptionniste avec un couteau.

1 Une employée de l'hôtel Belle Vue a été victime d'un braquage samedi vers 2 heures du matin.

2 L'employée a immédiatement téléphoné à la police qui est arrivée quelques minutes plus tard.

3 L'enquête continue.

4 Elle lui a donné l'argent et l'homme est reparti avec environ 800 euros.

5 Elle n'a pas pu leur dire si le braqueur était à pied ou en voiture.

6 La réceptionniste a ouvert la porte à un homme d'une trentaine d'années.

7 L'homme lui a d'abord demandé le prix d'une chambre.

8 Elle n'a pas été étonnée car il faisait froid dehors.

9 Quand l'interphone extérieur a sonné elle n'a pas été surprise car la porte est fermée pendant la nuit.

10 Il le lui a mis sous la gorge et lui a réclamé la caisse.

11 Elle n'a pas vu son visage parce qu'il était vêtu d'un sweat à capuche.

12 Puis il a brandi un couteau.

15 Lisez le texte puis répondez vrai ou faux.

Conseils pour protéger votre domicile contre les cambriolages

Equipez votre porte d'entrée d'un système de fermeture fiable, d'un viseur optique et d'un entrebâilleur (chaîne ou tige métallique qui empêche la porte de s'ouvrir complètement).

Claquez la porte ne suffit pas. Fermez-la toujours à clé quand vous sortez.

Ne mettez jamais la clé sous le paillasson* ou dans une autre cachette, mais laissez un double chez un voisin en qui vous avez confiance.

Changez votre serrure* si vous avez perdu votre clé.

Mettez des volets, des grilles ou des barreaux à vos fenêtres.

Ne laissez jamais de grosses sommes d'argent chez vous.

Ne cachez jamais d'argent ni d'objets de valeur sous une pile de vêtements, au-dessus d'une armoire ou sous un matelas.

Eventuellement, faites installer un système d'alarme.

En cas d'absence prolongée, prenez des précautions supplémentaires:

Prévenez vos voisins ou le gardien de l'immeuble.

Pour que votre domicile semble habité, demandez à quelqu'un d'ouvrir régulièrement les volets.

Ne laissez pas de message sur votre répondeur téléphonique indiquant la durée de votre absence. Faites transférer vos appels si vous le pouvez.

Faites vider votre boîte à lettres par un voisin ou un ami ou faites transférer temporairement votre courrier.

Prêtez votre domicile à des amis.

Mettez vos bijoux et objets de valeur en lieu sûr, dans le coffre-fort* d'une banque par exemple.

Conservez les factures* des autres objets et notez les numéros de séries de vos appareils électriques. On peut ainsi les retrouver ou se faire indemniser par son assurance plus facilement.

* paillasson = *doormat*; une serrure = *a lock*; un coffre-fort = *a safe*; une facture = *a bill*

1 Les cambrioleurs savent que le domicile est vide quand les volets restent fermés.

2 Il est recommandé de garder de l'argent et des bijoux chez soi s'ils sont bien cachés.

3 Il faut laisser un message sur son répondeur pour dire aux amis quand on va revenir.

4 Il est recommandé de bien protéger ses fenêtres.

5 Il ne faut jamais laisser sa clé chez un voisin.

6 On n'a pas besoin de garder les factures des meubles, objets et appareils électriques pendant plus d'un an.

7 Il est dangereux de prêter son appartement ou sa maison à des amis.

8 On sait qu'une maison est vide si la boîte à lettres est pleine.

9 Si on perd sa clé, il faut tout de suite prévenir sa compagnie d'assurance.

10 En cas d'absence prolongée, il vaut mieux faire transférer son courrier et ses appels téléphoniques.

BILAN

Choisissez les bonnes réponses pour expliquer les avantages et les inconvénients des grandes surfaces et des petits commerces.

Dans les **1** petits magasins / petites boutiques / grandes surfaces   il y a beaucoup de **2** rayures / rayons / raies   différents.

Dans le rayon **3** surgelés, / fruits et légumes, / épicerie,   par exemple, on trouve des poivrons, des asperges et des artichauts.

Si on cherche **4** des ampoules / des poules / du poulet   il faut aller au rayon **5** électroménager. / parfumerie. / charcuterie.

Si vous voulez tout trouver sous le même **6** toit, / voix, / surface,   il vaut mieux faire vos **7** course / cours / commissions

8 au marché. / au supermarché. / chez les petits commerçants.   Là, tout est **9** gratuit / libre / propre   et **10** emballé. / en vrac. / en bouteille.   En plus il y a

souvent des offres **11** spéciales. / régionales. / méridionales.   Par contre, si vous préférez **12** manger / goûter / promener   avant d'acheter,

il vaut mieux aller au marché où les gens sont plus **13** dynamiques. / automatiques. / sympathiques.   On peut y **14** plaisanter / fréquenter / apprécier   et

15 bavarder / écouter / regarder   avec les marchands qui sont souvent très **16** amusants. / tristes. / ennuyeux.

Choisissez les bonnes réponses pour compléter la déposition* d'un braqueur.

Rita et Barbara **17** sommes / sont / ont   **18** descendues / descendus / descendu   de la voiture avec moi, mais notre copain Bruno est resté au

19 vent. / volant. / voile.   Une fois dans la **20** boutique, / banque, / clinique,   nous **21** sommes / sont / avons   allés droit à **22** un guichet. / la cave. / une caissière.

Rita **23** a sorti / est sorti / est sortie   son revolver et elle a demandé à **24** la vendeuse / une dame / l'employé   de mettre tout l'argent dans

des sacs en plastique. Nous sommes sortis en **25** chantant, / riant, / courant,   et nous sommes partis à toute **26** ivresse. / sagesse. / vitesse.

*une déposition = *a statement*

6

Sixième unité

Les vacances et les visites touristiques en France, en particulier en Normandie.
Le camping-caravaning en France.
Le passé composé avec *être* (suite).

La citation du jour

'*Nous n'héritons pas de la terre de nos parents, nous l'empruntons à nos enfants.*'

Antoine de Saint-Exupéry (1900–1944) – Pilote-écrivain, mais aussi inventeur, il a été l'un des pionniers de l'Aéropostale. Il est mort au combat en 1944, alors qu'il participait au débarquement allié en Afrique du Nord.

1 Reliez l'endroit à sa description.

1 La Cathédrale Notre Dame d'Amiens – AMIENS
2 Le Château Fort de Rambures – RAMBURES
3 Les Hortillonnages* – AMIENS
4 Le Chemin de Fer de la baie de Somme – ST-VALERY-SUR-SOMME
5 L'Historial de la Grande Guerre – PERONNE
6 Les Jardins et l'Abbaye de Valloires – ARGOULES
7 Le P'tit Train de la Haute Somme – FROISSY, CAPPY, DOMPIERRE.
8 Le Musée de Picardie – AMIENS

*marshland used for vegetable farming

A Créés par Gilles Clément, ils rassemblent une collection unique de 5000 espèces et variétés de plantes regroupées par thèmes: celui du marais, celui des sens, la roseraie, etc. Le monastère fut fondé par les moines de l'ordre de Citeaux.

B Au cœur de la ville d'Amiens, 300 hectares de jardins maraîchers et de charme, séparés par des petits canaux. On accède au site exclusivement en barque traditionnelle.

C D'authentiques voitures de la Belle Époque tirées par des locomotives à vapeur circulent entre Le Crotoy, Noyelles-sur-Mer, Saint Valery-sur-Somme et Cayeux-sur-Mer.

D Musée de référence de la première guerre mondiale, il permet de découvrir et de comprendre la vie quotidienne des soldats et des civils français, anglais et allemands au cours du conflit.

E Situé dans un monument de style Napoléon III, ce musée riche de collections qui s'étendent de la préhistoire au $20^{\text{ième}}$ siècle, figure parmi les plus beaux de France.

F Il est vieux de près d'un siècle et fonctionne à la vapeur. Il vous emmènera à travers bois et collines, le long des bords de la Somme.

G Située au cœur d'un parc romantique, cette forteresse féodale du $15^{\text{ième}}$ siècle constitue un témoignage de l'architecture militaire de la fin du Moyen Âge.

H Classé au Patrimoine mondial de l'UNESCO, ce bâtiment est un des plus beaux exemples de l'art gothique religieux. Son spectacle 'en couleurs' du 15 juin au 30 septembre et du 15 décembre au 6 janvier est fortement recommandé.

2 Mettez les verbes au passé composé pour compléter les phrases.

1 Elle _____ nous voir hier. (venir)
2 Ils _____ la semaine dernière. (ne pas sortir)
3 Les jumelles _____ en 2002. (naître)
4 Le philosophe René Descartes _____ en 1629. (mourir)
5 Annabelle et Victor _____ en vacances ensemble. (aller)
6 L'avion _____ avec une heure de retard. (partir)
7 Ils _____ dîner. (pas rester)
8 Pourquoi est-ce que vous _____ en retard, Vincent? (arriver)
9 Je _____ dans l'église. (ne pas entrer)
10 Nous adorons l'Italie; nous y _____ l'été dernier. (retourner)
11 Est-ce que tu _____ voir ta grand-mère, Nathalie? (passer)
12 On _____ par l'ascenseur parce qu'ils habitent au neuvième étage. (monter)
13 Sais-tu pourquoi elle _____?(tomber)
14 Non, nous _____ dans un hôtel quatre étoiles. (ne pas descendre)

3 Mettez les phrases au passé composé.

1 Nous passons trois semaines au bord de la mer.
2 Elle sort les manteaux de l'armoire.
3 Vous retournez en Grèce pour les vacances, Henriette?
4 Guillaume et moi, on monte au premier étage de la tour Eiffel à pied.
5 Je passe l'aspirateur tous les jours.
6 Alain descend dans le Midi à Pâques.

7 On monte les vieux disques au grenier.
8 Quand le train arrive en gare, les voyageurs descendent les valises du porte-bagages.
9 Elles ne passent pas par Nantes pour aller en Vendée.
10 Nous descendons à 'Opéra' pour aller aux grands magasins.
11 Il trouve beaucoup de lézards quand il retourne les pierres.
12 Ils montent la tente en cinq minutes.
13 Samedi soir, je ne sors pas.
14 Quand passes-tu ton permis de conduire?
15 Le vin lui monte à la tête.

4 Ajoutez les voyelles aux infinitifs pour compléter l'emploi du temps ci-dessous.

Alice et Glenn ont passé deux jours romantiques à Paris.

1 P-RT-R de Londres dans l'après-midi.
2 D-SC-NDR- de l'Eurostar 17h.00.
3 -RR-V-R à l'hôtel 17h.45.
4 S-RT-R de l'hôtel vers 20h.00.
5 CH-RCH-R un bon restaurant.
6 PR-NDR-/CH- -S-R le menu gastronomique.
7 OFFR-R à Alice une rose rouge (Glenn).
8 Le lendemain -LL-R à Montmartre.
9 V-S-T-R le Sacré-Cœur et -DM-R-R les artistes place du Tertre.
10 L'après-midi F- -R- les grands magasins. -CH-T-R une robe élégante et des chaussures assorties (Alice).
11 V-S-T-R le Louvre. V- -R les trésors d'Egypte et la Joconde (Glenn).
12 Le soir R-T- -RN-R à la Gare du Nord.
13 R-M-NT-R dans l'Eurostar.
14 R-NTR-R très tard à la maison.

5 Maintenant racontez le séjour d'Alice et de Glenn.

Alice et Glenn sont partis de Londres …

6 Imaginez que vous êtes Glenn ou Alice. Racontez votre séjour à Paris en changeant quelques détails.

7 Déchiffrez le mél de Michel. Une lettre manque. Laquelle?

Je t'écris d cybercafé o nos avons pris le petit déjener. Nos sommes arrivés à Honfler sans difficltés. C'est n joli petit port. Il a fait bea tote la jornée et nos avons décidé de camper. Nos sommes allés à l'office d torisme o on nos a indiqé n fermier qui nos a prêté n champ. Nos avons bavardé n pe avec li avant de faire cire des côtelettes d'agnea sr le réchad à gaz. Déliciex! Nos n'avons pas e froid grâce à nos noveax sacs de cochage. Maintenant direction Caen.

Bisos

8 Ecrivez une carte postale à un(e) ami(e) en utilisant les renseignements ci-dessous.

- St-Valery-sur-Somme
- Joli petit port
- Promenade en bateau
- Vieilles maisons, porte par où Jeanne d'Arc est passée 15ième siècle
- Brasserie au bord de l'estuaire
- Chance: Beau temps

9 Complétez les conseils aux cyclotouristes.

Pense-bête!

Révisez le vocabulaire du camping.

Ayez toujours une **1** b_____ d'eau à portée de la main. Même si vous avez l'intention de **2** d_____ dans des **3** a_____ de jeunesse, il est plus prudent d'emmener une **4** t_____ avec vous. **5** Un réchaud à g_____ est aussi très pratique si vous êtes obligé de faire du **6** c_____. N'oubliez pas votre **7** s_____ à dos. Vous allez y mettre toutes vos **8** a_____; votre **9** s_____ de c_____, votre **10** l_____ de poche et des **11** p_____. Avant de partir, vérifiez les pneus de votre **12** v_____. En cas de difficultés, n'oubliez pas votre **13** p_____, votre **14** carte b_____ et un peu d' **15** a_____ liquide.

10 Reliez les mots pour indiquer ce qu'il y a au camping. Il y a dix panneaux.

piscine · location · branchements · de · laverie · pour · de · électriques · tentes · chiens · enfants · couverte · blocs · aménagements · à · en · handicapés · automatique · plats · sanitaires · acceptés · réductions · pain · laisse · emporter · dépôt

11 Mettez la conversation dans le bon ordre. La première phrase est correcte.

1 Vous avez de la place pour une caravane?
2 Ça dépend. Qu'est-ce qu'il y a pour les enfants?

3 Ah non, à 200m et il y a aussi un centre équestre tout près.

4 Deux adultes et trois enfants. Nous préférons un emplacement ombragé.

5 Pas de problèmes. Tous nos emplacements sont sous des arbres. Vous comptez rester combien de temps?

6 Eh bien, il y a des blocs sanitaires avec lavabo, douches, prises-rasoir … et puis, en plus, il y a des bacs à linge, des fers à repasser …

7 Parfait. Ma fille adore faire du cheval. Qu'est-ce que vous avez comme équipement?

8 Nous avons une piscine et une aire de jeux. Et il y a une plage de sable fin.

9 Oh là là, nous n'allons pas passer toutes nos vacances à faire la lessive!

10 Elle est loin?

11 Oui monsieur, vous êtes combien de personnes?

12 Complétez les phrases et reliez la liste A à la liste B.

Liste A

1 Je voudrais réserver un _____ pour le mois de juillet. C'est possible?

2 Est-ce qu'il a un _____ ou une cafétéria?

3 Peut-on faire la _____?

4 Quels sont vos _____?

5 Que dois-je faire pour _____?

Liste B

A Il suffit de remplir le _____ et d'envoyer 30 euros d'arrhes.

B Certainement. Nous avons une laverie automatique équipée de _____ à laver et de sèche-linge.

C Alors un emplacement _____ 15 euros par jour.

D Oui. À quelle _____ exactement?

E Non, mais nous avons un excellent service de _____ cuisinés.

Coin info

Le clos Lupin

Maurice Leblanc a baptisé 'Clos Lupin' la maison qu'il a achetée à Etretat, célèbre station balnéaire de la côte normande. Elle a occupé une place essentielle dans son œuvre et dans sa vie. Il l'a achetée en 1918 et y a habité pendant près de 20 ans. C'est là qu'il a écrit la plupart de ses ouvrages sur Arsène Lupin, le célèbre 'gentleman cambrioleur'.

Arsène Lupin jouit encore aujourd'hui d'une immense popularité. Il est né quand l'éditeur d'un magazine a demandé à Maurice Leblanc d'écrire une aventure dans l'esprit de celles de Sherlock Holmes. Grâce au succès de la

première histoire, 'L'Arrestation d'Arsène Lupin', Maurice Leblanc est devenu, du jour au lendemain, auteur de romans policiers et écrivain populaire. Le succès d'Arsène Lupin l'a accompagné jusqu'à sa mort en 1941.

Florence Boespflug, la petite-fille de Maurice Leblanc, a racheté le Clos Lupin en 1998 et l'a transformé en musée. On peut suivre toutes les étapes de cette visite originale et ludique en français ou en anglais avec un casque audio. C'est Arsène Lupin lui-même qui guide les visiteurs.

13 Lisez le courriel envoyé par un terrain de camping à d'éventuels clients, puis corrigez les 7 erreurs du résumé qui suit.

Madame, Monsieur,

Suite à la réception de votre e-mail, nous vous faisons parvenir de la documentation et vous remercions de l'intérêt que vous portez à notre camping.

C'est un petit terrain de 22 emplacements, situé au cœur du Calvados, qui est entièrement plat, facile d'accès et bien indiqué par des panneaux de signalisation. Il est situé à moins de 2 km de commerces et services divers.

Les emplacements sont spacieux et ombragés. Le bâtiment sanitaire est moderne et confortable. L'eau chaude est disponible toute la journée pour les douches, la vaisselle et le linge. Une machine à laver et un sèche-linge sont à votre disposition, ainsi que des jeux pour les enfants. Nous vous proposons également un service de glaces et de pain.

En contrebas du camping se trouve une charmante rivière qui plaît beaucoup à tous les campeurs. Nos clients apprécient particulièrement le calme et le confort de notre terrain.

Nous sommes ouverts du 1er juin au 30 septembre. Le tarif pour 2 personnes avec une caravane est de 12,50 € (taxe comprise). L'électricité est en supplément et coûte 2 € par jour. Si vous souhaitez séjourner dans notre camping entre le 15 juillet et le 20 août, nous vous conseillons vivement de réserver. Il vous suffit de nous faire parvenir un simple courrier en indiquant vos dates et d'y joindre un chèque de 25 € d'arrhes, ce qui correspond à 2 nuitées.

Nous restons à votre disposition si vous désirez de plus amples renseignements.

En espérant vous compter parmi notre clientèle, nous vous prions d'agréer, Madame, Monsieur, nos sincères salutations.

Camping à la ferme 'Le Verger'

14520 – Le Coisel

P.S. Si vous en avez la possibilité, nous vous conseillons d'aller visiter le site Internet de l'Office de Tourisme de Vire qui est très intéressant et propose de nombreuses visites et activités dans la région.

---

1 Le camping 'le Verger' se trouve en Normandie.
2 Il est situé sur une colline.
3 Il est difficile à trouver.
4 Il y a des magasins pas très loin du camping.
5 Il y a beaucoup d'arbres sur le terrain.
6 On peut utiliser l'eau chaude quand on veut.
7 Il est facile d'y faire la lessive.
8 On peut acheter des fruits et des légumes sur place.
9 Les clients sont contents car il y a une piscine.
10 Le camping est fermé quatre mois par an.
11 La taxe de séjour est en sus.
12 Il est obligatoire de réserver pour séjourner entre le 15 juillet et le 20 août.
13 Pour réserver, il faut écrire une lettre et envoyer une avance.
14 Pour avoir plus de renseignements sur le camping, on peut consulter un site Internet.

14 Connaissez-vous bien l'Hexagone?

QUIZ

1 Nom de la femme qui symbolise la République française.
A Marie-Louise, **B** Bain-Marie, **C** Marianne

2 Ville normande où Jeanne d'Arc a été brûlée vive.
A Reims, **B** Rouen, **C** Rennes

3 Pont sur lequel, selon la chanson, 'on y danse tous en rond'.
A le pont Neuf, **B** le pont de Normandie, **C** le pont d'Avignon

4 Fleuve qui coule entre la France et l'Allemagne et qui forme une partie de la frontière entre les deux pays.
A Le Rhin, **B** Le Rhône, **C** La Loire

5 Chaîne de montagnes entre la France et l'Espagne.
A Les Pyrénées, **B** Les Ardennes, **C** Les Alpes

6 Palais célèbre où a été signé un traité après la première guerre mondiale.
A Fontainebleau, **B** Versailles, **C** Chantilly

7 Ville provençale connue pour ses melons.
A Aix-en-Provence, **B** Arles, **C** Cavaillon

8 Canal qui a été construit dans le sud-ouest du pays.
A Le canal du Nord, **B** le canal du Midi, **C** le canal de Bourgogne

9 Pays étranger, tout près du Mont Blanc.
A La Suisse, **B** L'Allemagne, **C** La Suède

10 Région où on trouve beaucoup de monuments mégalithiques (dolmens et menhirs).
A La Bourgogne, **B** La Normandie, **C** La Bretagne

11 Rivière de Picardie rendue tristement célèbre par la première guerre mondiale.
A La Seine, **B** La Somme, **C** La Garonne

12 Ville française qui a donné son nom à l'hymne national.
A Mâcon, **B** Montpellier, **C** Marseille

BILAN

Choisissez les bonnes réponses pour compléter l'histoire de deux campeurs, Romain et Jeannot.

Jeannot et moi 1 on
nous
ils est parti il y a une semaine. Nous 2 sommes passés
avons passé
ont passé de très bonnes

vacances mais on a couché dans des auberges de jeunesse, parce qu'il a fait 3 très beau.
un temps épouvantable.
du soleil.

On a dû 4 laver
acheter
louer des draps parce que toutes nos affaires étaient 5 trempées.
sales.
sèches. On a aussi

6 dormi
campé
reposé dans des chambres d'hôtes. On 7 a grimpé
a traversé
a bavardé le pont de Normandie et on a visité

Bayeux où on 8 a vu
est allé
est venu la célèbre tapisserie. 9 Nous sommes rentrées
Nous sommes entrés
On est rentré à la maison avant-hier

après être allé voir le 10 Mont Blanc.
Mont-Saint-Michel.
St Jean-de-Monts.

Choisissez les bonnes réponses pour compléter la demande de renseignements envoyée à un terrain de camping.

J'aimerais des 11 renseignements
emplacements
branchements sur votre terrain de camping. Quelles sont vos dates 12 d'arrivée?
d'ouverture?
de location?

Quel est le prix 13 d'un champ
d'un emplacement
d'une place pour une caravane et combien coûte 14 la redevance?
la taxe?
l'embranchement campeur?

Faites-vous des 15 annulations
réductions
attractions pour les enfants? Avez-vous des aménagements spéciaux pour les

16 chiens
enfants
handicapés car ma femme est dans une chaise roulante.

Pouvez-vous aussi me dire si le bloc sanitaire est équipé de machines à 17 écrire
laver
tricoter et si la piscine est

18 chauffée.
chauffante.
chauffage. Est-il nécessaire d'envoyer des 19 euros
chèques
arrhes pour réserver? Je vous serais

20 pressé
reconnaissant
aimable de me répondre le plus tôt possible.

7

Septième unité

OBJECTIFS

La télévision et le cinéma. Faire des projets de sorties. Parler de la vie quotidienne au passé.
Le passé composé des verbes pronominaux.

Les citations du jour

'Depuis que nous avons la télévision à la maison, nous prenons nos repas tous du même côté de la table, comme dans la Cène* de Léonard de Vinci.'

* la Cène = *the Last Supper*

Marcel Pagnol (1895–1974) – Écrivain et cinéaste français. Il a adapté nombre de ses pièces de théâtre et de ses romans au cinéma. Avec ses films, il a introduit le régionalisme à l'écran, en faisant découvrir les paysages de Provence et l'accent méridional.

'Le meilleur moyen de s'endormir est de s'imaginer qu'il est l'heure de se lever.'

Groucho Marx (1890–1977) – Acteur comique américain avec ses trois frères, c'est celui qui portait une grosse moustache et fumait le cigare. Il était connu pour ses remarques caustiques.

1 Reliez la liste A à la liste B pour faire des phrases concernant la télévision.

Liste A

1 Je viens de regarder un documentaire …
2 Si on regarde des séries …
3 Si tu as envie de venir chez moi ce soir pour voir un DVD…
4 Je ne voudrais pas rater 'Questions pour un champion' …
5 J'ai entendu parler de ce feuilleton …

Liste B

A on peut mettre un plat préparé au micro-ondes.
B parce que c'est mon émission quotidienne préférée.
C mais je ne l'ai jamais vu.
D que j'ai enregistré hier.
E on n'est pas obligé de rester cloué devant la télé chaque jour.

2 Débrouillez les différentes sortes de films.

MOIRA'S HIT SO RUDE
MAD SINS IS SEEN
CUE AID MENTORS

I QUEST FOR HIS SLIM
HER TRILLS
STERN SEW

3 **Reliez les titres des films à leur description.**

1 *L'enquête corse*
2 *Les aristos*
3 *Les rebelles de la forêt*
4 *Les Berkman se séparent*
5 *L'école pour tous*
6 *Poltergay*
7 *The Queen*
8 *Le parfum – Histoire d'un meurtrier*
9 *La nonne*
10 *Le diable s'habille en Prada*

A Un portrait intime et saisissant du monarque de Grande-Bretagne et de la famille royale. L'accent est mis sur les relations de la reine avec le premier ministre après la mort de la princesse de Galles.

B L'histoire se passe au 18ième siècle en France. Jean-Baptiste Grenouille possède un odorat extraordinaire et travaille pour des maîtres parfumeurs. Il rêve d'employer son talent pour créer le mélange magique auquel personne ne va pouvoir résister.

C Le détective Jack Palmer a pour mission de retrouver un héritier, Ange Leoni. Il ne sait pas que Leoni est un indépendantiste recherché par la police. A son arrivée sur l'île de Beauté, il doit faire face à l'omerta* de la population locale.

D Dessin animé dont les personnages principaux sont Boog, un énorme grizzly et Elliott, un élan* maigre et bavard. Boog n'a jamais connu la liberté et vit une existence de rêve auprès de Beth qui l'a élevé. Quand ils se retrouvent dans la forêt au moment de l'ouverture de la chasse, Elliott et les autres animaux doivent aider Boog à retrouver ses instincts de bête sauvage pour survivre.

E Un jeune couple s'installe dans la maison de ses rêves mais elle est hantée par des homosexuels qui la fréquentaient dans les années 70, quand c'était une boîte de nuit gay. La femme va finir par quitter son mari qu'elle croit fou, car il voit les fantômes mais elle ne les voit pas. Lui va tenter de reconquérir sa femme avec l'aide de ses colocataires* indésirables.

F L'histoire se passe à New York en 1986. Les livres de Joan, écrivaine, sont des best-sellers alors que ceux de son mari ont de moins en moins de succès. Cette situation va empoisonner leurs rapports et va avoir des conséquences catastrophiques pour leur couple et pour leurs deux fils.

G Après avoir fini ses études, Andrea arrive à New York où elle trouve un emploi de secrétaire dans un prestigieux magazine de mode. Elle travaille pour la rédactrice en chef qui est un véritable tyran et sa vie va devenir un enfer.

H Une religieuse cruelle maltraite les élèves dans une école privée. Six de ses jeunes victimes décident d'agir. 17 ans plus tard, deux d'entre elles sont retrouvées mortes. La religieuse est de retour.

I Jahwad a toujours été en situation d'échec scolaire quand il était jeune. Il a maintenant trente ans et il est recherché par la police. Un jour, on lui fait une proposition surprenante: retourner au collège, mais en tant que prof.

J Ils n'ont pas d'argent, mais ils essaient de préserver leur château en ruine. La famille du comte Charles Valerand d'Arbac de Neuville et de son épouse participe à cette tentative, toutes générations confondues et en ligne plus ou moins directe.

* omerta (f.) = *code of silence*; un élan = *a moose* (here); un(e) colocataire = *a flat/housemate*

Coin info

Il est maintenant possible d'aller au cinéma en maillot de bain! C'est le centre aquatique de la Tranche-sur-Mer, l'Auniscéane, qui a pris cette initiative pour le moins* originale. Le 'ciné-piscine' ouvre ses portes le vendredi soir pour deux séances, la première de 17 heures trente à vingt heures et l'autre, pour les couchetard, de 21 heures à minuit. Quoi de plus agréable que de regarder un film sur un écran suspendu au-dessus d'un bassin où l'eau fait 32 degrés? On peut suivre l'histoire tout en se baignant, de préférence en faisant la planche* pour ne pas se tordre le cou, ou bien étendu confortablement sur un des transats* prévus à cet effet. Le tarif unique est très abordable, ce qui rend l'entrée accessible à tous, mais il est recommandé de téléphoner pour réserver sa place à l'avance.

* pour le moins = *to say the least*; faire la planche = flotter sur le dos; un transat(lantique) = une chaise longue

4 Dites ce qu'on a fait. Choisissez de préférence un verbe pronominal (ex. s'amuser).

1

2

3

4

5

6

7

8

9

5 Donnez le participe passé des verbes entre parenthèses pour compléter l'e-mail ci-dessous, dans lequel une jeune femme raconte son dernier week-end.

Moi, je n'ai rien **1**____ (pouvoir) faire parce que ma tante nous a **2**____ (rendre) visite. J'ai **3**____ (vouloir) préparer le repas à l'avance donc je me suis **4**____ (lever) très tôt dimanche matin. Quand je suis **5**____ (entrer) dans la cuisine et que j'ai **6**____ (ouvrir) le frigo il n'était pas froid. J'ai **7**____ (découvrir) que c'était à cause d'une coupure de courant. Naturellement je me suis **8**____ (mettre) en colère et toute la famille en a **9**____ (souffrir)! J'ai tout **10**____ (préparer) et, finalement, vers onze heures, j'ai **11**____ (devoir) emmener tous mes plats pour les faire cuire chez ma mère. Tout le monde était de mauvaise humeur quand ma tante est **12**____ (arriver). Heureusement, comme elle est très drôle, elle nous a **13**____ (faire) rire et nous nous sommes bien **14**____ (amuser).

6 Racontez ce que Philippe a fait et n'a pas fait hier. Utilisez les notes ci-dessous.

- se réveiller 6h
- se dépêcher pour être à l'heure
- se raser en cinq minutes
- ne pas prendre de petit déjeuner
- se rendre tôt au bureau pour réunion
- ne pas se fâcher avec collègue difficile
- se disputer avec patron
- quitter bureau tôt
- se changer avant de sortir avec amis
- faire bon repas puis aller récital de piano
- s'endormir pendant concert
- ne pas se coucher avant minuit

7 Complétez.

Lundi dernier Maude et Simon **1**____ (aller) au cinéma voir un film d'épouvante. Avant d'entrer dans la salle ils **2**____ (acheter) chacun une boisson et une barre chocolatée. Ils **3**____ (trouver) une place au dernier rang. Ils **4**____ (retirer) leur veste et **5**____ (s'asseoir). Les lumières **6**____ (s'éteindre). Après le générique, la première image était celle d'un grand château en ruines, au sommet d'une montagne déserte. `J'ai peur' **7**____ (chuchoter) Maude à l'oreille de Simon. Il **8**____(se rapprocher) d'elle et ils **9**____ (s'embrasser).

Julia, l'héroïne du film, était dans une grande salle sombre. Tout à coup, elle **10**____ (entendre) une respiration bruyante derrière elle. Elle **11**____ (se retourner) et elle **12**____ (voir) de longues dents de vampire briller dans l'obscurité. Elle **13**____ (pousser) un grand cri et elle **14**____ (s'évanouir). Le vampire était sur le point de la mordre au cou quand un téléphone mobile **15**____ (sonner)!

8 Imaginez que vous êtes Maude ou Simon. Récrivez le premier paragraphe. Ajoutez ou changez quelques détails.

9 Complétez les phrases et dites que les autres personnes ne sont pas dans la même situation.

EXEMPLE: Je me suis levée à 7 heures, mais lui il *ne s'est pas levé* à 7 heures.

1 Vous vous êtes rencontrés à Cannes, je crois. Non, on …
2 Nous nous sommes mariés en 2004, mais Julien et Clémentine …
3 Elle s'est disputée avec ses parents, mais toi Clément …
4 Est-ce que vous vous êtes couchés tard samedi? Non, nous…
5 Elle s'est inquiétée de leur retard, mais ses frères …
6 Fabien s'est perdu, mais grâce au GPS, moi …
7 Ils se sont tous noyés dans l'accident de bateau? Non, leur fils …

8 Pourquoi t'es-tu caché? Mais je …
9 Vous vous êtes lavé les mains, les enfants?
   Non, on …
10 Moi je me suis endormi tout de suite, mais
   elles …

**10 On vous a interrogé(e) et vous avez
répondu. Quelles questions vous a-t-on
posées?**

1 Hier? Je me suis réveillé(e) à 6h.30.
2 Non, je suis resté(e) au lit pendant une
   demi-heure avant de me lever.
3 Non, je me suis lavé(e) après avoir pris le
   petit déjeuner.
4 C'est toujours moi qui le prépare.
5 J'ai pris du café et des tartines.
6 Après? Je ne me rappelle plus.
7 L'après-midi? Je me suis promené(e) sur la
   plage.
8 Non, je ne me suis disputé(e) avec personne.
9 Le soir, je suis resté(e) chez moi comme
   d'habitude.
10 Juste avant de me coucher, j'ai pris un
   somnifère.

**11 Lisez le poème. Imaginez que vous êtes
l'une de ces deux personnes. Racontez
ce qu'il vous est arrivé l'année dernière
pendant les vacances. Utilisez *on*.**

Amour d'août

Ils se rencontrent par hasard
Sur la plage.
D'abord ils se regardent timidement
Puis un jour ils se décident à se parler.
Ils bavardent, ils rient
Ils se baignent ensemble
Ils plongent dans la mer
Et s'amusent
Comme des enfants.
Ils se bronzent au soleil
Et s'endorment sur le sable chaud.
Le soir ils se promènent
La main dans la main.
Puis ils se disent 'au revoir'
Tendrement
À la fin des vacances.

12 Dites ce qu'ils ont fait avant. Reliez les actions 1 et 2.

EXEMPLE: Je/faire son lit/faire sa toilette

→ J'ai fait mon lit avant de faire ma toilette.

	Sujet	Action 1	Action 2
1	Je	se brosser les dents	s'habiller
2	Il	prendre un somnifère	se coucher
3	Vous	se disputer	quitter la maison?
4	Les enfants	faire ses devoirs	regarder la télé
5	Hélène	s'habiller	prendre le petit déjeuner
6	On	réserver une table	aller au restaurant
7	Tu	se laver les mains	se mettre à table?
8	Antoine	ne pas dire au revoir	partir
9	Je	s'endormir	éteindre la lumière
10	Elles	s'arrêter	être trop fatigué

13 Complétez les phrases pour dire ce que vous avez fait hier.

> **Pense-bête!**
>
> Même si les verbes sont à l'infinitif, il faut
> choisir le bon auxiliaire, *avoir* ou *être*.

1 Après (se lever) → (prendre une douche)
2 Après (prendre une douche) → (s'habiller)
3 Après (s'habiller) → (quitter la maison)
4 Après (quitter la maison) → (*au choix:* arriver au travail/au supermarché/à l'école/à la fac etc.)
5 Après (arriver au travail/au supermarché/à l'école/à la fac etc.) → (faire une pause-café)
6 Après (faire une pause-café) → (*activité au choix*)
7 Après (*activité au choix*) → (déjeuner)
8 Après (déjeuner) → (*activité au choix*)
9 Après (*activité au choix*) → (rentrer chez moi)
10 Après (rentrer chez moi) → (*2 activités au choix*)
11 Avant de (se coucher) → (*activité au choix*)

14 Dites ce qu'ils ont fait après. Reliez les actions 1 et 2.

EXEMPLE: Je/faire son lit/faire sa toilette

→ J'ai fait mon lit après avoir fait ma toilette.

Sujet	Action 1	Action 2
1 Elle	se réveiller	faire un cauchemar
2 Ils	se mettre à table	boire un verre de champagne
3 Nous	prendre un café	aller au supermarché
4 Marius	rentrer à la maison	sortir du travail
5 On	prévenir la police	découvrir le vol
6 Fabienne	téléphoner	s'arrêter dans un parking
7 Tu	voir le film	lire une bonne critique?
8 Jean et toi, vous	sortir	me téléphoner?

BILAN

**Choisissez les bonnes réponses pour raconter ce que
Damien et son/sa partenaire ont fait le week-end dernier.**

Dimanche dernier Damien et moi **1** [ont / a / avons] fait la **2** [basse / grasse / grosse] matinée. Samedi soir, après être **3** [allées / allé / allés]

à l'opéra voir *La Belle Hélène* d'Offenbach, nous nous sommes **4** [couché / couchée / couchés] tard.

Dimanche Damien s'est **5** [réveillée / levé / lavée] avant moi et a **6** [préparé / préparée / préparés] le petit déjeuner.

Avant de descendre, j'ai pris une **7** [mouche / bouche / douche] et je me suis **8** [lavé / lavée / lavés] les cheveux.

Ce matin-là, nous avons décidé de rester à la maison et de nous **9** [reposer. / promener. / installer.]

Après avoir bu un petit café, Damien **10** [s'est baigné / s'est rasé / s'est noyé] dans la piscine, puis il s'est **11** [rassis / couché / allongée]

sur le bord pour **12** [se sécher. / se dépêcher. / se disputer.] Pour l'aider à **13** [se détendre, / se réveiller, / s'ennuyer,] je lui ai fait un petit **14** [message. / malade. / massage.]

Peu de temps après, il a commencé à **15** [pleurer. / pleuvoir. / plaire.] L'après-midi, on a décidé de **16** [cacher / manger / ranger] nos DVD.

Après nous être **17** [levés / assis / endormis] devant le petit écran, nous avons **18** [regardé / vu / entendu]

notre film favori, *Le Seigneur des Anneaux.* Vers midi, Damien a **19** [ouvert / bouché / fermé] la bouteille de

champagne que ma mère lui a **20** [offerte / offert / offerts] pour son anniversaire et **21** [je suis sorti / je suis sortie / j'ai sorti]

le plat de canapés préparés **22** [le lendemain. / la veille. / il y a une semaine.]

8

Huitième unité

OBJECTIFS

Le travail dans tous ses états. Avantages et inconvénients de différents métiers.
Demandes et offres d'emploi. CV, lettres de candidature et entretiens.
Révision du passé composé.

La citation du jour

'Il faut se méfier des ingénieurs, ça commence par la machine à coudre, ça finit par la bombe atomique.'

Marcel Pagnol (1895–1974) – Écrivain et cinéaste français qui a écrit de nombreuses pièces de théâtre et de romans qui se passent en Provence dont il est originaire. Son autobiographie, *Souvenirs d'enfance*, est une trilogie terminée à titre posthume. Une grande partie de ses œuvres a été adaptée au cinéma. Les remakes de *Jean de Florette* et de *Manon des Sources* ont connu un grand succès, même à l'étranger.

1 Reliez chaque métier à sa description.

1	Géologue	2	Radiologue
3	Poissonnier	4	Kiné(sithérapeute)
5	Archéologue	6	Cascadeur
7	Représentant	8	Pêcheur
9	Croupier	10	Metteur en scène

A C'est un(e) artiste qui joue les scènes dangereuses dans les films à la place des comédiens.

B C'est une personne qui règle la réalisation scénique d'une œuvre dramatique en dirigeant les acteurs et en harmonisant les divers éléments de cette réalisation (musique, texte, décor).

C C'est quelqu'un qui est chargé de prendre des commandes pour une entreprise et de prospecter les clients potentiels.

D C'est un(e) employé(e) de casino, qui dirige les parties et qui paie et encaisse pour le compte de l'établissement.

E C'est quelqu'un dont le métier a pour objet la description des matériaux qui constituent le globe terrestre et l'étude des transformations subies par la terre.

F C'est un(e) praticien(ne) qui fait des massages thérapeutiques et utilise divers traitements pour rendre la fonction des différentes parties du corps à un blessé ou à un malade.

G C'est une personne qui pratique la pêche par métier ou par plaisir.

H C'est une personne qui étudie les anciennes civilisations par l'analyse des vestiges matériels mis à jour par des fouilles.

I C'est quelqu'un qui vend du poisson et des fruits de mer.

J C'est un médecin spécialisé qui utilise les rayons X et les ultrasons à des fins diagnostiques ou thérapeutiques.

2 Faites notre test psychologique.

ÊTES-VOUS PC AU TRAVAIL?

1. Vous arrivez au travail
  A bien avant tout le monde. ☐
  B cinq minutes avant l'heure de commencer. ☐
  C Juste à l'heure ou quelques minutes en retard ☐

2. Un(e) collègue arrive fréquemment en retard.
  A Vous le signalez au patron. ☐
  B Vous dites à votre collègue que vous avez remarqué ses retards. ☐
  C Vous ne dites rien à personne. ☐

3. Les méls que vous envoyez
  A traitent toujours des affaires de votre entreprise. ☐
  B sont quelquefois personnels. ☐
  C sont du style de ceux de Bridget Jones. ☐

4. Votre collègue porte une nouvelle tenue.
  A Vous le remarquez mais vous ne lui dites rien. ☐
  B Vous lui faites un compliment. ☐
  C Vous commencez une longue conversation à ce sujet. ☐

5. Le midi,
  A vous mangez un sandwich ou une salade devant votre ordi/table à dessin/machine, etc. ☐
  B vous choisissez un menu équilibré à la cantine. ☐
  C vous faites un bon repas bien arrosé* au restaurant. ☐

6. À la fin de la journée,
  A vous êtes toujours le/la dernier-ère à quitter le bureau. ☐
  B vous rangez vos affaires et vous partez à l'heure. ☐
  C vous partez régulièrement 5 ou 10 minutes avant l'heure ☐

*bien arrosé = *washed down with plenty of wine*

Vos réponses:

Si vous répondez toujours A, vous êtes, sans aucun doute, trop PC.

Si vous avez une majorité de réponses B, vous avez une attitude saine envers le travail.

Vous êtes dans les C? Méfiez-vous! Vous risquez fort de perdre votre emploi.

3 Lisez l'article sur madame Mazé à propos de ses chambres d'hôtes, puis répondez vrai ou faux.

Madame Mazé a eu l'idée d'avoir des chambres d'hôtes quand elle est venue habiter dans le Pas de Calais. Elle voulait travailler tout en conciliant son rôle de mère de famille et sa vie professionnelle. Comme elle avait elle-même souvent utilisé les chambres d'hôtes, elle avait une bonne expérience de ce service. De plus, elle avait envie de faire connaître cette région dont elle est originaire. En accord avec son mari, ils ont choisi une maison en fonction de ces projets, car une des conditions *sine qua non* de cette activité est d'avoir un bâtiment qui permette de cohabiter en harmonie. Son mari et une architecte d'intérieur* l'ont aidée et conseillée. Entre autres choses, elle a totalement rénové une grange dont il ne restait que les murs et le toit. Ses clients sont surtout des Belges et, de plus en plus, des Anglais en transit vers d'autres régions de France, mais ils reçoivent tout de même quelques Français. Elle trouve la plupart de ses hôtes par Internet et bien sûr nombreux sont ceux qui viennent sur recommandation.

C'est un jeune étudiant qui a créé son site Web. À son avis, c'est indispensable de nos jours. Elle pense que l'endroit où elle est située est idéal; c'est la campagne à la ville, c'est tout près de la mer et de la jonction avec l'Angleterre et la Belgique, et d'accès facile. Elle est particulièrement occupée pendant les week-ends et les vacances européennes. Elle fait des repas de temps en temps pour garder le plaisir de la rencontre, sans avoir les inconvénients de la routine. Les visiteurs adorent ses confitures maison et apprécient la bonne baguette fraîche du matin. Elle aime que les gens se sentent non seulement bien accueillis, mais aussi informés de toutes les activités de la région. Les choses qu'elle aime le moins sont le repassage et le temps d'attente des nouveaux arrivants. Bien qu'elle adore les animaux, elle ne les accepte pas car elle a un chien qui n'est pas d'accord!

*un(e) architecte d'intérieur = *interior designer*

1 Madame Mazé a une maison dans le nord de la France.
2 Elle n'a pas d'enfants.
3 Elle n'a aucune expérience des chambres d'hôtes en tant que cliente.
4 Elle est née dans le Pas de Calais.
5 C'est parce qu'elle avait une maison avec une grange que madame Mazé a décidé d'avoir des chambres d'hôtes.
6 La majorité de ses clients sont étrangers.
7 Beaucoup de clients viennent grâce au bouche à oreille.
8 Madame Mazé a créé son propre site internet.
9 Sa maison est bien située pour ce genre d'activité.
10 Elle travaille surtout quand la plupart des gens sont en congé.
11 Elle prépare souvent des repas pour ses clients.
12 Elle fait elle-même ses confitures.
13 Elle achète du pain frais pour le petit-déjeuner.
14 Aucune tâche ménagère ne lui déplaît.
15 Elle est toujours nerveuse avant l'arrivée de nouveaux clients.
16 Elle accepte les animaux car elle les adore.

4 Donnez la forme correcte des verbes pour aider madame Mazé à décrire une journée de travail typique.

Je 1_____ (*se lever*) à 6 heures et demie. Je 2_____ (*se laver*) et je 3_____ (*s'habiller*) rapidement puis je 4_____ (*aller*) tout de suite à la boulangerie pour 5_____ (*acheter*) des baguettes et des croissants frais. Ensuite je 6_____ (*prendre*) mon petit déjeuner et je 7_____ (*préparer*) celui des clients. Chez nous, on le 8_____ (*servir*) jusqu'à 10 heures. Très souvent les visiteurs me 9_____ (*demander*) des renseignements sur les endroits intéressants de la région et je les 10_____ (*aider*) à 11_____ (*organiser*) leur journée. Après leur départ, je 12_____ (*remettre*) les chambres en état, je 13_____ (*nettoyer*) les salles de bains etc. Et il y a toujours de la lessive et du repassage à 14_____ (*faire*). L'après-midi, quand les gens 15_____ (*vouloir*) dîner, je 16_____ (*faire*) les courses et de la cuisine. L'été je 17_____ (*confectionner*) des confitures. Je 18_____ (*devoir*) aussi accueillir les nouveaux arrivants. Le soir, le téléphone 19_____ (*ne pas arrêter*) de sonner surtout quand il 20_____ (*faire*) beau.

5 Maintenant, aidez madame Mazé à dire ce qu'elle a fait hier.

Hier, je 1_____ (*se lever*) à 6 heures et demie. Je 2_____ (*se laver*) et je 3_____ (*s'habiller*) rapidement. Ensuite je 4_____ (*aller*) à la boulangerie pour acheter des baguettes et des croissants. De retour à la maison, je 5_____ (*prendre*) mon petit déjeuner et je 6_____ (*préparer*) celui des clients. Un couple me 7_____ (*demander*) des renseignements sur les endroits intéressants de la région et je les 8_____ (*aider*) à organiser leur journée. Après leur départ, je 9_____ (*remettre*) les chambres en état et je 10_____ (*nettoyer*) les salles de bains. L'après-midi, je 11_____ (*aller*) faire les courses à la grande surface, puis je 12_____ (*préparer*) le dîner. Le téléphone 13_____ (*ne pas arrêter*) de sonner. Le soir, je 14_____ (*devoir*) accueillir de nouveaux arrivants.

6 Quels sont les avantages et les inconvénients des métiers ci-dessous? Choisissez 3 ou 4 métiers et utilisez vos propres idées et/ou celles de l'encadré pour en parler.

Professeur de collège
Architecte d'intérieur
Clown
Acteur
Détective privé
Assistant administratif

Cuisinier
Ouvrier d'usine
Femme de ménage
Antiquaire
Médecin
Propriétaire/Gérant de magasin

fatigant	enrichissant	lucratif	bien/mal payé	varié	dangereux	dur	difficile
stressant	possibilités de voyager		contact avec les gens		satisfactions personnelles		
(in)compatible avec la vie de famille		ennuyeux	répétitif	monotone			
journées courtes/longues	à risques		régulier/irrégulier	promotion			

7 Maintenant, parlez d'un métier de votre choix.

Coin info

Le brevet

Le brevet est un terme général qui désigne un diplôme délivré par l'État et dont l'équivalent anglais est *diploma* ou *certificate*.

On passe le brevet des collèges vers 15 ans à la fin de la troisième.

Il existe plusieurs examens professionnels: le BEP (Brevet d'Études Professionnelles) le BT (Brevet de Technicien) et le BTS

(Brevet de Technicien Supérieur) que l'on passe respectivement à 16 ans et après 18 ans.

Notez aussi qu'un 'brevet de pilote' et un 'brevet de secourisme' sont respectivement *a pilot's licence* et *a first aid certificate*, tandis qu'un 'brevet d'invention' traduit *a patent*.

* passer un examen = *to take an exam*

8 Complétez la lettre de candidature qui suit pour postuler au poste d'agent/d'hôtesse d'accueil.

Promoteur immobilier recherche

Agent/Hôtesse d'accueil

Votre mission consiste à accueillir les acheteurs potentiels et à les renseigner sur les différents choix qui leur sont offerts. Votre présentation et votre élocution sont excellentes et vous avez de l'expérience dans le domaine de l'accueil de standing. Vous parlez l'anglais et l'allemand couramment.

Travail les samedis et dimanches (week-ends décalés) – Contrat CDD* Plein Temps

Merci d'adresser votre dossier de candidature (lettre, CV et photo) sous la référence HA 392 à Robert Blanchard, 45 avenue Georges Clémenceau, 74000 Annecy

*CDD (Contrat à Durée Déterminée) = *short-term contract*

Monsieur

Suite à votre 1 _____ du 18 mars, j'ai l'honneur de poser ma 2 _____ au poste d'hôtesse d'accueil. Je m'appelle Lydie Marchand et je suis 3 _____ de 32 ans. J'ai un Bac + 2 et un BTS de commerce. J'ai 4 _____ un an en Écosse comme jeune fille au pair, puis un an en Allemagne comme assistante dans une 5 _____ privée. À mon retour j'ai travaillé deux ans comme secrétaire 6 _____ anglaise avant d'être mise au technique. Depuis, j'ai travaillé comme hôtesse d'accueil pour différentes 7 _____, un grand couturier et un hôtel quatre 8 _____ à Paris. Mon mari ayant été muté* en Savoie, je cherche maintenant du travail dans la 9 _____.

Veuillez trouver 10 _____ les copies de mes 11 _____ et mon CV, ainsi qu'une 12 _____ de passeport prise récemment.

Dans l'espoir de votre réponse, et sollicitant un 13 _____, je vous prie d'agréer, Monsieur, l'expression de mes meilleurs 14 _____.

* muté = transferred

15 _____

---

9 Écrivez une lettre de candidature pour postuler au poste ci-dessous.

Opérateur Internet recherche

Hotliners

Pour répondre aux appels téléphoniques des clients rencontrant des difficultés d'installation ou de connexion.

Vous avez une parfaite élocution et maîtrisez parfaitement l'informatique (vous avez une parfaite connaissance de Word, Office, Lotus et Outlook). Vous détenez au minimum un diplôme BAC+2 dans ce domaine pour valider ce savoir.

L'anglais courant est un plus.

Contrat: CDI* Plein temps

Pour préparer notre prochaine rencontre, merci de nous adresser votre candidature (lettre + CV + prétensions) sous la référence OI 1296 à Elodie Leroy, 155 boulevard Carnot, 87000 Limoges

*CDI (Contrat à Durée Indéterminée) = *permanent contract*

10 Lisez les demandes d'emploi d'un site internet et dites de quelle(s) personne(s) il s'agit (A, B, C et/ou D).

■ Fiche signalétique du candidat A ■

Pour obtenir l'accès aux coordonnées complètes ou pour contacter ce candidat, vous devez <u>créer votre compte</u>. **Si vous possédez déjà un compte,** <u>identifiez-vous</u>.

Type de poste recherché: Caissier(ière)
Possibilité de déplacements: Oui
Type de contrat: CDD à Temps Partiel
Salaire annuel brut souhaité: 18K euro au moins
Niveau de formation: BT
Langues: français
Formation professionnelle et universitaire: Remise à niveau maths, français et informatique. École Internationale d'Esthétique de Coiffure et de Mode à Abidjan (Côte d'Ivoire)
Expérience: Stage dans la parfumerie Yves Rocher à La Roche sur Yon (3 semaines). Caissière chez E. Leclerc aux Sables d'Olonne (6 mois). Caissière à Auchan à Boulogne sur Mer (3 mois). Vendeuse à Mod'Kid (magasin de vêtements pour enfants) à Abidjan (Côte d'Ivoire)
Centres d'intérêt/Loisirs: mime, chant, course à pied

■ Fiche signalétique du candidat B ■

Pour obtenir l'accès aux coordonnées complètes ou pour contacter ce candidat, vous devez <u>créer votre compte</u>. **Si vous possédez déjà un compte,** <u>identifiez-vous</u>.

Type de poste recherché: Chef Barman
Mobilité géographique: Oui.
Type de contrat recherché: CDD à Plein Temps
Salaire annuel brut souhaité: 18–20K euro.
Niveau de formation: BEP-CAP.
Langues: anglais, espagnol.
Formation professionnelle et universitaire: Informatique (Word, Excel, Outlook)
Expérience: chef barman au café 'Les Mimosas', responsable d'une équipe de 4 personnes. Cuisinier, crêpier dans différents bars-brasseries de la côte d'Azur, saison d'hiver à Val Thorens en tant que crêpier.
Centres d'intérêt/Loisirs: guitare électrique, internet, musculation, football américain.

■ Fiche signalétique du candidat C ■

Pour obtenir l'accès aux coordonnées complètes ou pour contacter ce candidat, vous devez <u>créer votre compte</u>. **Si vous possédez déjà un compte,** <u>identifiez-vous</u>.

Type de poste recherché: Aide à Domicile
Possibilité de déplacements: Non.
Type de contrat: CDI à Plein Temps.
Niveau de formation: BEP-CAP.
Langues: français.
Formation professionnelle et universitaire: Préparation aux métiers de la santé et secteur sanitaire.
Expérience: Agent de service Hospitalier (Résidence pour personnes âgées, 'Les Lauriers Roses' à Sète, Maison de Retraite 'Sainte Anne' à Montpellier). Ménage chez personnes âgées (chèque emploi service).
Centres d'intérêt/Loisirs: jouer aux jeux de société, cuisine, lecture.

■ Fiche signalétique du candidat D ■

Pour obtenir l'accès aux coordonnées complètes ou pour contacter ce candidat, vous devez <u>créer votre compte</u>. Si vous possédez déjà un compte, <u>identifiez-vous</u>.

Type de poste recherché: Webmaster
Possibilité de déplacements: Oui.
Type de contrat: Freelance à Plein Temps.
Salaire annuel brut souhaité: 25K euro–
   35K euro.
Niveau de formation: Bac+2.
Langues: anglais, allemand.
Formation professionnelle et universitaire:
   Formation de webmaster. After
   effects (post production et trucages
   vidéo). ProTool TDM HD (montage,
   enregistrement et mixage numérique).
   Studio pro (création d'interfaces CD
   Rom et DVD). Formation Final cut.
Expérience: Freelance en création et
   animation 3D. Freelance en création
   de sites internet. Responsable presse
   en création & réalisation de support
   de CD Rom. Post production pour des
   magazines en numérique. Post
   production dans de nombreux studios
   français.
Centres d'intérêt/Loisirs: sculpture,
   photographie, BD, voyages.

1 Personnes(s) qui aime(nt) lire.
2 Personnes(s) qui a/ont fait des études supérieures.
3 Personnes(s) trilingue(s).
4 Personnes(s) qui veut/veulent rester dans la même région.
5 Personnes(s) qui a/ont travaillé à l'étranger.
6 Personnes(s) qui aime(nt) beaucoup rendre service.
7 Personnes(s) qui ne veut/veulent pas travailler à temps complet.
8 Personnes(s) qui peut/peuvent travailler à distance.

9 Personnes(s) qui ne pratique(nt) pas de sport.
10 Personnes(s) qui aime(nt) la musique.
11 Personnes(s) qui sait/savent faire à manger.
12 Personnes(s) qui s'intéresse(nt) aux nouvelles technologies.
13 Personnes(s) qui ne veut/veulent pas un salaire trop modeste.
14 Personnes(s) qui a/ont des dons artistiques.

11 Maintenant faites votre propre fiche signalétique, ou celle d'une personne que vous connaissez, pour le même site web.

12 Lisez l'interview de Sophie ci-dessous. Quel est son métier?

– Tout d'abord Sophie, pouvez-vous nous expliquer quelles sont vos fonctions.
– Eh bien d'abord, il y a un travail de surveillance générale, des contrôles routiers, des contrôles d'identité, nous vérifions des véhicules, nous faisons passer des Alcootests …
– Y-a-t-il des tâches que vous n'aimez pas?
– Je n'aime pas beaucoup le côté administratif.
– Êtes-vous de service tous les jours à la même heure?
– Non, tous les dix jours, je suis de permanence* une journée et une nuit, car on est ouvert 24 heures sur 24.
– Travaillez-vous seule?
– Non, en général nous travaillons par équipe de deux.
– Qu'est-ce que vous aimez particulièrement dans votre métier?
– J'adore l'action sur le terrain, et j'aime beaucoup le contact avec le public. J'ai aussi le droit d'enquêter, d'auditionner des témoins.
– Avez-vous déjà eu de grosses satisfactions?
– Oui, récemment, nous avons arrêté des trafiquants de drogue.
– Félicitations!

*être de permanence = *to be on duty/on call*

13 Reliez les verbes et les noms ci-dessous pour obtenir une liste des différentes fonctions de ce métier.

| auditionner | arrêter | noter | faire | vérifier | faire passer |

des Alcootests
des renseignements
des contrôles d'identité

des témoins
des véhicules

des trafiquants de drogue

14 Maintenant expliquez en quoi consiste le travail de Sophie.

Continuez: *Elle fait un travail de surveillance générale, …*

15 Jean-Marc est designer. Il nous parle de son métier. Lisez le texte puis complétez le résumé qui suit en choisissant les bons mots de l'encadré.

Après mon bac, j'ai choisi l'option design à l'École des Beaux-Arts. C'était très intéressant, mais à mes yeux, l'enseignement donne plus d'importance à la créativité qu'au côté technique. En fait, le designer est à la fois un artiste et un technicien, et heureusement, grâce à l'échange européen Erasmus, je suis parti en Italie où j'ai fait de nombreux stages. De retour en France, j'ai continué mes études tout en travaillant dans le garage de mes parents transformé en atelier. J'ai fait différentes choses, en particulier beaucoup d'objets décoratifs, mais aussi des meubles. Je les ai d'abord vendus à des amis et à des membres de ma famille. Ma carrière a démarré* grâce à une chaise assez originale que j'ai créée pour ma sœur et que je lui ai donnée en cadeau de mariage. Un industriel du mobilier qui l'a vue chez elle a proposé de la fabriquer. C'est comme ça que ma chaise s'est retrouvée dans un catalogue et qu'elle se vend maintenant dans plusieurs pays étrangers. J'ai eu de la chance, mais pour réussir, le designer ne doit pas oublier que, pour se vendre, les produits doivent répondre aux contraintes techniques des clients et ne pas coûter trop cher. Pour obtenir un diplôme de designer, il faut faire quatre ou cinq ans d'études après le bac. Il faut avoir certaines qualités – être créatif, bien sûr, mais aussi être déterminé, avoir l'esprit curieux, ouvert et, surtout, il ne faut pas compter ses heures de travail. Il y a beaucoup de débouchés* et selon son tempérament, on peut choisir de travailler en entreprise ou à son compte.* Moi je préfère travailler comme designer indépendant, ce qui me permet d'avoir un travail très varié, mais cela comporte plus de risques.

* démarrer = *to take off* (here); un débouché = *a career prospect*; à son compte = *self-employed*

achetés	artisan	cadeau	carrière	chaise	compte	débouchés	acheté	fiancée
freelance	garage	industriel	mariée	métier	meubles	prix	réussir	stages
technicien	travailler	vendus	études					

Jean-Marc fait le 1 _____ de designer. Après le bac, il a fait plusieurs années d' 2 _____ ainsi que des 3 _____ en Italie. Il a utilisé le 4 _____ de ses parents pour fabriquer différents objets et quelques 5 _____ qu'il a 6 _____ à des connaissances. Quand sa sœur s'est 7 _____, il lui a donné une 8 _____ créée spécialement pour elle. Ce meuble unique a été remarqué par un 9 _____ du mobilier, ce qui a permis à Jean-Marc de commencer une belle 10 _____. D'après lui, pour 11 _____, il faut être artiste mais aussi 12 _____ et proposer des projets à des 13 _____ raisonnables. Autre conseil de Jean-Marc, il faut 14 _____ très dur. Il y a des 15 _____ dans les entreprises mais on peut aussi travailler en 16 _____.

BILAN

Choisissez les bonnes réponses pour parler de trois métiers différents.

Je suis marin-pêcheur. 1 | J'y suis habitué / D'habitude / C'est habituel | mais c'est loin d'être 2 | le poste / le métier / la carrière | idéal.

Il y a beaucoup de 3 | frais / profits / risques | quand la mer est mauvaise. Quand je 4 | rentre / pars / monte | l'après-midi,

le travail n'est pas 5 | complet. / terminé. / commencé. | Il faut 6 | vendre / acheter / rembourser | 7 | le poison / la pêche / la lotte | et il faut s'occuper du bateau.

Maintenant que je suis 8 | propriétaire / locataire / loueur | de mon bateau, je gagne bien 9 | mon travail. / ma vie. / mon salaire.

Serge et moi, avons eu l'idée d'avoir des 10 | auberges / table d'hôtes / chambres d'hôtes | après avoir eu une bonne expérience

personnelle de ce 11 | service. / projet. / régime. | Nous avons choisi une maison en fonction de ces 12 | rêves, / projets, / critères, |

car une des conditions est d'avoir 13 | un bâtiment / un immeuble / une firme | qui permet de cohabiter en harmonie.

Aidé d'un 14 | plombier, / cascadeur, / architecte d'intérieur, | Serge a totalement rénové une grange dont il ne restait que les

    plafonds   incroyable
15 portes   et le toit. De nos jours, il est **16** indispensable   d'avoir un site Web car c'est par
    murs   disponible

                                                   invités.
Internet que nous trouvons la plupart de nos **17** hôtes.   Nous sommes particulièrement
                                                   chercheurs.

    ennuyés
18 occupés   pendant les week-ends et les vacances.
    préparés

                                                           ferme
Je travaille comme assistante administrative bilingue dans cette **19** société   depuis seulement trois mois.
                                                           bureau

    posé   pub
J'ai **20** reçu   ma candidature après avoir lu une **21** article   dans le journal local.
    dansé   annonce

    demander   CDI
Pour **22** postuler   j'ai dû écrire et envoyer mon **23** CV   et une photo.
    trouver   BTS

                                            bavardage.
La firme m'a appelée quelques jours plus tard pour un **24** entrevue.   Je pense que j'ai obtenu
                                               entretien.

    grâce à   doucement
le poste **25** parce que   mon expérience et parce que je parle **26** couramment   l'espagnol.
    à cause de   rapidement

                 ambiance
Il y a une bonne **27** condition de travail   au bureau. Mes collègues sont sympas et le patron
                 défense

               malade.
est souvent **28** en vacances.
               en déplacement.

9

Neuvième unité

Faire des projets de vacances. Comparer différentes régions. Se renseigner sur les endroits touristiques.
Le futur. Les comparatifs.

La citation du jour

'*Dieu a dit: il y aura des hommes grands, il y aura des hommes petits, il y aura des hommes beaux et il y aura des hommes moches*, il y aura des hommes noirs et il y aura des hommes blancs … Et tous seront égaux; mais ça sera pas facile tous les jours … Et il a ajouté: il y en aura même qui seront noirs, petits et moches et pour eux ce sera très dur!*'

*moche = *ugly*

Coluche (1944–1986) – Acteur et célèbre comique français. Les critiques lui ont reproché sa cruauté, alors que c'était en fait pour mieux dénoncer la pauvreté, le racisme et l'injustice en général. C'est aussi lui qui a lancé l'idée des 'Restos du cœur', qui est devenue l'une des principales associations caritatives en France aujourd'hui. Il est mort prématurément d'un accident de moto.

1 **Mettez la conversation dans une agence de voyages dans le bon ordre. La première phrase est correcte.**

1 Bonjour mesdames. Vous désirez?
2 Alors, pourquoi pas les Antilles? Vous avez la Guadeloupe ou même la Martinique.
3 Cette année nous voulons aller à l'étranger.
4 Vous pouvez aller en Tunisie ou au Maroc, par exemple.
5 On ne parle pas de langue étrangère, donc on préfère aller à un pays francophone.
6 C'est parfait. Nous adorons le punch et le zouc*!
7 Préférez-vous rester en France ou aller à l'étranger?
8 Le Maghreb? Ah non, il n'y fait pas assez chaud l'hiver.
9 Alors, vous avez le choix. Vous avez une petite idée?
10 Ce n'est pas facile, parce que nous ne savons pas où aller en vacances à Noël.

* le zouc = danse très rythmée originaire des Antilles

2 **Ferez-vous les choses suivantes l'année prochaine? Répondez *oui, non, si, peut-être* ou *ne s'applique pas**.**

1 Je dépenserai moins d'argent.
2 Je changerai de travail.
3 J'achèterai une nouvelle voiture.
4 Je ferai le tour du monde.
5 J'irai aux sports d'hiver.
6 Je ferai une croisière.
7 J'écrirai un roman.
8 Je me marierai.
9 Je repeindrai ma maison/mon appartement.
10 Je ferai du sport régulièrement.

* ne s'applique pas = *N/A*

11 J'arrêterai de fumer.

12 Je boirai moins d'alcool.

13 Je n'oublierai pas l'anniversaire de mes amis et des membres de ma famille.

14 J'achèterai mes cadeaux de Noël au moment des soldes.

15 J'enverrai mes cartes de Noël pour qu'elles arrivent à temps.

16 Je mangerai bio*.

17 Je serai plus patient(e).

18 Ma maison/mon appartement sera toujours impeccable.

19 J'aurai un enfant.

20 Je ferai des efforts pour préserver l'environnement.

* bio = *organic*

3 **Mettez la conversation dans un office du tourisme dans le bon ordre. La première phrase est correcte.**

1 Bonjour monsieur. Je peux vous aider?

2 Il est ouvert tous les jours?

3 Il y a beaucoup de choses, mais il faut d'abord voir la Cité qui est le cœur historique de la ville, avec la cathédrale, l'ancien palais épiscopal …

4 Alors je vous conseille d'aller au lac Vassivière. C'est très agréable et on peut y faire de la voile, du ski nautique …

5 Eh bien, si vous avez des enfants, vous pouvez aller visiter le château de Rochechouart.

6 Non, il est fermé le lundi et le mardi. Mais le musée Havilland est ouvert tous les jours. Vous pourrez y apprendre comment on fabrique la porcelaine de Limoges et vous pourrez même en acheter.

7 Oui. Nous sommes à Limoges pour quelques jours. Pouvez-vous me dire ce qu'il y a d'intéressant à faire et à voir dans la région?

8 Et s'il ne fait pas beau?

9 Ça, ça plaira à ma femme qui est l'artiste de la famille!

10 Ça n'intéressera pas trop les enfants, ça. Ils aiment être au grand air et ils adorent le sport.

4 **Que feront-ils? Écrivez des phrases.**

1 Est-ce que vous ou

dans les Pyrénées?

2 Moi, je  et puis

3 Fabien  et

4 Jocelyne et

5 Dominique et moi

puis

6 Elle ou demain soir?

7 Anne et Patrick et

8 Jean-Pierre ne demain matin,

mais

5 Complétez les projets de vacances des personnes ci-dessous.

'Ma femme et moi 1_____(aller) au Maroc où nous 2_____(visiter) les endroits touristiques.'

'Nous 3_____ (prendre) L'Eurostar jusqu'à Lille, où nous 4_____ (changer) de train.'

'Nos enfants 5_____ (aller) en colo cette année, comme ça nous 6_____(pouvoir) nous reposer.'

'Je 7_____ (partir) en vacances tout seul et je 8_____(louer) un vélo.'

'Nous 9_____ (passer) nos vacances dans les Alpes où nous 10_____ (faire) des randonnées pédestres.'

'Moi, je 11_____ (rester) à la maison pendant que mon partenaire 12_____ (jouer) au foot.'

'Nous 13_____ (voir) la belle cathédrale gothique quand nous 14_____ (arriver) à Chartres.'

'Michel et moi 15_____ (boire) les différents vins de la région pour accompagner les spécialités gastronomiques.'

6 Maintenant dites ce que feront ces estivants. Adaptez les phrases ci-dessus.

Continuez: *Sa femme et lui ...*

7 Mettez les phrases au futur.

> *Pense-bête!*
>
> Révisez les futurs irréguliers.

1 Il va au cinéma.
2 Je n'ai pas le temps.
3 Êtes-vous à Londres?
4 Nous faisons des crêpes.
5 On ne sait pas quand.
6 Il faut acheter des oignons.
7 Ils veulent en acheter.
8 Elle doit aller en Suisse.
9 Il fait mauvais, il pleut.
10 Je reçois beaucoup de méls.
11 Est-ce que tu peux téléphoner à Léo?
12 Nous ne voyons pas beaucoup de monde.
13 Ils m'envoient des cartes postales.
14 Est-ce que vous venez avec nous?
15 Elle tient le rôle d'Ophélie.

8 Reliez les listes A, B et C pour compléter les phrases.

Liste A	Liste B	Liste C
1 Je reviendrai	un verre	pendant le week-end de Pâques.
2 On sera	la tante Alice	pour le mariage de son amie.
3 Elle devra	assez d'argent	après mon stage en Allemagne.
4 Vous pourrez	à l'heure	pour arroser la naissance du bébé.
5 On boira	au café	pour l'arrivée de son avion.
6 Tu verras	acheter un cadeau	quand vous aurez un camping-car.
7 Ils n'auront pas	en France	pour retrouver ses copains.
8 Elle ira	voyager souvent	pour partir en vacances.

9 Passé composé, présent ou futur?
Conjuguez les verbes entre parenthèses
dans ce mél d'un office de tourisme.

Bonjour,

Nous (recevoir) bien votre demande de
documentation et vous en (remercier). Nous
vous (informer) que celle-ci vous (parvenir)
sous 8 à 10 jours.

Nous vous (remercier) de l'intérêt que vous
(porter) à notre ville et vous (adresser) nos
salutations les meilleures.

10 Devinez ce que ces personnes feront.
Dans certains cas, plusieurs réponses
sont possibles.

Pense-bête!

En français, on utilise le futur après *quand*.
Utilisez le présent après *si/s'*.

1 Dimanche, moi je _____ le journal et s'il
_____ beau, je _____ dans le jardin.
2 Ce soir si nous _____ fatigués, nous _____
chez nous.
3 Pour fêter leur anniversaire de mariage, ils
_____ au bord de la mer et ils _____ dans un
hôtel de luxe.
4 Comme j'_____ en Bourgogne, je _____ du
bon vin.
5 Emile _____ du ski à Noël. Il _____ un chalet
dans les Pyrénées avec des copains.
6 Quand tu _____ en Alsace tu _____ faire de
belles randonnées.
7 Comme on _____ à l'étranger cette année,
on _____ l'avion.
8 Elle ne _____ pas de cuisine demain car elle
_____ toute seule.
9 Si vous _____en Bretagne vous _____ de
beaux costumes régionaux.

10 Quand j'_____ mon permis de conduire,
j'_____ une voiture.
11 S'ils _____assez d'argent, les enfants _____
acheter des souvenirs.
12 Quand tu _____ en vacances, j'espère que tu
m'_____ une carte postale.

11 Projets d'avenir – Expliquez à un(e)
ami(e) français(e) pourquoi vous étudiez
le français.

Pense-bête!

Choisissez entre le présent, le futur immédiat
(*aller* + infinitif) et le futur de l'indicatif.

Ami(e): Pourquoi apprenez-vous le français?
Vous:　　1 *Say you are going to spend a few
years in France.*
Ami(e): Vous pensez y travailler?
Vous:　　2 *Say your firm is going to send you to
Rennes.*
Ami(e): Ah! Qu'est-ce que vous faites
exactement?
Vous:　　3 *Say you work in IT. Your office will
be in Rennes but you'll travel all over
Brittany.*
Ami(e): Vous habiterez à Rennes?
Vous:　　4 *Say you don't know yet, that you'll
decide when you are there.*
Ami(e): Vous n'avez pas peur d'avoir le mal du
pays?
Vous:　　5 *Say you have some friends over
there and they'll help you meet other
people.*
Ami(e): Vous avez de la chance.
Vous:　　6 *Say yes, you think it will be an
interesting experience.*
Ami(e): J'en suis sûr(e)!

12 Faites des phrases avec les mots qui
suivent.

Pense-bête!

N'oubliez pas l'accord des adjectifs.

EXEMPLE: film/plus → Les films de Quentin Tarantino sont plus violents que ceux de Stephen Spielberg.

1 joli/plus
2 intelligent/aussi
3 cher/moins
4 travailler/plus
5 parler/aussi
6 courir/moins
7 patient/plus
8 avoir/moins
9 vite/aussi
10 grand/plus
11 bien/aussi
12 facilement/aussi

13 Mots croisés.

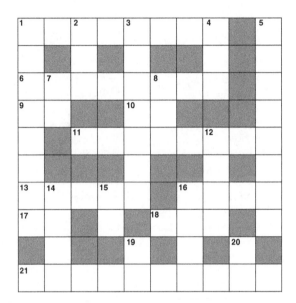

Horizontalement

1 Demain Laurent et Chantal _____ une voiture pour suivre la route du vin.
6 Déveine et Lachance croient que leur vin est _____ que celui du Val de Loire.
9 S'il pleut, _____ visitera le musée du chemin de fer.
10 Conjonction de coordination qui sert à relier des mots ou des phrases.
11 En _____ , dans le centre de la France, il y a des stations thermales.
13 L'année prochaine, Chantal et moi _____ en vacances en Alsace.
16 Le participe passé du verbe *venir*.
17 Il est français mais il n'aime ___ le vin ___ le fromage.
18 Jean ne peut pas porter les valises parce qu'il a mal au _____.
21 Le plus grand bâtiment gothique à Strasbourg.

Verticalement

1 Limoges se trouve dans le _____ .
2 Je déteste les carreaux, les fleurs et les rayures; je voudrais un tissu ___ .
3 Elle porte les cheveux ___ sur le sommet de la tête.
4 Son sport favori est le ___ à l'arc.
5 De tous les _____ de la Loire, c'est celui de Chenonceaux que je préfère.
7 Colmar est _____ Alsace.
8 La saison des grandes vacances.
12 À Colmar on trouve des maisons médiévales en _____ rose.
14 Elle _____quand nous lui raconterons cette plaisanterie.
15 Sans vêtements.
16 Nous sommes allés _____ les fresques murales.
19 Tout _____ monde est au lit.
20 Un pronom personnel (masculin).

Coin info

Quelques statistiques plus ou moins dignes d'intérêt*!

La France reste la première destination touristique du monde avec 80 millions de visiteurs étrangers par an, dont plus de 15 millions à Paris. L'édifice payant le plus visité au monde est la Tour Eiffel qui reçoit plus de 7 millions de visiteurs. La cathédrale Notre-Dame, dont l'accès est libre, voit passer plus de 13 millions de touristes. Avec 8,8 millions de visiteurs, le Louvre est devenu le musée le plus visité du monde. Le British Museum en reçoit 5,8 millions. En Australie, l'édifice le plus visité est l'Opéra de Sydney avec 8,2 millions de visiteurs. D'autres endroits particulièrement populaires sont le Colisée à Rome avec environ 5 millions de visiteurs et le Taj Mahal en Inde avec plus de 4 millions. On se demande si le Shard de Londres, gigantesque épine de verre sur la Tamise, attirera un jour autant* de monde. Lors de son inauguration en 2012, c'était le plus haut gratte-ciel d'Europe. Il a ouvert ses portes aux touristes en février 2013.

Le vélo a le vent en poupe. Au Québec, 54% des adultes font du vélo, 26% en Australie, 27% aux États-Unis et seulement 12% en Nouvelle-Zélande. En Allemagne, c'est 81% de la population et en France, 24%. Mais le vélo est si populaire aux Pays-Bas et au Danemark, qu'Amsterdam et Copenhague sont considérées comme les deux capitales européennes du vélo. En effet, 55% des habitants l'utilisent quotidiennement pour aller au travail et à l'école. Mais quelles sont les principales raisons qui poussent les gens à se rendre sur leur lieu de travail en vélo? Apparemment, 95% le font pour des raisons de santé, 82% par respect pour l'environnement, 52% pour éviter les embouteillages, 46% pour économiser sur le carburant et 34% à cause des problèmes de parking.

Presque un foyer sur deux possède un animal familier au Royaume-Uni. Mais, avec plus de 62 millions d'animaux de compagnie pour moins de 66 millions d'habitants, la France est la championne de l'Europe. Après les poissons (36,4 millions), on compte près de 8 millions de chiens et plus de 11 millions de chats. Comme l'espérance de vie est maintenant de 11 ans pour les chiens et de 9 ans pour les chats, les dépenses pour les soins médicaux et les produits vétérinaires ont beaucoup augmenté. Le marché des produits et accessoires continue aussi de progresser – produits alimentaires, colliers, laisses, vêtements, jouets, produits cosmétiques, assurances et services (gardiennage, toilettage, sites de rencontres etc.). De nos jours, les Français dépensent 4,5 milliards d'euros pour leurs compagnons, dont 1,5 milliards pour l'achat des animaux.

Chaque seconde, près de 6000 litres de bière sont bus dans le monde. L'Asie représente 33,6% de la consommation mondiale, devant l'Europe (27,7%), puis l'Amérique Latine (16,2%), l'Amérique du Nord (14,5%), l'Afrique (6,1%) et le Moyen Orient (1,9%). En Europe, les Tchèques arrivent en tête avec 155 litres par an et par personne, suivis des Irlandais avec 131 litres, puis des Allemands avec 115 litres. En comparaison, les Français sont de petits consommateurs avec seulement 33 litres. Par contre, ils sont les plus gros consommateurs de vin au monde. Si les États-Unis sont les premiers importateurs de whisky écossais, la France en est le premier consommateur avec 135 millions de bouteilles par an, pour moins de 66 millions d'habitants, alors que les Américains, dont la population est d'environ 315 millions, en boivent 125 millions. Mais avec 1,5 milliards de tasses bues chaque jour, le café est la boisson la plus consommée en France après l'eau minérale.

* digne d'intérêt = *worthwhile*, autant = *as much/many*.

14 Utilisez les informations ci-dessus pour faire des comparaisons ou pour poser des questions.

Pense-bête!

plus … que/qu'… = *more/____er … than …*
moins … que/qu' … = *less … than …*
aussi … que/qu' … = *as… as …*
autant … que/qu' … = *as much/many … as …*

Pour plus de nuance, utilisez **presque/qu'** (= *nearly*).

EXEMPLES: Est-ce que le British Museum a autant de visiteurs que le Louvre?

On fait moins de vélo en Nouvelle – Zélande qu'en Australie.
En France, les chiens sont-ils aussi populaires que les chats?
Les Tchèques boivent plus de bière que les Allemands.

✔ BILAN

Choisissez les bonnes réponses pour parler de 2 projets de week-end très différents.

Le week-end prochain on **1** { sera / serons / est } très occupés car des amis nous **2** { rendent / rendrons / rendront } visite.

Samedi matin je me **3** { lève / suis levé / lèverai } de bonne heure, je m' **4** { habille / habillerai / habillera }

et je **5** { prends / prendra / prendrai } mon petit déjeuner avant d'aller faire les courses. En rentrant, je **6** { prépare / préparera / préparerai }

le repas pendant que ma partenaire fera un peu de **7** { manège. / ménage. / mélange. } Nos amis **8** { arrivons / arriverons / arriveront }

vers midi et après avoir **9** { vu / su / bu } l'apéritif, nous **10** { dînerons. / déjeunerons. / mangeons. }

L'après-midi nous nous **11** { promènerons / amuseront / promèneront } dans les bois. S'il ne fait pas **12** { beau / joli / magnifique }

nous irons visiter un vieux château, ce qui est **13** { plus / très / trop } intéressant **14** { qui / que / dont } de regarder la télé.

En tout cas, j'espère que nous passerons un **15** { bien / meilleur / moins bon } week-end que la semaine dernière.

Samedi **16** [passé / futur / prochain] je sortirai avec des copains. Comme d'habitude, on ira dans une **17** [bibliothèque / discothèque / cinémathèque]

car on **18** [aimera / aimerons / aime] tous danser. Ce sera très **19** [bruyant / ennuyeux / charmant] et l'ambiance **20** [fera / écoutera / sera] très bonne.

Je boirai beaucoup d'alcool et je **21** [prendrai / mangerai / fumerai] quelques cigarettes. S'il **22** [est / sera / fera] très tard quand je

rentrerai chez moi, je **23** [serai / ferai / aurai] trop fatiguée pour manger et je **24** [me lèverai / me coucherai / endormirai]

tout de suite. **25** [Demain / Le lendemain / Prochain] matin, je **26** [me réveille / me réveillerai / me lève] vers midi et **27** [j'aurai / je serai / je suis] mal à la tête.

Dimanche, je **28** [resterai / reposerai / mettrai] au lit toute la journée.

10
Dixième unité

Les prévisions météorologiques. Le bricolage.
Encore du futur. Le participe présent.

Les citations du jour

'Les champignons poussent dans les endroits humides. C'est pourquoi ils ont la forme d'un parapluie.'
Alphonse Allais (1854–1905) – Écrivain né à Honfleur dans le Calvados qui avait l'humour acide et était spécialiste de la théorie de l'absurde.

'Le sac à main des femmes est une vraie trousse à outils, comme en trimballent les plombiers. Et toute la journée, dès qu'elles ont un moment, elles réparent.'
Jean Cau (1925–1993) – Écrivain français, il a été le secrétaire de Jean-Paul Sartre, ainsi que journaliste et grand reporter à l'*Express*, au *Nouvel Observateur*, au *Figaro* et à *Paris-Match*. Il a aussi écrit des chansons, notamment pour Régine.

1   Reliez chaque phrase au dessin qui convient le mieux.

A B C D E F G H

1   Il y aura des brouillards matinaux dans le nord.
2   Dans le Jura, de violents orages et des pluies abondantes pourront provoquer des inondations.
3   Les températures seront encore très basses au lever du jour. Quelques chutes de neige au-dessus de 1000 mètres.
4   Il fera froid et les températures resteront inférieures aux moyennes saisonnières. Risques de verglas.

5   Le soleil brillera le matin mais il fera plutôt frais pour la saison.
6   Le temps sera très nuageux, avec de fortes rafales de vents et de la pluie.
7   De belles éclaircies pendant la matinée, avec quelques nuages sur la Côte Atlantique.
8   La Côte d'Azur jouira d'un beau temps ensoleillé. Températures normales pour un mois de juillet.

2 Reliez la liste A à la liste B.

Liste A

1 S'il y des rafales de vent sur la côte normande
2 Je ne prendrai pas le volant demain
3 Quand nous sortirons du port de plaisance
4 Quand vous resterez longtemps au soleil pendant les vacances
5 Je resterai à l'ombre
6 S'il fait du brouillard

Liste B

a nous devrons faire attention aux brumes.
b s'il fait plus de 35 degrés.
c il faudra rouler lentement.
d s'il y a du verglas sur les routes.
e nous n'irons pas à Douvres à la voile.
f vous devrez mettre de la crème solaire.

3 Lisez les deux bulletins météo hebdomadaires ci-dessous, puis faites les activités qui suivent.

Météo – Une semaine assez contrastée

Aujourd'hui le soleil continuera de dominer avec des températures élevées pour la saison. Dans l'après-midi il commencera à faire lourd,* avec des risques d'orages dans les terres en fin de journée.

Mardi le ciel se couvrira par l'ouest. Le ciel restera nuageux toute la journée avec des épisodes pluvieux au nord. Les températures chuteront de plusieurs degrés.

Mercredi les brumes et brouillards du matin se dissiperont peu à peu pour laisser place à une agréable journée. En fin d'après-midi les nuages plus denses finiront par masquer le soleil sur l'ouest.

Jeudi matin le ciel sera assez nuageux mais petit à petit le soleil s'imposera et l'après-midi deviendra ensoleillée sur l'ensemble de la région. Le vent de nord-ouest qui soufflera sur le littoral limitera la hausse des températures sur la côte.

Vendredi les conditions météo seront très estivales avec du soleil dans un ciel tout bleu. Les températures gagneront 1 ou 2 degrés par rapport à la veille.

Samedi et dimanche les conditions resteront estivales avec du soleil et de la chaleur sur l'ensemble de la région.

*faire lourd = *to be sultry*

Météo – Le soleil tente sa chance

Aujourd'hui l'air froid et sec s'installera et les températures descendront sous les zéros degrés dans les terres. Des plaques de verglas seront à craindre par endroits ce matin. Le soleil rayonnera l'après-midi mais des nuages apparaîtront sur la côte nord-ouest. Les températures deviendront à peine positives sur l'est.

Mardi le temps restera gris et froid toute la journée avec des risques de neige dans la matinée.

Mercredi le temps sera plus doux avec le retour de la pluie par l'ouest. Les températures seront en hausse.

Jeudi le brouillard matinal sera lent à se dissiper mais laissera progressivement place à des éclaircies. Les nuages reviendront l'après-midi et amèneront un temps pluvieux et doux.

Vendredi matin les nuages resteront très nombreux et donneront quelques pluies passagères. Le temps restera doux pour la saison. Le soleil ne percera qu'à la mi-journée. Le vent de secteur ouest sera assez fort sur le littoral.

Samedi et dimanche l'anticyclone s'éloignera et fera place à des nuits claires et froides apportant des gelées sur l'ensemble de la région, frange littorale comprise. Dans l'après-midi le soleil s'imposera partout en maître. Ce temps froid, sec et ensoleillé continuera au début de la semaine prochaine.

1 Quel bulletin correspond à la semaine du 17 au 22 juillet et quel bulletin correspond à la semaine du 11 au 17 décembre?

2 Faites une liste du vocabulaire qui indique que le temps est à la pluie.

3 Faites une liste du vocabulaire qui indique clairement qu'il s'agit de l'été et une autre qui montre que c'est l'hiver.

4 **Complétez les phrases avec les verbes entre parenthèses.**

1 On regardera le feuilleton dès qu'on _____ à la maison. (arriver)

2 Nous verrons le film quand nous _____ le DVD. (acheter)

3 Parlez-en à Martine quand vous la _____. (voir)

4 Je leur téléphonerai si j'_____ le temps. (avoir)

5 Nous finirons quand il _____ là. (être)

6 Elle nous préviendra dès qu'elle _____ la réponse. (avoir)

7 Je lui donnerai le chèque lorsque qu'il _____. (venir)

8 Il visitera le musée Rodin s'il _____ à Paris. (aller)

9 Rendez-moi l'argent quand vous _____. (pouvoir)

10 Envoie-moi une carte postale quand tu _____ en Grèce. (être)

11 Téléphone aussitôt que tu _____ le résultat. (avoir)

12 Ils pourront surfer sur l'internet quand ils _____ un ordinateur. (avoir)

5 **Lisez l'horoscope ci-dessous et faites les activités qui suivent.**

L'horoscope du jour par Domino

Bélier (21 mars–20 avril)
Travail: Vos supérieurs vous soutiendront dans vos projets. Sachez en profiter.
Amour: Vous prendrez d'importantes décisions concernant votre vie familiale.
Santé: Tendance à l'hypertension.

Taureau (21 avril–20 mai)
Travail: Vous surmonterez des obstacles importants et vous pourrez vous lancer dans d'autres activités.
Amour: Bonne soirée pour entreprendre des réconciliations.
Santé: Légère fatigue.

Gémeaux (21 mai–21 juin)
Travail: Vous vous disputerez avec vos collègues.
Amour: Vous ne manquerez pas une occasion de contredire votre partenaire.
Santé: Stress. Risque de maux de tête.

Cancer (22 juin–22 juillet)
Travail: Votre tendance à laisser les choses aller vous créera quelques problèmes.
Amour: Vous ne résoudrez les problèmes de votre couple que si vous arrêtez d'imposer votre volonté.
Santé: Soucis dentaires.

Lion (23 juillet–22 août)
Travail: Les rencontres que vous ferez dans vos déplacements professionnels vous ouvriront d'autres horizons.
Amour: Vos relations avec l'être aimé seront au beau fixe ce qui vous permettra de passer un excellent week-end.
Santé: Vitalité.

 Vierge (23 août–22 septembre)
Travail: Vous devrez accepter des changements ou chercher une autre activité.
Amour: Vous ne consoliderez pas vos liens affectifs si vous ne contrôlez pas mieux vos émotions.
Santé: Manque de vitamines. Mangez des fruits frais.

 Balance (23 septembre–22 octobre)
Travail: Votre sens pratique vous aidera à trouver rapidement des solutions qui sortiront vos collègues de l'embarras.
Amour: Célibataire, vous ferez une rencontre. En couple, attendez-vous à des changements imprévus.
Santé: Insomnies.

 Scorpion (23 octobre–21 novembre)
Travail: La diplomatie ne vous empêchera pas d'imposer vos idées.
Amour: Vous prendrez d'importantes décisions en accord avec votre partenaire.
Santé: Super forme.

 Sagittaire (22 novembre–20 décembre)
Travail: Vous devrez affronter une situation financière assez confuse.
Amour: Vous éviterez une scène de jalousie de votre partenaire en lui faisant une déclaration d'amour.
Santé: Énergie au top.

 Capricorne (21 décembre–19 janvier)
Travail: Vous lancerez des idées ou vous signerez un contrat et, si vous cherchez du travail, vous prendrez des rendez-vous.
Amour: Des problèmes d'argent seront à l'origine d'une dispute avec votre partenaire.
Santé: Petits problèmes dermatologiques.

 Verseau (20 janvier–18 février)
Travail: Votre impulsivité vous fera prendre des décisions plus liées à l'émotion qu'à la réflexion.
Amour: Vous saurez exprimer vos sentiments et vos idées, ce qui améliorera la qualité de vos relations avec votre partenaire.
Santé: Attention aux excès alimentaires.

 Poissons (19 février–20 mars)
Travail: Vous réussirez à faire accepter vos suggestions et vous obtiendrez de l'aide de personnes qui ont de l'influence.
Amour: Essayez d'accorder plus de temps à votre partenaire, malgré vos activités professionnelles accaparantes.
Santé: Buvez plus d'eau.

A Trouvez votre signe du zodiaque et dites ce qui vous arrivera au travail et en amour. Utilisez 'je'.

B Vous rencontrez un(e) ami(e) qui est du même signe que vous. Dites-lui ce qui vous arrivera au travail et en amour. Utilisez 'nous', puis 'on'.

C Relisez attentivement l'horoscope pour répondre aux questions suivantes.

1 Les natifs de combien de signes du zodiaque peuvent espérer des satisfactions dans leur vie professionnelle aujourd'hui?

2 Les natifs de quel signe risquent de prendre de mauvaises décisions au travail?

3 Les natifs de quels signes auront des difficultés au travail?

4 Les natifs de quels signes auront une bonne relation avec leur partenaire?

5 Vous êtes né(e) un 30 mai. Quelle sera votre attitude avec votre partenaire aujourd'hui?

6 Les natifs de quels signes seront en pleine forme?

7 Vous aurez besoin d'un peu de repos. Quel est votre signe du zodiaque?

8 Les natifs de combien de signes risquent d'avoir des ennuis de santé?

9 Les natifs de quels signes auront des problèmes d'argent?

10 Quelles personnes auront une surprise dans leur vie personnelle?

11 À quelles personnes donne-t-on des conseils concernant leur santé?

12 À quelles personnes donne-t-on des conseils concernant leur vie amoureuse?

6 Vous êtes dans un magasin de bricolage. Identifiez les rayons ci-dessous.

1 M – N – – S – R – –
2 PL – MB – R – –
3 M – Ç – NN – R – –
4 CH – – FF – G –
5 CR – – T – V – T –

6 D – C – R – T – – N
7 L – M – N – – R –
8 Q – – N C – – LL – R – –
9 – L – CTR – C – T –
10 J – RD – N

7 Nommez les outils et les matériaux.

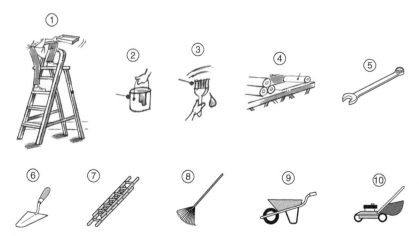

8 Qu'est-ce qu'on va utiliser?

1 Elle plantera un clou.
2 Il coupera du bois.
3 Ils feront du jardinage.
4 Nous changerons la tapisserie de la chambre.
5 Elle coupera du tissu pour faire des coussins.
6 Je repeindrai le plafond.
7 Il construira un mur de briques.
8 Il réparera la fuite dans la salle de bains.
9 Elle fabriquera une étagère.
10 Il posera de la faïence.

9 Lisez les conseils de bricolage en ligne et répondez vrai ou faux.

L'accrochage facile

Vos outils

Vous aurez besoin d'un marteau et d'un crochet à aiguille. Choisissez un crochet plus ou moins grand selon la charge.

Nos conseils à suivre
1 Trouvez le bon endroit pour accrocher votre tableau/miroir. Marquez-le légèrement au crayon.
2 Choisissez le bon crochet et posez-le sur le mur. La pointe est dirigée par deux trous percés dans le haut du crochet. Il est important de la planter en biais.*

3 Tapez doucement sur le crochet avec le marteau.

À noter
Pour accrocher une glace très lourde ou un grand tableau, il faut quelquefois se servir de chevilles.

Pour poser des chevilles

Vos outils
Une perceuse électrique, des chevilles, des vis et un tournevis.

Nos conseils à suivre
1 Percez un trou bien net au bon diamètre.
2 Enfoncez la cheville avec un marteau.
3 Vissez la fixation au tournevis. Il est important que la cheville ne tourne pas.

* en biais = *at an angle*

1 On a toujours besoin d'une perceuse électrique et de crochets à aiguille pour accrocher un tableau.
2 Il est important de choisir un crochet plus ou moins grand selon la taille et le poids du tableau/miroir.
3 Il vaut mieux marquer le bon endroit au crayon.
4 Pour accrocher un miroir solidement, il faut toujours utiliser des chevilles.
5 Pour bien accrocher un tableau, il faut planter la pointe du crochet en biais.
6 On a besoin d'un tournevis pour percer un trou dans un mur.
7 Il faut se servir d'un marteau pour bien enfoncer une cheville.
8 Il est recommandé d'avoir des outils de qualité pour faire du bon bricolage.

Coin info

Les maisons en bois

Bonne nouvelle, la forêt a doublé de surface en France durant les deux derniers siècles. Pour l'encourager à se renouveler, il faut couper les arbres matures pour permettre aux jeunes de grandir. L'usage du bois permet donc d'entretenir cette merveilleuse ressource naturelle. Il n'est pas étonnant que les maisons en bois deviennent de plus en plus populaires. Elles existent d'ailleurs depuis des siècles dans certaines régions de France (les chalets dans les Alpes et les maisons à colombage en Normandie, par exemple).

Le bois est un excellent isolant, ce qui permet de réaliser des économies de chauffage. De plus, moins chauffer veut dire moins polluer. Les maisons sont plus saines et sans humidité, ce qui est idéal pour les asthmatiques.

Comme le bois est mauvais conducteur, il offre une meilleure résistance au feu que le béton* et l'acier*.

Il faut environ 6 mois pour construire une maison en bois, contre 9 à 10 pour une construction en maçonnerie. Les murs sont beaucoup moins épais et, sur une maison de 120 m², on gagne environ 8 m², ce qui est l'équivalent d'une petite pièce, un bureau par exemple.

Autre avantage, les maisons en bois sont modulables*, ce qui permet de faire des changements très facilement – ouvrir une fenêtre, déplacer une cloison, agrandir etc.

Les possibilités architecturales avec le bois sont très nombreuses, surtout qu'il se marie bien avec les autres matériaux comme l'acier, la pierre ou le verre. Si vous recherchez l'originalité, cette solution est pour vous.

Mais attention, la construction d'une maison en bois vous coûtera plus cher qu'une maison traditionnelle. Elle vous demandera aussi plus de maintenance; certains bois doivent être repeints tous les 5 à 7 ans. Et si vous devez vous installer dans une zone infectée de termites, il faut prendre des précautions.

* le béton = *concrete;* l'acier = *steel;*
modulable = *adjustable*

10 Lisez l'article qui suit et choisissez le bon titre pour chaque paragraphe.

A Personnalisez votre décor.	**D Retrouvez la cuisine de grand-mère.**
B Une salle de bains ultra-moderne.	**E Finis les problèmes de rangement.**
C Vive la lumière!	**F Faites des économies.**

Des idées déco astucieuses pour embellir votre maison

1 Vous venez d'emménager dans votre nouvelle maison. Malheureusement les fenêtres sont plus grandes que celles de votre logement précédent. Vos rideaux sont donc trop courts ou ne sont pas assez larges. Au lieu de les remplacer, il vous suffit d'acheter un peu de tissu pour ajouter des bordures où c'est nécessaire. Mais attention, choisissez une couleur et une qualité qui se marient bien avec vos rideaux.

2 Votre chambre n'est pas très grande et vous manquez de surface de rangement. Utilisez la place, souvent perdue, qui se trouve au-dessus de la tête de lit. Vous pouvez y installer un ensemble composé d'étagères, pour y mettre vos bibelots ou quelques livres, et d'un petit placard mural de chaque côté du lit, où vous pourrez ranger des vêtements et autres accessoires. Vous pourrez les peindre dans des couleurs s'harmonisant avec le reste de votre chambre. N'oubliez pas d'incorporer quelques spots pour créer une ambiance agréable.

3 Vous voulez égayer une pièce une peu triste. Sachez qu'il existe une peinture magnétique qui permet de maintenir des photos, des cartes postales ou même les dessins de vos enfants à l'aide de simples magnets. Autre avantage, vous pouvez changer de décor aussi souvent que vous le souhaitez. Autre idée pratique et amusante, transformez une commode ordinaire en peignant sur les tiroirs des motifs qui représentent ce qu'ils contiennent.

4 Pour y voir plus clair dans vos penderies quand vous choisissez vos vêtements ou si les surfaces de travail de votre cuisine sont mal éclairées, installez des lampes adhésives, sans fil électrique qu'on peut donc déplacer facilement. Il suffit d'appuyer légèrement dessus pour les allumer et les éteindre. Autre solution pour bien éclairer murs et coins sombres, installez au plafond un système de rails sur lesquels vous pourrez faire glisser différents spots et des lampes suspendues.

11 Relisez l'article et répondez aux questions.

1 Que peut-on utiliser pour pouvoir déplacer facilement des photos sur un mur?

2 Quelles parties de la cuisine sont souvent mal éclairées?

3 Quel endroit est souvent mal utilisé dans une chambre?

4 Que faut-il souvent acheter quand on change de logement?

5 Quelle sorte de lampes permet de ne pas faire de gros travaux?

6 Quel conseil donne-t-on dans l'article pour personnaliser une commode?

7 Grâce à quoi peut-on varier facilement l'éclairage d'une pièce?

8 Quand on peint un meuble ou qu'on transforme des rideaux, quelle précaution faut-il prendre?

12 Complétez l'histoire en mettant les verbes entre parenthèses au participe présent.

C'était un samedi soir. **1** _____(voir) qu'elle n'avait pas assez de peinture pour finir le dernier mur de sa chambre, Nadine a décidé d'aller tout de suite au magasin de bricolage. **2** _____(remarquer) que la grande surface allait bientôt fermer, elle est partie à toute vitesse. En **3**_____(chercher) une pièce pour mettre dans le chariot, elle a fait tomber son porte-monnaie. **4** _____ (avoir) enfin ramassé son argent, elle est entrée dans le magasin. Elle a vite trouvé le bon rayon et elle a pris deux grands pots de peinture blanche. **5**_____(profiter) de sa visite, elle a aussi acheté plusieurs pinceaux, deux rouleaux, un marteau et un tournevis. Ne **6**_____(vouloir) pas rester trop longtemps, elle est passée immédiatement à la caisse. **7** En_____(vider) son chariot dans le coffre de sa voiture, elle s'est aperçue que les deux pots de peinture n'étaient pas tout à fait les mêmes. L'un était blanc ivoire et l'autre blanc camélia. **8** _____(savoir) que la grande surface était sur le point de fermer,

elle a couru vers l'entrée. Trop tard! Que faire? **9**_____(hésiter) un bon moment avant de fermer le coffre, elle a eu une idée: elle a décidé de mélanger les deux couleurs. Et puis, en **10**_____ (finir) les peintures ce soir, elle pourra faire la grasse matinée demain.

13 Relisez l'histoire, répondez vrai ou faux et corrigez les erreurs.

1 Nadine est pressée parce que le supermarché vient de fermer.
2 Elle a de la monnaie pour payer le chariot.
3 Elle n'achète que les produits dont elle a besoin pour refaire les peintures.
4 Les pots de peinture qu'elle a achetés sont différents.
5 Elle a choisi de repeindre sa chambre en blanc.
6 Elle a le temps de retourner dans le magasin avant la fermeture.
7 Elle trouve une bonne solution à son problème.
8 Elle espère aussi pouvoir se lever tard le lendemain matin.

BILAN

Choisissez les bonnes réponses pour compléter le bulletin météo.

Le **1** ciel / soleil / nuage se couvrira sur les Alpes et les premières averses à caractère **2** pluvieux / orageux / instable éclateront.

Le vent soufflera en fortes **3** pluies / inondations / rafales sur les régions du nord où les **4** visages / ombrages / nuages

risquent d'être assez nombreux. En Normandie, après dissipation des **5** brouillards / gelées / éclaircies matinaux, le soleil

6 disparaîtra / se couvrira / brillera sur l'ensemble de la région.

L'après-midi les vents **7** tourneront / souffleront / se dissiperont de l'ouest sur la côte atlantique et les températures

seront en **8** bas. / baisse. / haut. Dans le Midi il fera un temps **9** humide / sec / variable et ensoleillé et l'est du pays bénéficiera

de belles **10** éclaircies. / averses. / neiges.

Choisissez les bonnes réponses pour compléter cette liste de conseils élémentaires de bricolage.

On se sert d'un **11** râteau / morceau / marteau pour planter un clou quand on veut **12** peindre / accrocher / manger une glace.

On coupe **13** du tissu / du bois / des carreaux avec des ciseaux pour faire des **14** rideaux. / volets. / tableaux.

Quand on **15** fait / feront / fera du jardinage, on a besoin d'une **16** tondeuse / brouette / truelle pour transporter les feuilles mortes.

On utilise un **17** rabot / escabeau / tourne-vis et **18** un pinceau / une échelle / un rouleau lorsqu'on **19** repeint / repeindra / repeignera le plafond.

On trouve les sécateurs au rayon **20** chauffage. / menuiserie. / jardinage.

Il faut utiliser une **21** perceuse / scie / tondeuse électrique pour faire des **22** clous / choux / trous dans le mur.

11
Onzième unité

Le monde du travail et des affaires. Au bureau. Les appels téléphoniques. Petites annonces, accidents et autres faits divers.

La citation du jour

'L'administration est un lieu où les gens qui arrivent en retard croisent dans l'escalier ceux qui partent en avance.'

Georges Courteline (1858–1929) – Écrivain français qui utilise ses expériences de fonctionnaire dans un ministère pour satiriser la vie routinière des petits employés de bureau dans ses romans et dans ses comédies.

1 Complétez les phrases avec les bons mots de l'encadré.

affaires	occasion	recruter	échantillons
voyage	à l'étranger	rendez-vous	
vacances	service	déplacement	projets
commande	secrétaire	catalogue	
annonce			

1 Elle cherche une _____ trilingue.
2 Ma société a plusieurs _____ en Espagne et en Italie.
3 Nous avons _____ avec lui mardi prochain à 10 heures.
4 J'ai 5 semaines de _____ par an.
5 La DRH* vient de passer une _____ sur internet.
6 Nous sommes contents, les _____ marchent bien en ce moment.

7 Comme elle est représentante, elle a une voiture de _____ .
8 Vous êtes souvent en _____ pour votre travail?
9 Heureusement qu'ils parlent bien anglais car ils vont souvent _____ .
10 C'est promis, je vous enverrai un _____ .
11 J'aimerais bien qu'il m'apporte des _____ .
12 Nous essayons de _____ un directeur des ressources humaines.

* la DRH = la direction des ressources humaines

2 Débrouillez les deux conversations ci-dessous.

A *Continuez*: Bonne nouvelle! Je ne suis plus au chômage.
1 Non, mais tout le monde parle anglais, c'est pratique.
2 Oui, le patron est juste, mes collègues sont sympas et je suis assez bien payé.
3 Oui, car nous avons des succursales en Suisse et en Allemagne.
4 Vous voyagez souvent à l'étranger?
5 Très bien! Et qu'est-ce que vous faites maintenant?
6 Vous êtes satisfait de vos conditions de travail?
7 Je suis représentant pour une société qui vend des fournitures de bureau.
8 Vous parlez allemand?

B *Continuez:* Depuis quand êtes-vous chef d'entreprise?

1 Et qu'est-ce que vous faites exactement?

2 Vous voyagez beaucoup pour votre travail?

3 Oui, pas mal. J'ai fait beaucoup de progrès récemment!

4 Vous parlez anglais?

5 Les grandes surfaces et les cantines.

6 J'ai créé ma PME* en 2009 avec l'aide de ma femme.

7 Qui sont vos clients?

8 Nous conditionnons du poisson frais pour le revendre tout préparé.

9 Je vais souvent voir nos clients et, de temps en temps, nos fournisseurs de saumon en Écosse.

* une PME = une petite ou moyenne entreprise

3 **Complétez les conversations téléphoniques.**

> *Pense-bête!*
>
> Révisez le vocabulaire et les expressions utilisés au téléphone.

1
– Allô, Berthelot à l'_____!
– Bonjour monsieur. Pouvez-vous me _____ madame Lanvain, s'il vous plaît.
– C'est de la _____ de qui?
– Sa fille.

2
– Allô, Atlantic Transports, j'_____ !
– Allô, je voudrais le _____ 312, s'il vous plaît.
– Oui, ne _____ pas, je vous prie.

3
– Allô, je voudrais _____ à Farida Midoune.
– Je suis désolé, mais elle est en _____ en ce moment.
– Elle sera libre à quelle _____ ?
– Vers 16 heures, je pense.

4
– Allô! Pourrais-je parler au directeur du marketing, s'il vous plaît.
– Je _____, mais il est en déplacement aujourd'hui.
– Pouvez-vous lui demander de me _____ le plus tôt possible?
– Bien sûr. Pouvez-vous me donner votre _____ et votre _____, s'il vous plaît?

5
– Pourrais-je parler à Maël Lebreton, s'il vous plaît.
– Dans quel _____ travaille-t-il?
– Au DRH.
– La ligne est _____ en ce moment. Voulez-vous attendre?
– Non, mais pouvez-vous lui dire que j'ai appelé?
– Oui, je lui ferai la _____. Quel est votre nom?

4 Lisez l'article ci-dessous puis reliez la liste A à la liste B.

Des prisonniers belges heureux de fabriquer … des barreaux de prison!

Curieuse ironie du sort, mais c'est vrai, ils sont bien contents ces détenus, et la longue liste d'attente est là pour le prouver. Les hommes interrogés expliquent pourquoi ils se considèrent privilégiés d'avoir un emploi rémunéré, même si c'est pour faire de solides barreaux de prison et même si l'usine métallurgique où ils travaillent leur paie un salaire qui équivaut* à un tiers* du SMIC.

On perd vite sa dignité humaine dans une cellule surpeuplée de 9 m² et, dans ces conditions, l'oisiveté mène à l'ennui, voire à la dépression ou à la violence. Le travail est donc très valorisant, même s'il est mal payé. Il donne une structure à la journée, il demande de la concentration et peut apporter une certaine satisfaction personnelle. Beaucoup de détenus disent qu'ils se sentent utiles pour la première fois de leur vie. Nombreux sont ceux qui n'ont jamais connu une vie active 'normale'. C'est aussi une bonne préparation à la réinsertion*, d'autant plus qu'un grand nombre de ces hommes n'ont aucune qualification professionnelle. Cet emploi leur permet d'apprendre un métier. Ils ont donc plus de chance de trouver du travail quand ils sortent de prison, ce qui limite les risques de récidive* et le retour au monde du crime.

Autre argument en faveur d'une vie rangée des voitures* pour les détenus-ouvriers de cette prison belge: ils savent que les barreaux de prison sont pratiquement indestructibles!

* équivaloir = *to be equivalent*; un tiers = *a third*; la réinsertion = *rehabilitation;* la récidive = *reoffending*; être rangé des voitures (fam.) = *to be going straight*

Liste A

1 Le rêve de beaucoup de détenus de cette prison belge …

2 Le travail dans l'usine métallurgique …

3 Quand on s'ennuie en prison …

4 Les cellules de la prison …

5 On perd facilement sa dignité humaine …

6 De nombreux prisonniers ne sont pas habitués …

7 Même un travail monotone et ennuyeux …

8 Le fait d'apprendre un métier en prison …

9 Quand on est sans travail …

10 Il paraît qu'en Belgique …

Liste B

A quand on vit dans de mauvaises conditions.

B à faire un travail régulier.

C n'est pas bien payé.

D on risque plus facilement de commettre de nouveaux crimes.

E est de fabriquer des barreaux de prison.

F permet à beaucoup d'hommes de trouver du travail à la sortie.

G les barreaux de prison sont très solides.

H sont trop petites pour les détenus qui les partagent.

I peut apporter un certain plaisir.

J on devient facilement déprimé ou violent.

5 Reliez les emplois aux annonces.

ASSISTANT(E) COMMERCIALE

RESPONSABLE ÉVÉNEMENTIEL ET ANIMATION

DIRECTEUR/TRICE DES RESSOURCES HUMAINES

TÉLÉVENDEUR/EUSE

CHARGÉ(E) D'OPÉRATIONS BILINGUE

A

L'entreprise: Société spécialisée dans la vente de fournitures bureautiques, informatiques et mobilier de bureau.

Le poste: Vous conseillez nos clients sur les produits et services proposés. Vous assurez l'enregistrement des commandes.Vous garantissez la satisfaction de notre clientèle.

Votre profil: Votre aisance au téléphone et votre sens de l'écoute seront des avantages. Vous aimez le contact et vous avez le sens du service client. De formation BTS Vente ou équivalent, vous justifiez d'une expérience d'au moins 2 ans. Vous recherchez une structure jeune et dynamique.

B

L'entreprise: Société d'études et de développement.

Le poste: Vous prenez en charge la gestion quotidienne des opérations. Vous assurez le bon développement des projets sur les plans technique, administratif, juridique et financier. Vous organisez et animez des réunions. Vous travaillez en étroite collaboration avec nos partenaires (architectes, administrations etc).

Votre profil: Diplômé en Ingénierie (bac + 4), vous parlez couramment l'anglais. Méthodique et rigoureux, vous avez le sens de l'organisation. Votre connaissance du contexte socio-économique local est impérative.

C

L'entreprise: Formation aux métiers de l'entreprise

Le poste: Prise de rendez-vous, tenue de réunions d'information, gestion du courrier électronique, gestion du standard téléphonique. Suivi administratif des stagiaires et des formateurs.

Votre profil: Vous savez vous adapter à la diversité des personnalités et des attentes des managers. Vous recherchez la qualité du travail bien fait tout en travaillant avec rapidité et efficacité. Une excellente maîtrise de l'outil informatique est exigée (logiciel de traitement de texte, tableur, navigation sur Internet).

D

L'entreprise: Société d'études et de développement.

Le poste: Vous concevez et réalisez des foires, soirées, sponsoring, jeux concours etc. Vous négociez les budgets avec les différents partenaires. Vous réalisez des conférences de presse et rédigez des communiqués. Des déplacements réguliers sont à prévoir.

Votre profil: De formation supérieure en marketing et/ou en communication (Bac + 2 à Bac + 4), vous bénéficiez d'une solide expérience dans ce domaine. Vous êtes autonome, créatif et avez le sens de l'organisation. Vous possédez de bonnes capacités d'élocution et de rédactions. Vous êtes doté d'une excellente capacité à négocier et gérer les budgets.

E

L'entreprise: Entreprise de services

Le poste: Vous gérez les relations sociales et vous supervisez la formation, le recrutement, les entretiens, les promotions etc. Vous menez les négociations avec les représentants du personnel et veillez à maintenir un bon climat social au sein de l'entreprise.

Votre profil: De formation supérieure, vous bénéficiez d'une expérience significative. Vous maîtrisez parfaitement la gestion des relations humaines et le côté technique de la législation. Vous possédez des qualités relationnelles et de leadership.

6 Relisez les offres d'emploi de l'exercice 5. Répondez A, B, C et/ou D.

Dans quel(s) emploi(s)…
1 Travaillera-t-on beaucoup sur un ordinateur?
2 Faudra-t-il se déplacer fréquemment?
3 Aura-t-on des responsabilités financières?
4 Utilisera-t-on beaucoup le téléphone?
5 Aura-t-on principalement un rôle de soutien?
6 Donnera-t-on des conseils aux clients?

Pour quel(s) emploi(s)…
7 Faut-il bien connaître la région?
8 Demande-t-on une bonne expérience?
9 Doit-on faire preuve de créativité?
10 Faut-il avoir fait des études supérieures?

Coin info

Le toilettage canin – une profession en pleine croissance

Bien que le nombre des salons de toilettage ait augmenté de plus de 70% en 20 ans, on ne constate pas de problème de surpopulation chez ces professionnels. Non, les salons ne sont pas trop nombreux par rapport aux potentiels 'clients-chiens' qui les visitent, car parallèlement, le nombre des chiens a aussi fortement augmenté ces dernières années en France.

D'autres changements significatifs sont à la base de cette expansion.

Des goûts et un mode de vie nouveaux incitent les propriétaires citadins à choisir des chiens plus petits, à robe longue ou frisée qui nécessite un toilettage régulier, comme les shi-tsu, les bichons ou les York. Ce toilettage a également évolué et les toiletteurs proposent maintenant de couper les robes de façon à en faciliter l'entretien. De plus, les propriétaires d'aujourd'hui ne vont plus chez le toiletteur uniquement pour des raisons d'hygiène, mais ils recherchent aussi un résultat esthétique harmonieux. Dans les grandes villes, beaucoup de personnes, dont de nombreuses personnes âgées, vivent seules avec leur chien. Ce dernier représente pour elles un lien vital avec le monde extérieur. Le toiletteur est souvent considéré comme un ami auquel on confie ses soucis et à qui on raconte les événements familiaux et quotidiens.

Malgré tout, la France est en retard par rapport au niveau de la profession dans d'autres pays européens. Plus de 500 salons de toilettage font faillite* chaque année, situation souvent due à une formation incomplète ou à l'isolement. Heureusement, la situation évolue et beaucoup de formations de perfectionnement sont mises en place aujourd'hui. Il reste encore des efforts à faire pour que le métier se dynamise, soit mieux considéré et devienne, à l'avenir, plus rémunérateur*.

* faire faillite = *to go bankrupt*; rémunérateur/trice = *lucrative.*

7 Lisez l'extrait de la pièce de Georges Courteline, *'M. Badin'* (1897), puis répondez aux questions qui suivent.

Dans la pièce *M. Badin* (1897), l'employé éponyme donne des raisons pour excuser ses fréquentes absences du bureau. Pendant une conversation avec son patron après une absence particulièrement prolongée, il réussit à transformer ses défauts en véritable martyre.

M. Badin: Tous les matins, je me raisonne, je me dis: 'Va au bureau, Badin: voilà plus de huit jours que tu n'y es allé!' Je m'habille, alors et je pars; je me dirige vers le bureau. Mais ouitch! J'entre à la brasserie; je prends un bock …, deux bocks …, trois bocks! Je regarde marcher l'horloge, pensant: 'Quand elle marquera l'heure, je me rendrai à mon ministère.' Malheureusement quand elle a marqué l'heure, j'attends qu'elle marque le quart; quand elle a marqué le quart j'attends qu'elle marque la demie! …

Le directeur: Quand elle a marqué la demie, vous vous donnez le quart d'heure de grâce …

M. Badin: Parfaitement! Après quoi je me dis: 'Il est trop tard. J'aurais l'air de me moquer du monde. Ce sera pour une autre fois!' Quelle existence! Quelle existence! Moi qui avait un si bon estomac, un si bon sommeil, une si belle gaieté, je ne prends plus plaisir à rien, tout ce que je mange me semble amer comme du fiel! Si je sors, je longe les murs comme un voleur, l'œil aux aguets, avec la peur incessante de rencontrer un de mes chefs! Si je rentre, c'est avec l'idée que je vais trouver chez le concierge mon arrêté de révocation! Je vis sous la crainte du renvoi comme un patient sous le couperet! … Ah Dieu! …

A Trouvez dans le texte les équivalents des expressions et des mots suivants.

1 Un verre de bière.
2 Sur ses gardes et regardant attentivement autour de soi.
3 Qui a une saveur aigre et désagréable; goût quelquefois associé aux oranges ou au chocolat noir.
4 La bile de certains animaux.
5 Un couteau de boucherie à large lame pour couper et hacher la viande. Également le nom du couteau d'une guillotine.
6 Traiter comme un objet de plaisanterie, tourner en ridicule.
7 Aujourd'hui, grand café-restaurant ou fabrique de bière. Au 19ième siècle, établissement où l'on consomme surtout de la bière.
8 Appareil destiné à indiquer l'heure, notamment dans les lieux publics.
9 Personne qui a la garde d'un immeuble ou d'une grande maison.

B Répondez vrai ou faux et corrigez les erreurs.

1 M. Badin travaille dans une brasserie.
2 Il a essayé de se rendre au bureau une fois seulement.
3 Avant d'entrer dans la brasserie, il a pris une bière.
4 Il a regardé l'heure plusieurs fois.
5 Après avoir attendu trois quarts d'heure, il est allé au travail.
6 Il est retourné chez lui après avoir quitté le bureau.
7 Il longe les murs parce qu'il a peur d'être vu.
8 À chaque fois qu'il rentre chez lui, il a peur du concierge.
9 Il se plaint de se sentir malade tout le temps.
10 Il a peur de perdre son travail.

Coin info

Vous trouvez très dur de vous lever le matin pour aller travailler? Il existe maintenant un logiciel* pour vous. Cette petite merveille vous permet de profiter impunément d'un peu plus de temps dans la chaleur de votre lit douillet. Comment? Eh bien, en vous donnant un alibi irréfutable. Grâce à lui, vous allez pouvoir expliquer à votre patron, preuve à l'appui, pourquoi vous êtes encore en retard au travail. Comment ça marche? Tout simplement en insérant un bruit de fond dans la conversation sur votre téléphone mobile. Vous pouvez prétendre, par exemple, que vous êtes dans la salle d'attente de votre médecin ou chez le dentiste ou bien faire croire que vous êtes pris dans les embouteillages ou dans un orage épouvantable. Ce logiciel miraculeux s'achète sur internet et il suffit de l'installer sur votre portable. Irrésistible!

*un logiciel = *software*

8 Lisez les faits divers ci-dessous puis corrigez les erreurs, s'il y en a, dans les phrases qui suivent.

Intempéries* : trente-huit interventions dans la Somme

Hier, en deux heures de temps, les pompiers sont intervenus à 38 reprises dans l'ensemble du département. Le coup de chaud a duré de 14 à 16 heures pour répondre à l'appel de particuliers dont les caves et les sous-sols étaient inondés. À Saint-Julien, dans le nord, un hangar est parti en fumée à cause d'un court-circuit et le plafond d'un supermarché a pris l'eau. L'alerte orange lancée par Météo-France a été maintenue jusqu'à 9 heures le lendemain matin.

* intempéries (f., pl.) = *bad weather*

Deux magasins inondés

Deux commerces de la rue Jean Moulin ont souffert de la pluie extrèmement violente qui est tombée hier après-midi, vers 15 heures, à Montaigu – 15 mm en un quart d'heure. Le premier est un magasin de prêt-à-porter où la pluie a causé beaucoup de dégâts et qui a dû fermer ses portes. L'autre est une grande surface de meubles où l'eau s'est infiltrée par un toit-terrasse et a inondé le premier étage qui a été évacué car le plafond menaçait de s'effondrer. Le reste du magasin a pu cependant rester ouvert au public.

Les pluies forcent le musée à fermer un jour plus tôt

Le public était invité a découvrir l'exposition 'Amazone nature' du musée des sciences naturelles d'Angers jusqu'à aujourd'hui, mais de fortes pluies ont décidé les responsables à le fermer un jour plus tôt que prévu. En effet, la fermeture devait commencer ce lundi et durer 8 semaines, jusqu'au 15 décembre pour des travaux de sécurité. En raison des intempéries, les portes sont closes depuis samedi soir.

1 Les intempéries sont la cause des trois faits divers.
2 Les trois faits divers parlent de fermeture de magasin.
3 Hier matin dans la Somme, les pompiers ont été appelés trente-huit fois.
4 Les trois articles mentionnent des problèmes de plafond.
5 Un supermarché a brûlé à Saint-Julien.
6 Le musée des sciences d'Anjou a fermé huit semaines à cause de la pluie.
7 Les deux magasins de Montaigu ont été inondés car la pluie est tombée pendant 15 heures.
8 Le magasin de vêtements est resté ouvert malgré les dégâts.

9 Lisez les faits divers ci-dessous. Les phrases qui suivent correspondent à quel incendie – A, B ou 'aucun'?

A

Incendie chez un récupérateur de déchets

Le feu s'est déclaré vers 20 heures à l'extérieur des bâtiments d'une entreprise spécialisée dans la récupération et le recyclage de métaux, de carton et de plastique – 300 m³ de carton et 80 m³ de plastique compressé sont partis en fumée. La personne chargée de la sécurité a été prévenue par des gens du voyage* qui campaient sur un terrain derrière l'entreprise. Ce responsable a immédiatement alerté les secours. Trois engins pompes et une vingtaine de sapeurs-pompiers ont dû travailler une bonne partie de la nuit pour éteindre l'incendie car le stockage des papiers et cartons compacts présente un gros potentiel calorifique. Plusieurs tonnes de papier ont brûlé. Une enquête a été ouverte pour déterminer les circonstances de l'incendie.

* les gens du voyage = *travellers*

B

Incendie dans le Var

Les pompiers et les gendarmes ont annoncé que le violent feu de forêt de samedi, alimenté par un fort vent, a détruit 200 hectares en une heure. L'incendie s'est déclaré en bordure de l'autoroute A8 et s'est propagé très rapidement. À la mi-journée, il a menacé un parc résidentiel de loisirs situé à proximité et dont plusieurs centaines de vacanciers ont dû être évacués. Le feu a progressé vers le sud en direction de la mer. La route entre Le Muy et Sainte-Maxime a été coupée dans les deux sens, ainsi que les bretelles* d'accès et de sorties de l'A8 à hauteur du Muy. Sur l'autoroute, la circulation a été ralentie. Près de 550 sapeurs-pompiers, 130 véhicules, 6 Canadair* et 2 hélicoptères bombardiers d'eau ont été mobilisés pour éteindre l'incendie. D'après les services de secours, on ne déplore heureusement aucun blessé.

* une bretelle = *a sliproad* (here); un Canadair = *fire-fighting aircraft*

1 Un grand nombre d'arbres ont été brûlés.
2 Un membre des services de secours a été blessé.
3 Le feu a pris dans une usine de produits chimiques.
4 Le feu a détruit un parc résidentiel de loisirs.
5 La personne chargée de la sécurité a appelé les pompiers.
6 L'incendie a progressé rapidement à cause du vent.
7 Ce sont des gens du voyage qui ont donné l'alerte.
8 Il a fallu des avions pour éteindre le feu.
9 Un pyromane est responsable de cet incendie.
10 Les pompiers se sont battus contre le feu pendant la nuit.
11 L'incendie s'est déclaré vers huit heures du soir.
12 La circulation a été interrompue sur l'autoroute A8.

BILAN

Choisissez les bonnes réponses pour parler du travail de M. Berthelot.

M. Berthelot était au **1** poste / retraite / chômage depuis quatre mois, mais il vient de **2** chercher / retrouver / perdre du travail.

Il est représentant pour une **3** entreprise / usine / école qui fabrique des meubles de style.

Son travail est bien **4** organisé / rémunéré / chargé et il a cinq **5** mois / jours / semaines de vacances par an.

M. Berthelot utilise beaucoup son **6** standard / appareil photo / smartphone pour contacter ses clients.

Il peut leur faire une **7** demande / remise / solde avantageuse s'ils lui passent une **8** commande / ordonnance / remboursement importante. La **9** société / organisation / administration a des **10** événements / foires / succursales à l'étranger et M. Berthelot est souvent en **11** vacances / déplacement / retard en Suisse et en Belgique. Comme les affaires marchent très bien, on a besoin de **12** chercher / recruter / obtenir du personnel et la **13** SNCF / SMIC / DRH vient de passer des **14** courriels / annonces / publicités sur Internet.

Choisissez les bonnes réponses pour raconter le fait divers ci-dessous.

Quand elle a vu de la **15** | vapeur / flamme / fumée | noire sortir de l' **16** | entreprise / usine / fabrique | de produits chimiques, Mme Berthier

a immédiatement téléphoné aux **17** | policiers / pompiers / employés | et a expliqué que l' **18** | inondation / invasion / incendie | était particulièrement

dangereux à cause du risque d' **19** | explosion. / invasion. / exposition. | Après avoir évacué les **20** | stagiaires / locataires / secrétaires |

des immeubles voisins, les pompiers ont vu une personne coincée au troisième **21** | stage. / image. / étage. |

L'un des pompiers est monté à l' **22** | échelle / escabeau / escalier | pour l'aider. Les pompiers ont finalement

réussi à **23** | épuiser / éteindre / supprimer | l'incendie et on ne déplore aucun **24** | bricolage. / brûlure. / blessé. |

12
Douzième unité

OBJECTIFS

Descriptions et habitudes du passé. Le train et les autres moyens de transport. L'imparfait. Le discours indirect.

Les citations du jour

'*Trop vite, l'auto. Tant de jolis paysages où l'on ne s'arrête pas! On laisse des regrets partout.*'

'*Le train, l'automobile du pauvre. Il ne lui manque que de pouvoir aller partout.*'

Jules Renard (1864–1910) – Écrivain français dont le livre le plus connu, *Poil de Carotte*, surnom donné par sa mère qui ne l'aimait pas, raconte la jeunesse malheureuse d'un enfant non désiré.

1 Mettez les phrases à l'imparfait.

1 Il fait un temps splendide.
2 Toutes les tables de la terrasse sont occupées.
3 Je mange des crêpes et je bois du cidre.
4 Les personnes âgées sont assises.
5 Nous habitons dans un petit village.
6 Je nage tous les jours.
7 Est-ce que tu veux travailler dans un bureau?
8 Ils ne vont pas aux sports d'hiver.
9 Il sort tous les soirs.
10 Elle est épuisée.
11 Avez-vous les moyens d'aller en vacances à la Guadeloupe?
12 On peut faire du ski et de la luge.
13 Elle va souvent à la patinoire.

14 Tu commence à travailler à quelle heure?
15 Nous gagnons bien notre vie.

2 Complétez le texte ci-dessous en utilisant les verbes de l'encadré à l'imparfait.

avoir (X2)	être (X2)	faire (X2)
promener	se baigner	manger	passer
se trouver	jouer	bavarder	prendre
bâtir	briller	boire	tourner	admirer
marcher

Par un bel après-midi d'été, je 1 _____ sur le joli petit port d'une station balnéaire de la côte bretonne. Il 2 _____ très beau et le soleil 3 _____. Il y 4 _____ beaucoup de monde. Les gens 5 _____ sans se presser, certains 6 _____ leur chien, d'autres 7 _____ avec des amis. Quelques seniors qui 8 _____ assis sur des bancs 9 _____ leur visage vers le soleil. Des estivants 10 _____ le décor et 11 _____ des photos. Il y 12 _____ beaucoup de clients aux terrasses des cafés qui 13 _____ des boissons rafraîchissantes. Moi, je 14 _____ une glace. Les serveurs 15 _____ débordés. Sur la petite plage, des enfants 16 _____ un château de sable, une famille 17 _____ une partie de boules, des jeunes 18 _____ au beach-ball et beaucoup de gens 19 _____ . Tout le monde 20 _____ un bon moment.

3 **Complétez les scènes suivantes en mettant les verbes à l'imparfait, puis dites où elles se passaient.**

A Il 1 _____ (écouter) son MP3. Son jean et son tee-shirt 2 _____ (être) très sales et ses mains 3 _____ (être) noires de cambouis. Il y 4 _____ (avoir) des outils et des pièces détachées par terre. Il 5 _____ (finir) de réparer sa moto pour pouvoir s'en servir au week-end.

B Il y 1 _____ (avoir) beaucoup d'animation. Des gens 2 _____ (bavarder) par petits groupes. Des clients 3 _____ (faire) la queue devant plusieurs étals. D'autres 4 _____ (comparer) les prix et la qualité de la marchandise. Un monsieur 5 _____ (choisir) un melon. Un marchand 6 _____ (faire) goûter son fromage pour attirer le client.

C La grosse pendule 1 _____ (dire) six heures cinq. Les employés qui 2 _____ (finir) leur travail à six heures 3 _____ (sortir) déjà des bureaux et 4 _____ (se diriger) rapidement vers la station de métro tandis que d'autres 5 _____ (attendre) à l'arrêt de bus qui 6 _____ (se trouver) sur la place. Myriam et moi 7 _____ (regarder) toute cette activité de la terrasse d'un café où nous 8 _____ (prendre) un café-crème.

4 **Reconstituez les scènes suivantes en choisissant les bonnes phrases.**

a Un dimanche midi dans une maison de campagne.

b Un jour gris au bord de la mer.

Une dame enfilait un pull de laine. La grand-mère était assise dans une chaise longue. Plusieurs personnes quittaient la plage. De gros nuages couraient dans le ciel. Elle avait les yeux fermés et elle souriait. Le ciel était gris. Des jeunes jouaient au ballon pour se réchauffer. Le père mettait le couvert sur la terrasse. Le vent soufflait fort et les rares parasols s'envolaient. La mère sortait le poulet du four. Il y avait des moutons sur la mer et de grosses vagues se brisaient sur la plage. C'était une jolie maison aux volets bleus et aux tuiles rouges. Il n'y avait personne dans l'eau. Dans le jardin il y avait une grande piscine où les enfants s'éclaboussaient en riant. Un groupe d'amis jouait aux boules dans le sable. Comme il faisait très beau, elle portait une robe légère, un grand chapeau de paille et des lunettes noires. Une autre mettait un pantalon.

c À la discothèque.

d Dans un restaurant.

Ils criaient pour se faire entendre. Un petit garçon refusait de manger ses légumes. Au bar, il y avait beaucoup de monde. Tous les membres d'une famille chantaient pendant qu'une petite fille soufflait les bougies d'un gros gâteau d'anniversaire. Une dame disait que ses pâtes étaient froides. Sur la piste de danse des couples étaient enlacés. Un groupe de jeunes choisissait un menu. Quelques jeunes s'embrassaient. Il fallait attendre pour se faire servir à boire. Il y avait beaucoup de bruit et il faisait sombre. Un garçon portait une assiette de charcuterie dans une main et une douzaine d'escargots dans l'autre. Dans un coin une fille remettait du rouge à lèvres et une autre se brossait les cheveux. Une autre demandait l'addition. Les gens qui étaient assis autour de petites tables buvaient et bavardaient. Un client mettait un pourboire sur la table. D'autres dansaient seuls ou en groupes. Le sommelier débouchait une bouteille de vin.

5 **Complétez cette triste page de l'histoire de France en utilisant les verbes de l'encadré.**

accomplir	aller	avoir (X2)	boire
être (X2)	manger (X2)	marcher	
remplacer	séparer	souffrir	vivre

Pendant la deuxième guerre mondiale …
1 les Français _____ dans la peur.
2 la France _____ divisée en deux par la ligne de démarcation qui _____ la zone occupée au nord de la zone libre au sud.
3 il y _____ beaucoup de restrictions.
4 les gens _____ froid et ne _____ pas à leur faim.
5 les citadins _____ plus que les paysans; le dimanche, beaucoup _____ s'approvisionner à la campagne.
6 on _____ de l'ersatz de café et on _____ des topinambours au lieu de pommes de terre.
7 les voitures _____ au gazogène qui _____ l'essence.
8 le vélo _____ le grand moyen de transport.
9 les femmes _____ beaucoup de tâches normalement réservées aux hommes.

6 Choisissez quelques expressions de l'encadré pour dire ce que vous faisiez quand vous étiez soit (plus) jeune, soit célibataire, soit en vacances, soit à l'étranger, soit à l'université, soit en activité.

| chaque année/mois/semaine |
| tous les jours/matins/après-midi/soirs |
le lundi, le mardi, etc.	d'habitude	souvent
quelquefois	rarement	de temps en temps
jamais	régulièrement

7 Complétez le texte en mettant les verbes à l'imparfait.

La patronne

Madame Kergaran 1_____ (avoir) quarante ans environ. Elle 2_____

(décider) toutes les questions d'un mot net et définitif. Sa demeure, toute étroite, n'ayant qu'une seule ouverture sur la rue, à chaque étage, 3_____ (avoir) l'air d'une échelle de fenêtres, ou même d'une tranche de maison en sandwich entre deux autres. La patronne 4_____ (habiter) au premier avec sa bonne; on 5_____ (faire) la cuisine et on 6_____ (prendre) les repas au second; quatre pensionnaires bretons 7_____ (loger) au troisième et au quatrième. J' 8_____ (avoir) les deux pièces du cinquième. Tous les jours sans s'arrêter, madame Kergaran 9_____ (monter) et 10_____ (descendre) le petit escalier noir et 11_____ (entrer) dix fois de suite dans chaque appartement, 12_____ (surveiller) tout, 13_____ (regarder) si les lits 14_____ (être) bien faits, si les habits 15_____ (être) bien brossés, si le service ne 16_____ (laisser) rien à désirer. Enfin elle 17_____ (soigner) ses pensionnaires comme une mère, mieux qu'une mère.

(adapté de *La patronne* de Guy de Maupassant)

8 Relisez le texte et répondez vrai ou faux.

1 Madame Kergaran s'occupait beaucoup de ses pensionnaires.
2 Elle était plutôt bavarde.
3 Six personnes habitaient la maison.
4 Deux personnes, dont la patronne, vivaient au premier étage.
5 Le narrateur habitait au dernier étage.
6 On préparait à manger au rez-de-chaussée.
7 À chaque étage, il y avait plusieurs fenêtres qui donnaient sur la rue.
8 La patronne passait régulièrement dans chaque appartement pour s'assurer que tout était en ordre.

9 Jeannette et Olivier Laval ont gagné le gros lot. Que faisaient-ils avant et que font-ils maintenant? Ajoutez quelques détails.

Avant	Maintenant
Vieille voiture	deux voitures neuves
Habiter petit appartement	grande maison individuelle
Sortir rarement, TV	sortir au moins deux fois par semaine
Partir en vacances en France 1 fois par an (camping en France)	vacances 3 fois par an (étranger, hôtels de luxe)
Manger au restaurant rarement	restaurant toutes les semaines
Acheter les vêtements bon marché	vêtements bonnes marques
Faire du bricolage	faire repeindre la maison
Faire le ménage	femme de ménage
Préparer les repas	plats cuisinés
Beaucoup de bons amis	trop d'amis

10 Maintenant, imaginez que vous êtes Jeannette ou Olivier et comparez votre vie avant et après le gros lot. Ajoutez vos propres idées. Utilisez *je* et *nous*.

11 Reliez la liste A à la liste B pour donner plusieurs points de vue à propos de différents moyens de transport.

Liste A

1 Lorsqu'on est plusieurs personnes à voyager …
2 Je déteste voyager en avion …
3 Pour les voyages courts je préfère prendre le train …
4 Il y a beaucoup d'accidents de voiture …
5 En France, le train est intéressant pour les familles nombreuses …
6 Quand on ne part pas en vacances avec sa voiture …
7 Si on oublie de composter son billet …
8 Depuis que nous sommes à la retraite nous avons un camping-car …
9 Les voyages en train sont plus faciles maintenant pour les handicapés …
10 Moi je fais du cyclotourisme et c'est très agréable …

Liste B

A et nous voyageons très souvent parce que c'est bon marché.
B surtout au moment des vacances et quand il fait mauvais temps.
C car il y a des aménagements spéciaux dans les gares et les TGV.
D la voiture coûte moins cher.
E car la SNCF propose beaucoup de réductions.
F à condition de rester sur les petites routes où il n'y a pas trop de circulation.
G il faut en louer une.
H on doit payer une amende.
I parce que je ne me sens pas en sécurité.
J car on perd moins de temps à la gare qu'à l'aéroport.

12 Expliquez ce que les personnes ont dit à propos des transports en utilisant les points de vue de l'exercice 11.

Commencez: *Une personne a dit que lorsqu'on était …*

13 Lisez l'article de journal. Trouvez-lui un titre puis reliez la liste A à la liste B.

Apparemment, les jeunes s'ennuient dans le train. Pour répondre aux besoins des nouvelles générations qui n'aiment plus lire, la SNCF a réuni un conseil d'administration de 25 collégiens de 10 à 14 ans venus de toute la France pour avoir leurs suggestions en vue d'améliorer les voyages en train.

À la surprise générale, les enfants ont déclaré qu'ils voulaient savoir où ils passaient et avoir des renseignements sur les endroits traversés – le nom des villes, le nombre d'habitants, l'histoire et l'architecture des bâtiments historiques etc. Ils ont suggéré qu'on leur prête des casques* pour écouter de la musique et les commentaires géographiques et historiques sans déranger leurs voisins de compartiment.

On peut déjà louer des DVD et des lecteurs dans les TGV, mais les jeunes aimeraient un wagon spécial pour le multimédia, c'est-à-dire un endroit spécial pour jouer à des jeux vidéo et surfer sur Internet.

La SNCF se préoccupe déjà des autres idées soulevées par les jeunes tels qu'un meilleur accueil des personnes handicapées et des SDF* et l'utilisation d'énergies renouvelables.

La SNCF a promis de réfléchir aux autres propositions des jeunes.

*un casque = *earphones*; les SDF (Sans Domicile Fixe) = *the homeless*

Liste A

1 Les jeunes trouvent …
2 Les jeunes d'aujourd'hui n'aiment pas …
3 La SNCF a organisé un conseil d'administration …
4 La SNCF voulait savoir comment …
5 Dans les TGV il y a déjà des DVD …
6 Les jeunes voyageurs aimeraient …
7 Avoir accès à Internet …
8 Pour ne pas déranger leurs voisins de compartiment …
9 Les jeunes veulent que la SNCF …
10 La SNCF a dit qu'elle allait …

Liste B

a à la disposition des voyageurs.
b est un des souhaits exprimés par les collégiens.
c mette des casques à leur disposition.
d prendre en compte les suggestions des collégiens.
e avec 25 collégiens de 10 à 14 ans.
f les voyages en train ennuyeux.
g adapter le train aux besoins des jeunes.
h la lecture.
i les jeunes veulent pouvoir emprunter des casques.
j en savoir plus sur les régions où ils passent.

Coin info

La SNCF et le TGV – Fiche d'informations

Le TGV a circulé pour la première fois le 27 septembre 1981 pour relier Paris et Lyon. Le trajet a duré 2 heures 40 minutes.

En 2005, le créateur Christian Lacroix a relooké l'intérieur des TGV pour améliorer le confort des voyageurs – assise plus spacieuse et ergonomique, espaces pour personnes à mobilité réduite, vélos etc.

Chaque année 450 trains TGV transportent des millions de voyageurs vers 230 destinations différentes. Les trains sont rapides et fréquents. Par exemple, on peut voyager entre Paris et Lille en 1heure et 2 minutes et le trajet Paris–Marseille dure seulement 3h 05. Il y a 21 allers-retours quotidiens entre Paris et Bordeaux et 19 entre Lyon et Marseille.

Pendant le premier week-end d'été, plus d'un million de vacanciers sont partis en train pour rejoindre leur destination.

Avec l'Eurostar, on peut aller de Paris au festival de Notting Hill en 2 heures 35 minutes.

En moyenne, sur 4 clients, 3 voyagent avec un tarif réduit.

En 20 ans, le TGV a parcouru 19 fois la distance entre la Terre et la planète Mars.

La SNCF propose à ses clients 'Junior & Cie', un service d'accompagnement personnalisé, pour tous les enfants âgés de 4 à 14 ans, vers plus de 120 gares pendant les périodes de vacances scolaires et les week-ends. Un accompagnateur s'occupe de votre enfant pendant tout le trajet et le confie à la personne de votre choix à l'arrivée.

Les voyageurs peuvent maintenant utiliser leur smartphone pour s'informer sur les horaires des trains et réserver leurs billets. Il suffit de télécharger gratuitement les applications SNCF à partir de la plate-forme SNCF Applilab.

Avec l'appli SNCF DIRECT on peut localiser la gare la plus proche, recevoir des alertes, suivre le parcours de son train, écouter le flash info trafic toutes les 15 minutes et partager ses données de train sur Facebook ou Twitter. De plus, un accès Wi-Fi est disponible dans la plupart des gares et les voyageurs peuvent bénéficier d'une connexion internet haut débit* à bord des trains.

La SNCF possède un site internet dédié à l'orientation des jeunes pour faire découvrir les différents métiers (environ 150) et les opportunités au sein de l'entreprise.

Il existe maintenant des "Espaces silence" à bord des TGV qui relient l'Europe continentale au Royaume-Uni. Dans chaque train Eurostar il y a deux voitures où les appels téléphoniques, les sonneries de téléphone et les conversations animées sont interdits, ce qui permet aux voyageurs de travailler ou de se reposer en toute tranquillité.

En moyenne, plus de 90% des trains d'Eurostar arrivent à l'heure ou dans un délai de 15 minutes. Pour le même trajet, seulement 62,3% des avions arrivent à l'heure. C'est probablement une des raisons pour laquelle Eurostar est devenu le moyen de transport préféré des personnes qui voyagent entre Paris et Londres.

* TER = Transport Express Régional; haut débit = *broadband*

14 Reliez les phobies aux témoignages.

Phobies

A Peurs, phobies situationnelles (ascenseur, avion, vertige, sous-terrain, voiture, eau …)
B Agoraphobie (espaces libres et lieux publics)
C Peurs, phobies de certains animaux (serpent, souris, araignée …)
D Peur, phobie du sang, des actes médicaux, des maladies …
E Peur du jugement, de l'examen, de l'entretien …

Témoignages de personnes qui souffraient de phobies

1 J'écris pour te remercier. J'ai enfin acheté un maillot de bain puis j'ai attendu environ une semaine pour aller à la piscine, et là, surprise, plus rien, plus peur du tout. J'ai barboté comme tout le monde. Cet exercice est étonnant!

Clotilde

2 J'ai essayé la méthode et j'en suis ravi. La peur panique dont je souffrais depuis quelques temps a cessé. C'est demain le grand jour et je crois que ça va se passer dans de bonnes conditions. Si comme je l'espère je réussis, vous y serez pour beaucoup!

Pierrick

3 Je tardais à acheter une maison à cause des horribles bestioles qu'on trouve à la campagne, préférant vivre au 7ième étage en ville. Ça y est, je suis prête à franchir le pas. Merci de m'avoir aidé à améliorer la qualité de ma vie!

Sandrine

4 Merci pour cet exercice que j'ai utilisé (et utilise encore) avec succès. Depuis que je peux me déplacer comme tout le monde, j'ai l'impression d'être à nouveau 'normale'. Quel soulagement! J'ai même pris l'ascenseur pour monter au 56ième étage de la tour Montparnasse!

Tihomir

5 Grâce à votre excellente méthode j'ai pu aller rendre visite à ma sœur qui vient de donner naissance à mon premier neveu. Elle a été tellement surprise de me voir qu'elle a pleuré de plaisir. Elle a dit à toutes les infirmières que la méthode devrait être utilisée pour faciliter les accouchements.

Romain, un tonton très fier

15 Mettez les verbes à l'imparfait pour compléter le texte adapté de *L'île flottante*, où Jules Verne décrit sa découverte des chutes du Niagara.

En quelques minutes, nous étions arrivés sur les rives* du Niagara. Les eaux de la rivière 1_____ (couler); elles 2_____ (être) claires et sans profondeur; des pointes de roches grisâtres 3_____ (émerger) ça et là. Les ronflements* de la cataracte 4_____ (s'accentuer), mais on ne l' 5_____ (apercevoir) pas encore. Un pont de bois, supporté sur des arches de fer, 6_____ (réunir) cette rive gauche à une île jetée au milieu du courant. Le docteur m'entraîna sur ce pont. Des nuages de poussière d'eau* 7_____ (se tenir) suspendus dans l'air: C' 8_____ (être) là la 'chute américaine' que nous 9_____ (pouvoir) voir. Au-delà 10_____ (se dessiner) un paysage tranquille, quelques collines, des villas, des maisons, des arbres dépouillés,* c'est-à-dire la rive canadienne. 'Ne regardez pas! ne regardez pas! me 11_____ (crier) le docteur Pitferge. Réservez-vous! Fermez les yeux! Ne les ouvrez que lorsque je vous le dirai!' Je n' 12_____ (écouter) guère mon original. Je 13_____ (regarder). Le pont franchi, nous 14_____ (prendre) pied sur l'île. C' 15_____ (être) Goat Island, l'île de la chèvre.

*la rive = *the river bank*; les ronflements (m.) = *the roaring*; la poussière d'eau = *water particles*; dépouillé = *bare*

16 Relisez le texte, répondez vrai ou faux puis corrigez les erreurs.

1 Jules Verne et le docteur Pitferge étaient accompagnés d'un guide professionnel.

2 Ce n'était pas la première visite du docteur.
3 Quand ils sont arrivés au bord du Niagara, la rivière était tranquille.
4 À cet endroit, elle était peu profonde.
5 Ils ont vu les chutes avant de les entendre.
6 La rive canadienne était plus sauvage que la rive américaine.
7 Le docteur a demandé à Jules Verne de fermer les yeux parce qu'il voulait lui montrer quelque chose de merveilleux.
8 Jules Verne a obéi au docteur.

BILAN

Choisissez les bonnes réponses pour décrire une journée à la montagne.

Au mois de **1** juillet / août / janvier nous étions dans une jolie station **2** balnéaire / service / de ski des Alpes.

Le soleil brillait mais il faisait très **3** chaud / froid / mauvais et il tombait même un peu de **4** neige. / pluie. / verglas.

Sur les pistes les gens **5** perdaient / utilisaient / passaient des heures bien agréables. Ils **6** tenaient / mettaient / portaient tous des vêtements chauds. Dans la journée, beaucoup **7** faisait / faisaient / faisions du ski ou du snowboard mais ceux qui n'étaient pas très sportifs **8** regardaient / mangeaient / achetaient des souvenirs dans les boutiques chic du village.

En fin d'après-midi, toutes les tables des cafés étaient **9** vides / sales / occupées et les serveurs étaient **10** débordés / débouchés. / décoiffés

Les clients **11** prenait / dégustait / buvaient leur **12** consommation / repas / pourboire tout en **13** bavardant / bavardaient / bavardait avec leurs amis.

Après avoir fait leurs courses, des seniors **14** se regardaient / se dépêchaient / s'asseyaient car ils avaient envie de rentrer chez eux le plus

          lentement   dehors

15 facilement   possible.   Le soir de nombreuses personnes sortaient pour dîner **16** au restaurant

        vite   chez eux

                      emporter.   se disputaient

ou acheter des pizzas à **17** manger.   Plus tard, les jeunes **18** se cherchaient

                      réchauffer.   se retrouvaient

                             karaokés,

dans les bars où ils participaient à **19** concours,   ou bien ils allaient danser dans les nombreuses

                             manifestations,

discothèques de la station.

Choisissez les bonnes réponses pour compléter ce que différentes personnes ont dit à propos de différents moyens de transport. On a dit:

                 d'inconvénients   vieilles dames.

Qu'il y avait beaucoup **20** de difficultés   de nos jours à voyager en TGV pour les **21** handicapés.

                 d'avantages   enfants.

                                 difficiles.   studieuses

Que les jeunes trouvaient les voyages en train **22** intéressants.   Que les familles **23** nombreuses

                                 ennuyeux.   moyennes

               d'augmentations   peur

bénéficiaient **24** de réductions   sur les billets de train.   Que les aviophobes avaient **25** raison

                 de suppléments   envie

de prendre l'avion et que c'était un grand problème.   Que beaucoup de personnes trouvaient

          la forme

26 l'uniforme   auto-train excellente à tous points de vue.   Que pour plusieurs passagers,

          la formule

                      bon marché.

la voiture coûtait **27** meilleur marché.   Qu'il y avait beaucoup d'accidents de la route, surtout

                      moins cher.

                      visites

au moment des **28** vacances   scolaires.

                      sorties

13

Treizième unité

OBJECTIFS

Un peu de géographie. Faire des comparaisons. Donner son avis. Encore des comparatifs. Le superlatif. Les pronoms possessifs (le mien/la mienne, etc.).

La citation du jour

'Je suis capable du meilleur comme du pire, mais c'est dans le pire que je suis le meilleur!'

Coluche (1944–1986) – Acteur qui s'est fait connaître grâce à ses sketches comiques, qui en ont choqué plus d'un, et où il critiquait les défauts de notre société. C'est en mars 1974, quand il joue son premier one-man show *Mes adieux au Music-hall*, qu'il porte pour la première fois sur scène le nez rouge, la salopette* et les brodequins* jaunes qui immortaliseront son personnage.

* une salopette = *dungarees;* des brodequins (m) = *laced boots*

1 **Trouvez l'intrus et donnez la raison de votre choix.**

1 La Martinique, Haïti, Madagascar, La Guyane Française, La Dominique.
2 Le Vésuve, La Montagne Pelée, La Grande Soufrière, Le Mont Blanc, L'Etna.
3 La Loire, La Garonne, Le Danube, L'Oise, La Seine.
4 Londres, Paris, Venise, Stockholm, Berlin.
5 Vassivière, Fontainebleau, Chantilly, Versailles, Chenonceau.
6 Strasbourg, Saumur, Chartres, Amiens, Reims.
7 La Somme, La Loire, Le Rhin, Le Rhône, L'Amazone.
8 La Guadeloupe, Le Sénégal, La Côte d'Ivoire, Les îles Anglo-Normandes, Le Zaïre.

2 Êtes-vous bon en géographie? Faites le test ci-dessous.

Pense-bête

Pour mettre toutes les chances de votre côté, relisez le jeu radiophonique de la treizième unité.

1 Quelle est la plus haute montagne du monde?
2 Quelle est la plus haute montagne française?
3 Où se trouve-t-elle?
4 Quelle est la plus haute montagne britannique?
5 Dans quel pays se trouve le plus haut col des Alpes?
6 Quel est l'océan le plus profond du monde?
7 Où se trouve le plus grand lac du monde?
8 Comment s'appelle-t-il?
9 Quel est le fleuve le plus long d'Europe?
10 Quel est le fleuve le plus long de France?
11 Comment s'appelle le fleuve le plus long d'Angleterre?
12 Où se trouve le fleuve le plus long du monde?
13 Comment s'appelle-t-il?

14 Quelles sont les chutes les plus hautes du monde?

15 Quel est le désert le plus grand du monde?

3 Complétez.

1 Le Rhin est _____ _____ que le Danube.

2 Les chutes Niagara sont _____ _____ que les chutes Victoria.

3 Le désert Gobi est _____ _____ que le Sahara.

4 L'océan Pacifique est _____ _____ que l'océan Atlantique.

5 La mer Méditerranée est _____ _____ que la mer du Nord.

6 Le Rio Grande est _____ _____ que l'Amazone.

7 La Loire est _____ _____ que la Seine.

8 Le Kilimanjaro est _____ _____ que l'Everest.

9 Le lac Supérieur est _____ _____ que le lac Victoria.

10 Le Mont Blanc est _____ _____ que la Jungfrau.

4 Complétez avec un comparatif de supériorité.

> **Pense-bête!**
>
> Révisez la traduction de *better* et *worse* (pire).
>
> En français, *better* a une forme différente selon qu'il est adjectif (meilleur) ou adverbe (mieux). N'oubliez pas l'accord des adjectifs.

1 Ces fraises sont très bonnes mais celles-ci sont _____ .

2 Ta traduction n'est pas bonne, mais ta rédaction est encore _____ .

3 Tu dessines bien, mais Jean-Luc dessine _____ que toi.

4 Le documentaire sur les oiseaux était bon, mais celui sur les mammifères était _____ .

5 Émile parle bien l'allemand, mais je trouve que Florence parle _____ que lui.

6 Solange travaille peu à l'école, mais Benoît travaille encore _____ .

7 La tarte aux poires est bonne aujourd'hui, mais la tarte tatin est _____ .

8 Hugues travaille mal en ce moment, mais Julie travaille encore _____ .

9 Rosalie chante très bien, mais Céline chante encore _____ .

10 Elle mange peu le midi et encore _____ le soir.

5 Ajoutez le comparatif de supériorité de l'adjectif donné entre parenthèses.

1 Son gâteau est délicieux, mais celui de Sylvie est _____ . (bon)

2 La maison de mon oncle est très confortable, mais celle de mes parents est _____ . (joli)

3 Le château date du Moyen-Age mais les maisons sont encore _____ . (vieux)

4 Ce tableau est magnifique mais la fresque est encore _____ . (beau)

5 Ton attitude est _____ que jamais! (mauvais)

6 Ces fruits sont frais, mais les pêches sont _____ que les abricots. (frais)

7 Il est assez sérieux mais ses sœurs sont _____ que lui. (studieux)

8 Elle ne prend que deux semaines en été. Moi, mes vacances sont _____ car je pars pendant un mois. (long)

9 Je trouve que c'est son _____ livre jusqu'à présent. (bon)

10 Il fait beaucoup de sport mais elle est _____ que lui car elle va au centre de remise en forme tous les jours. (sportif)

6 Consultez les chiffres et faites des comparaisons. Écrivez au moins cinq phrases.

EXEMPLE: Fabrice pèse 80 kg. Il brûlera 744 calories s'il fait du jogging pendant une heure. Il brûlera plus de calories s'il fait du jogging que s'il fait de la marche rapide.

Si vous restez assis vous brûlerez 72 ou 78 calories, selon votre poids. Mais si vous faites un peu d'exercice?		MARCHE (RAPIDE)→	390 cal pour 60 kg 456 cal pour 70 kg 522 cal pour 80 kg
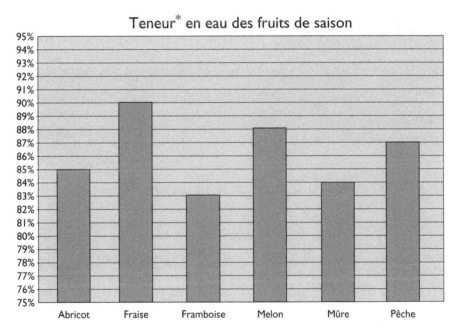	Nombre de calories brûlées par heure	NATATION→	468 cal pour 60 kg 540 cal pour 70 kg 618 cal pour 80 kg
TENNIS→	360 cal pour 60 kg 414 cal pour 70 kg 474 cal pour 80 kg	JARDINAGE→	300 cal pour 60 kg 354 cal pour 70 kg 402 cal pour 80 kg
JOGGING→	558 cal pour 60 kg 648 cal pour 70 kg 744 cal pour 80 kg	VÉLO→	330 cal pour 60 kg 384 cal pour 70 kg 438 cal pour 80 kg

7 Consultez le graphique ci-dessous et répondez aux questions.

Teneur* en eau des fruits de saison

* la teneur = *content*

1 Quel fruit contient le plus d'eau?
2 Quels fruits contiennent plus d'eau que la pêche?
3 De la pêche ou de l'abricot, quel fruit est le plus juteux?
4 La mûre contient-elle plus d'eau que la framboise?
5 Le melon est-il plus ou moins juteux que la fraise?
6 Lequel de ces fruits contient le moins d'eau?

8 Complétez la publicité sur 'Magiderm', une ligne de produits pour la peau. Utilisez les mots ci-dessous.

lèvres	menacée	simplement	pharmacie	protection	protéger
contrôlés	vieillissement	chaleur	filtres		

MAGIDERM, *POUR UNE MEILLEURE 1_____ DE VOTRE PEAU*

Soleil, vent, froid, pollution, **2**_____, climatisation . . . Tous les jours, au grand air comme en ville, votre peau est **3**_____. Pour avoir une plus belle peau et pour la **4**_____, utilisez régulièrement les produits **MAGIDERM**.

   MAGIDERM préserve votre peau de la déshydratation et du **5**_____ prématuré.

   Les crèmes comme le Stick spécial pour les **6**_____ sont formulées à partir d'extraits de plantes, de **7**_____ ultra-violets et de vitamines. Naturellement, tous nos produits sont rigoureusement **8**_____, mais seulement dans des éprouvettes,* jamais sur des animaux.

   MAGIDERM protège votre peau et votre beauté, tout **9**_____.

   Vente exclusive en **10**_____.

---

* une éprouvette = *a test tube*

9 Complétez la publicité 'Bravo Gelcho!', une marque de plats pour la cuisine. Utilisez les mots ci-dessous.

carrés	libération	plus	merci	nouveaux	réchauffer	moins	meilleure	four

BRAVO GELCHO!

Préférez-vous être à la cuisine ou au salon?

Voulez-vous être la **1**____ cuisinière, mais aussi la **2**____ rapide, celle qui passe le **3**____ de temps dans sa cuisine?

Vous avez un four?

Vous avez un congélateur?

Alors, il vous faut les **4**_____ plats GELCHO.

Il y en a des petits, des grands, des rectangulaires, des **5**____, des ronds et des ovales.

Vous les sortez du congélateur et vous pouvez les mettre directement dans votre **6**____ ou dans le micro-ondes.

Une véritable révolution!

Vous pouvez maintenant préparer, congeler, **7**_____ et servir dans le même plat.

Une véritable **8**_____ pour la femme (et l'homme) d'aujourd'hui!

Alors n'attendez plus, vous aussi dites: **9**'____ GELCHO!'

10 Classez les cercles du plus petit au plus grand, puis mettez les lettres correspondantes dans les cases pour découvrir le nom d'un célèbre chanteur-compositeur français.

JEU

11 Choisissez des adjectifs dans l'encadré et mettez-les au superlatif pour qualifier les choses ci-dessous, puis faites quelques phrases.

EXEMPLES: Le dessin/beau → Son dessin du bouquet de fleurs est le plus beau de la collection.

Les chaises/confortable → Les chaises du bureau sont les moins confortables.

beau	bien payé	bon	chaud	cher
clair	confortable	court	diplômé	
difficile	efficace	facile	foncé	froid
gentil	grand	intéressant	jeune	joli
large	léger	long	lourd	mauvais
moderne	original	petit	populaire	
pratique	rapide	récent	réservé	
sexy	sombre	sympathique	vieux	

La jupe, le pantalon, la robe, la cravate, le chapeau, les chaussures, le manteau, le maillot de bain, le bikini, le parapluie, la montre, le livre, le film, la voiture, l'avion, les médicaments, la maison, le jardin, les enfants, la valise, la personnalité politique, le médecin, le/la prof, l'acteur/actrice, la ville.

Coin info

L'une des plus vieilles bouteilles de scotch au monde a récemment été mise aux enchères* par une maison britannique. Elle appartient à une famille irlandaise depuis des générations. Le whisky a été fabriqué par le distillateur Glenavon entre 1850 et 1858, date de la fermeture de cette distillerie, mais il a peut-être été mis en bouteille plus tard. Il est de couleur or pâle et, ce qui est très rare pour un alcool si ancien, il remplit complètement la bouteille. Cette dernière est légèrement plus petite qu'une 75 cl ordinaire. Elle a été évaluée à une somme pouvant aller jusqu'à 10 000 livres sterling.

Le cigare le plus cher du monde vient d'être présenté à Madrid par un fabricant franco-espagnol. Il s'agit du 'Behike' qui doit son nom au sorcier, à la fois médecin et prêtre, des Indiens Tainos de l'époque précolombienne. Ce cigare de luxe a été lancé à l'occasion du 40ième anniversaire de la marque Cohiba. Il a été fabriqué dans la prestigieuse manufacture cubaine El Laguito à La Havane. C'est Norma Fernandez, la plus ancienne employée de la fabrique où elle travaille depuis 39 ans, qui a roulé les 4000 exemplaires. Une boîte de 40 coûte 15 000 euros. La majorité de ces cigares ont été réservés à l'avance par les distributeurs de havanes partout dans le monde, sauf aux États-Unis qui appliquent un embargo sur les produits cubains depuis les années soixante.

*mettre aux enchères = *to put up for auction*

12 Complétez avec (le/la/les) meilleur(e)(s)/mieux. Donnez une réponse si vous voulez.

EXEMPLES: – Est-ce que c'est toujours elle qui a les meilleurs résultats? – Je ne sais pas.

– Qui travaille le mieux ici? – C'est moi!

1 Les footballeurs argentins, jouent-ils _____ que les joueurs espagnols?
2 Quelles sont _____ recettes de cuisine françaises?
3 Est-ce qu'on fait _____ la cuisine en Suisse qu'en Italie?
4 Pensez-vous être la personne _____ habillée aujourd'hui?
5 Le cheddar, est-il _____ fromage anglais?
6 Est-ce que c'est vous qui parlez _____ dans votre classe de français?
7 À votre avis, qui sont _____ automobilistes, les hommes ou les femmes?
8 Les filles, sont-elles _____ élèves que les garçons?

13 Utilisez les pronoms possessifs pour dire à qui appartiennent les objets.

Pense-bête!

Révisez les pronoms possessifs (*le mien, le tien* etc.)

À qui est/sont …

1 Le dictionnaire encyclopédique?
Il est à moi, c'est _____ .
2 Les sandales rouges?
Elles sont à Chloé, ce sont _____ .
3 Le parapluie pliant?
Il est à Xavier, c'est _____ .
4 La voiture décapotable devant la maison?
Elle est à nous, c'est _____ .
5 L'ordinateur portable sur la table?
Il est aux enfants, c'est _____ .
6 Ces clés de voiture, elles sont à vous?
Ce sont _____?

7 Les bottes de caoutchouc dans l'entrée?
Elles sont aux chasseurs, ce sont _____ .
8 Ce nounours, il est à toi? C'est _____?
9 Ces cravates?
Elles sont à lui, ce sont _____ .
10 Les vélos neufs?
Ils sont à nous, ce sont _____ .

14 Complétez les points de vue au sujet du repas de midi en France en utilisant les bonnes expressions de l'encadré.

je suis d'accord	je suis accro	Il est évident
à mon avis	par contre	j'ai un faible
je ne peux pas supporter		je pense
j'ai horreur	ça ne me plaît pas	

1 _____ que les entreprises doivent acheter un micro-ondes et un frigo pour leurs employés.
2 Les sandwichs coûtent beaucoup trop cher. _____ qu'il vaut mieux les préparer soi-même à la maison.
3 Comme je suis plutôt paresseuse, _____ pour les plats préparés.
4 _____ de cuisine chinoise. J'achète souvent des plats préparés.
5 _____ des hamburgers et des hot-dogs. Et en plus, c'est mauvais pour la santé.
6 _____ les gens qui jettent leurs emballages de Macdo n'importe où.
7 – Je trouve qu'en France il n'y a pas assez de cantines sur les lieux de travail.
– _____ avec vous.
8 Il y a plein d'endroits pour acheter à manger dans les quartiers où il y a beaucoup de bureaux, _____ dans d'autres quartiers il n'y a pas grand-chose.
9 Moi, _____ tellement de manger des sandwichs tous les jours.
10 _____ , il faut manger quelque chose le midi, surtout si on rentre tard le soir.

Coin info

Georges Brassens

Il est né à Sète, dans le sud de la France, en 1921 où il passe une enfance et une adolescence heureuses auprès de ses parents et de sa demi-sœur Simone. Au lycée, sa rencontre avec le professeur de lettres Alphonse Bonnafé lui donne la passion de la poésie. En 1940 il va s'installer à Paris dans le 14e arrondissement, d'abord chez une tante où il rencontrera Jeanne Le Bonniec, femme généreuse et tendre, qui lui inspirera plusieurs chansons. Il y apprend le piano, écrit ses premières chansons et passe beaucoup de temps à la bibliothèque, tout en faisant des petits boulots* entre autres tourneur chez Renault. En 1943 sous l'Occupation, alors qu'il a 22 ans, il est engagé STO (Service du Travail Obligatoire) en Allemagne. C'est pendant une permission* en 1944 qu'il va déserter et se cacher chez Jeanne et son mari. En 1945, il achète sa première guitare. En 1946, il collabore au journal anarchiste *Le Libertaire* où il exprime son attachement à la liberté. En 1947 il rencontre Joha Heiman, surnommée 'Püppchen', et qui sera sa compagne jusqu'à la mort de cette dernière en 1968. C'est en 1951 qu'il rencontre le chansonnier Jacques Grello qui le conseille, l'encourage et lui permet de faire ses débuts dans quelques cabarets parisiens, mais le public n'apprécie pas ses chansons anticonformistes comme *La mauvaise*

réputation et *Le Gorille*. Le succès commence quand il est engagé aux *Trois Baudets* et que ses premiers 78 tours sortent chez Polydor. Son premier 33 tours suivra en 1954 et lui vaudra le Grand Prix du Disque de l'Académie Charles Cros. Sa carrière sera alors une longue succession de tournées en France, dont de nombreux passages à l'Olympia et à Bobino - deux scènes prestigieuses de la capitale, ainsi qu'en Europe et même dans les pays du Maghreb. Il a enregistré* 138 chansons mais il en a écrit des milliers, ainsi que des recueils de poésie et des romans. En 1967 il reçoit le Prix de poésie de l'Académie Française et en 1973, son nom apparaît dans le Petit Larousse. La même année il donne un concert à Cardiff qui sera suivi de l'album 'Live in Great Britain'. En 1979 Jacques Chirac, alors maire de Paris, lui remet le Grand Prix du Disque. En 1980, il enregistre 27 chansons au profit de Perce-Neige, une association pour enfants handicapés, créée par son ami le comédien Lino Ventura. Il meurt en 1981 d'un cancer de l'intestin. Beaucoup de sites internet lui sont consacrés, y compris l'American Fan Club (brassens point org) où on trouve des adaptations de ses chansons en langues étrangères.

* un petit boulot = *an odd job*; une permission = *leave*; une tournée = *a (concert) tour*; enregistrer = *to record*

15 Choisissez un ou plusieurs des sujets ci-dessous et écrivez quelques phrases pour dire ce que vous en pensez:

Le sport

Les nouvelles technologies

La conquête de l'espace

Le monde du travail

Les jeunes

Les retraités

Les jeux vidéos

L'enfance

Les médias

Les réseaux sociaux

Le climat

Le clônage

La mode

Les OGM (Organismes Génétiquement Modifiés)

Les ONG (Organisations Non Gouvernementales – La Croix-Rouge, Médecins Sans Frontières etc.)

 BILAN

Choisissez les bonnes réponses pour faire la comparaison entre les îles francophones ci-dessous.

	MARTINIQUE	GUADELOUPE	MADAGASCAR
Superficie	1110 km²	1434 km²	587 000 km²
Altitude maximum	Montagne Pelée 1397 m	La Soufrière 1467 m	Maromokotro 2876 m
Latitude	14 nord	16 nord	20 sud
Population totale	397 000	402 000	22 millions
Population de la plus grande ville	Fort-de-France: 90 500	Pointe-à-Pitre: 133 000	Antanarivo: 2 millions

La Guadeloupe est **1** plus / moins / aussi grande que la Martinique, mais Madagascar est **2** le département / la région / l'île

3 la plus grande. / le plus petit. / la moins grande. La Guadeloupe est **4** aussi / moins / plus peuplée que la Martinique, mais Madagascar

est le pays **5** la moins peuplée / le moins peuplé / le plus peuplé des trois. Le mont Maromokotro est **6** plus / moins / aussi haut que La Soufrière et

que la Montagne Pelée. La Montagne Pelée est la **7** moins basse / plus haute / moins élevée des trois. La Guadeloupe et la

Martinique sont **8** plus / moins / aussi loin de l'équateur que Madagascar. Il y a **9** plus / moins / autant d'habitants à Pointe-à-Pitre

qu'à Fort-de-France; par contre, Antanarivo est **10** la région / la ville / la nation la plus peuplée.

Choisissez les bonnes réponses pour avoir les premières impressions qu'un étudiant de Pointe-à-Pitre donne à Sylvain, un copain de fac parisien.

Évidemment Paris est immense, donc beaucoup **11** moins peuplé / plus peuplé / aussi peuplé que notre capitale.

12 La vôtre / Le nôtre / La nôtre n'a que 453 000 habitants.   Pour moi, ce qui manque le plus à Paris, ce sont les couleurs.

Chez nous elles sont **13** plus vives / les plus vives / les moins vives que les **14** siens. / vôtres. / siennes.   Si je compare mes vêtements avec

ceux des étudiants de la fac, par exemple, je trouve **15** les miens / les miennes / le mien beaucoup **16** plus colorés / moins décorées / plus décorées

que **17** les siens. / les tiennes. / les leurs.   En général, la coiffure et les bijoux des Blacks sont aussi plus **18** variées. / originales. / originaux.

Et en ce qui concerne la musique, **19** à mon avis / heureusement / selon vous la nôtre est plus gaie et plus rythmée.

Mais **20** de toute façon / au contraire / par contre nos monuments sont **21** plus impressionnants / aussi impressionnants / moins impressionnants que les vôtres.

22 En ce qui concerne / Malheureusement / Finalement la cuisine, je ne sais pas si la cuisine française est **23** meilleure / pire / la meilleure du monde.

Je dois dire que vos plats régionaux sont aussi bons mais moins épicés que **24** le nôtre. / la nôtre. / les nôtres.

Personnellement, je pense que ma vie à la Guadeloupe est plus agréable que **25** la tienne / la sienne / la vôtre ici Sylvain!

Je trouve les gens moins **26** accueillants / ouverts / stressés qu'ici.   C'est peut-être dû au climat qui est plus clément là-bas!

14

Quatorzième unité

OBJECTIFS

Accidents de voiture. Appeler sa compagnie d'assurance. Réclamations et clients difficiles.
Utilisation du passé composé et de l'imparfait.

La citation du jour

'Tout automobiliste capable de déplier et replier une carte routière est mûr pour apprendre à jouer de l'accordéon.'

André Verchuren (1920 –) Il est, avec Yvette Horner, le plus connu des accordéonistes français, et celui qui a vendu le plus de disques. Il est né dans le nord de la France, de parents d'origine belge. Il a appris à jouer dès l'âge de quatre ans avec son grand-père et a débuté dans les bals en compagnie de son père. Il est devenu célèbre pendant les années trente et a eu une longue et brillante carrière.

1 Mettez l'histoire dans le bon ordre. La première phrase est correcte.

1 Madame Rambert venait de quitter la station-service.
2 Elle a donc ralenti pour pouvoir s'arrêter au stop.
3 Heureusement, personne n'a été blessé.
4 Il lui a fait des appels de phares et il a klaxonné.
5 Mais comme il la suivait de trop près, le monsieur a dû freiner brutalement.
6 Au même moment, Madame Rambert a vu qu'elle arrivait à un croisement.
7 Tout à coup, en regardant dans le rétroviseur, elle a vu une grosse Ferrari qui arrivait derrière elle.

8 Elle roulait sur la route du Cap Gris Nez, en direction de Boulogne.
9 Malheureusement il roulait trop vite et il n'a pas pu s'arrêter à temps.
10 Comme elle est très prudente, elle respectait la limite de vitesse.
11 Le monsieur qui la conduisait avait l'air très impatient.
12 Il a heurté la voiture de Madame Rambert.

2 Vous venez d'avoir un accrochage. Expliquez ce qui s'est passé en utilisant le vocabulaire de l'encadré.

ralenti	blessé	rouge	freiné
croisement	chauffeur	phares	en face
vitesse	l'heure	l'autoroute	dépasser

Je venais de quitter **1** _____ et je roulais sur la route de Villeneuve en respectant les quatre-vingt-dix à **2** _____, quand tout à coup j'ai vu une Mercedès qui arrivait à toute **3** _____ derrière moi. Elle a essayé plusieurs fois de me **4** _____, mais il y avait toujours des voitures **5** _____. J'ai **6** _____ en arrivant dans un village et je me suis arrêté à un **7** _____ car les feux venaient de passer au **8** _____. Malheureusement le **9** _____ de la Mercedès n'a pas **10** _____ à temps et il a heurté l'arrière de ma voiture. Moi je n'ai pas été **11** _____ mais il a cassé mes deux **12** _____ et ma plaque d'immatriculation.

3 Déchiffrez les panneaux du code de la route.

EXEMPLE: A FUSS IN A RIVER

SAUF RIVERAINS

I VIOLATE SECOND ROUT	L___ D___ V___
TEN SISTER DIN	S___ I___
SECTION IS RUDE RAT	A___ D___
TIN OR POND	R___ P___
NATION MEET SANE TOURIST	S___ A___

4 Lisez le formulaire ci-dessous puis imaginez la conversation téléphonique entre l'employé de la compagnie d'assurances et la cliente au moment de la panne.

Continuez: – Allô, AssurTout! Qu'y a-t-il pour votre service?

> **ASSURTOUT**
>
> Date ...*Je 2 novembre* .... Heure de l'appel ...*09h.35*........................
>
> Nom ...*LAFITTE*......................*Marie-Pascale*................................
>
> Numéro d'adhésion ....*591 539 042*...
>
> Marque et couleur du véhicule ...*Renault Mégane* ....*gris métallisé*........
>
> Numéro d'immatriculation ......*571 PIP 75*...
>
> Situation du véhicule ...*D19 virage, Montréal, près d'un supermarché. De Carcassonne → Mirepoix, en panne* ....
>
> Notes supplémentaires ....*cliente très stressée, rendez-vous très important.*

5 Regardez les dessins et complétez les textes. Utilisez les verbes dans les encadrés.

Que faisaient les élèves avant l'arrivée de leur prof?

| montrer | lire | jouer | dormir |
| dessiner | se battre | fumer | danser |

Au premier rang, Michel et Simon **1** _____ aux cartes. Isabelle **2** _____ sur le bureau. Philippe **3** _____ au tableau. Assis sur une table, Thomas **4** _____ sa souris blanche à sa copine Laure. Près de la porte, un élève **5** _____. Un garçon à lunettes **6** _____ une bande dessinée. Un autre **7** _____ paisiblement au fond de la classe, tandis que deux autres **8** _____.

Qu'ont fait les élèves quand la prof est arrivée?

fermer	se réveiller	cacher
mettre	éteindre	descendre
s'asseoir	nettoyer	

Mais à dix heures, quand la prof est entrée dans la salle de classe, Simon **9** _____ les cartes dans son sac, Isabelle **10** _____ du bureau et Philippe **11** _____ le tableau. Thomas **12** _____ sa souris dans sa poche. L'élève qui lisait **13** _____ son livre. Les deux enfants qui se battaient **14** _____. Le garçon qui dormait **15** _____, et celui qui fumait **16** _____ sa cigarette.

6 **Vous avez été témoin d'un accident de la route. Conjuguez les verbes au passé composé ou à l'imparfait pour compléter votre déposition*.**

* une déposition = *a statement*

> ### Pense-bête!
> Le passé composé exprime des actions limitées, qui ont une fin, alors que l'imparfait exprime des actions illimitées dans le temps et que l'on peut traduire en anglais par la forme *was/ were … ing*.

J' (**1** voir) une petite voiture de sport rouge qui (**2** arriver) derrière moi à vive allure. Elle m'(**3** dépasser) et elle (**4** ne pas ralentir) en arrivant au rond-point. Une grosse 4×4 noire qui (**5** être) déjà sur le rond-point (**6** heurter) la voiture de sport qui (**7** aller) s'écraser contre un arbre. Je sais que c'(**8** être) la faute de la conductrice de la voiture de sport, mais le chauffeur de la quatre-quatre (**9** avoir) tort de ne pas s'arrêter. Je (**10** ne pas avoir) le temps de noter son numéro d'immatriculation. Je

(**11** descendre) de voiture et j'(**12** demander) à la jeune femme si elle (**13** être) blessée. Elle (**14** avoir) mal au cou et elle (**15** être) très choquée. J'(**16** appeler tout de suite) les gendarmes et les pompiers.

7 **Relisez la déposition, répondez vrai ou faux puis corrigez les erreurs.**

1 La voiture de sport était conduite par une femme.
2 Elle roulait lentement.
3 la 4×4 avait priorité.
4 Le narrateur a été victime de l'accident.
5 C'est la conductrice de la voiture rouge qui est responsable de l'accident.
6 La voiture noire ne s'est pas arrêtée.
7 La conductrice de la voiture rouge est entrée en collision avec un camion.
8 Elle a été gravement blessée.

8 **Mettez les verbes à l'imparfait.**

C' **1** _____(être) un samedi soir au café *Chez Martine*. Il y **2** _____ (avoir) beaucoup de clients, parce qu'il **3**_____ (pleuvoir) à verse dehors. Un

monsieur qui ne **4** _____ (porter) pas
d'imper, **5**_____ (s'abriter) à l'entrée.
À l'intérieur plusieurs personnes **6**_____
(faire) le service; un garçon **7** _____
(servir) du vin et un autre **8** _____
(mettre) le couvert. La patronne **9** _____
(réchauffer) des snacks au micro-ondes. Au
comptoir, deux amis **10** _____ (regarder)
le foot à la télé. Des enfants **11** _____
(choisir) des glaces. Des jumeaux
12 _____ (dormir) dans leur poussette
pendant que leurs parents **13** _____ (finir)
leur croque-monsieur. Dans un coin, des jeunes
14 _____ (écouter) leur iPod, tout en buvant un
coca-cola.

9 Tout à coup, les lumières se sont éteintes
Chez Martine. Qu'est-ce que les gens ont
fait? Utilisez certaines des expressions
ci-dessous pour compléter les phrases.

rester sur place	laisser tomber	entrer
renverser	appeler	se lever
s'asseoir	se réveiller	commencer à crier
sortir sans payer	chercher une lampe de poche	
finir	aller chercher des bougies et des allumettes	
demander un remboursement	sortir	crier
se mettre à pleurer	poser	décider de
rassurer	s'endormir	s'arrêter de

1 La patronne …
2 Le garçon qui servait du vin …
3 Le garçon qui mettait le couvert …
4 Le monsieur qui s'abritait à l'entrée …
5 Les deux amis …
6 Le bébé …
7 Les parents …
8 Les enfants …
9 Les jeunes …

10 Dites où vous étiez et/ou ce que vous
faisiez. Utilisez *je, nous* ou *on*.

Que faisiez-vous/Où étiez-vous quand …

EXEMPLE: le téléphone a sonné. → Quand le
téléphone a sonné, j'écoutais les infos
dans la cuisine.

1 on a frappé à la porte?
2 la sirène d'alarme s'est déclenchée?
3 il y a eu une coupure d'électricité?
4 l'orage a éclaté?
5 il a commencé a pleuvoir?
6 le chien vous a mordu?
7 l'enfant est tombé?
8 la police vous a arrêté?
9 vous avez trouvé le portefeuille?

11 Expliquez ce que les gens ont fait et
pourquoi.

EXEMPLE: Elle/prendre un parapluie/pleuvoir →
Elle a pris un parapluie parce qu'il
pleuvait.

1 Je/acheter du paracétamol/avoir mal à la tête.
2 Nous/prendre un taxi/être en retard.
3 Solène et Estelle/faire un régime/vouloir maigrir.
4 Kamel/aller chez le dentiste/avoir mal aux dents.
5 Ils/mettre un manteau/faire froid.
6 Les enfants/manger une banane/avoir faim.
7 Je/se coucher/être fatigué.
8 Adeline/se maquiller/aller manger au restaurant.
9 Nous/ne pas pouvoir prendre l'ascenseur/être en panne.
10 Les étudiants/réviser les verbes irréguliers/avoir un examen.

12 Mettez les deux conversations dans le bon
ordre.

A *Continuez*: Bonjour monsieur, vous désirez?

1 Ah non! Cette couleur ne me va pas du tout!
2 J'ai acheté ce pantalon hier, mais j'ai décidé que je n'aimais pas la couleur.

3 Impossible. La laine me donne des mangeaisons. Et en plus je n'aime pas la coupe.

4 Vous voulez le changer ou vous préférez être remboursé?

5 Je peux vous proposer un autre modèle, rayé bleu et noir. Il est en laine et polyester.

6 Dans ce cas, je crois qu'il serait préférable de vous rembourser, monsieur.

7 Voyons, vous faites du 48. Désolé Monsieur, nous ne l'avons qu'en orange.

8 Ça dépend des couleurs que vous avez. Vous l'avez en bleu?

B *Continuez*: Qu'y a-t-il pour votre service, Madame?

1 Vous avez le reçu?… Mais vous avez attendu presque six mois pour la rapporter!

2 Et vous l'avez portée plusieurs fois?

3 Oui, je l'ai lavée à la main. Puis je l'ai rangée tout de suite.

4 Faites voir, madame … Vous avez bien suivi les instructions de lavage?

5 C'est vrai, mais l'angora ne se porte pas en été vous savez!

6 Ah non, une seule fois, je vous assure. Quand je l'ai mise hier j'ai remarqué qu'elle avait rétréci.

7 Je voudrais changer la robe que j'ai achetée dans ce magasin. Elle a rétréci.

13 Mettez ces faits divers au passé.

Le disparu du Finistère

L'inquiétude est vive depuis jeudi après la disparition subite d'un homme de 72 ans. Le septuagénaire ne rentre pas chez lui après sa promenade quotidienne. Comme il n'est toujours pas là pour le déjeuner, sa femme donne l'alerte. La police fait des recherches avec l'aide de volontaires et d'un hélicoptère, sans succès. Le lendemain des enfants entendent des appels au secours et on retrouve finalement le disparu au bord d'une route qui se trouve à 10 kilomètres de son village. L'homme est très fatigué et on l'emmène à l'hôpital. Il y passe la nuit pour observation.

---

160 km/h en Twingo

Il est environ 16 h vendredi. Un jeune conducteur circule dans le centre de Nantes. Un gendarme remarque les imprudences et la vitesse excessive de la Twingo. Il prend le jeune homme en chasse. Le chauffard* quitte la ville et se retrouve sur la RN 137 en direction de Rennes. Il ne remarque pas la voiture de gendarmerie qui le suit et dont le gyrophare* fonctionne. La Twingo roule à 160 km/h quand le jeune homme se rend compte qu'il doit s'arrêter. Il a son permis de conduire depuis seulement trois mois. Le gendarme le lui retire immédiatement.

---

*un chauffard = *a reckless driver*;
un gyrophare = *a revolving light*

14 Relisez les deux faits divers et dites si les phrases ci-dessous parlent du premier ou du deuxième article.

1 On a trouvé l'homme vendredi.
2 L'homme n'avait pas beaucoup d'expérience.
3 Les gendarmes l'ont cherché en hélicoptère.
4 L'homme était à pied.
5 Les gendarmes l'ont suivi.
6 L'homme était marié.
7 Il s'agit d'un homme jeune.
8 L'homme a été retrouvé à quelques kilomètres de sa maison.
9 L'homme était en voiture.
10 Il s'agit d'un homme âgé.
11 Il a passé une nuit à l'hôpital.
12 Il n'a plus le droit de conduire.

15 Lisez les alibis des suspects ci-dessous. Si vous trouvez qui a menti, vous trouverez qui a volé les bijoux de Mme Clémendeau.

Êtes-vous un(e) bon(ne) détective?

Le 14 juillet dernier, Mme Clémendeau a sorti son coffret à bijoux pour choisir ceux qu'elle allait mettre pour aller chez des amis le soir même. C'est en voulant mettre son collier de perles et les boucles d'oreilles assorties qu'elle s'est aperçue que le coffret était vide et que les bijoux avaient disparu. Elle a tout de suite prévenu la police. À la question 'Qu'est-ce que vous avez fait le 14 juillet dernier dans l'après-midi?', voici les alibis donnés par les différents suspects à l'inspecteur qui menait l'enquête:

Le voisin de gauche: – Comme j'avais beaucoup de choses à faire dans ma résidence secondaire, j'ai invité mon neveu à déjeuner et il m'a aidé à faire quelques travaux de bricolage. Comme il faisait chaud, ma femme nous apportait régulièrement des boissons rafraîchissantes. Elle était contente car on a fait beaucoup de choses. Il faut dire que ça va beaucoup plus vite quand on est deux! Vous voulez le numéro de portable de mon neveu?

La voisine de droite: – Le 14 juillet dernier, j'ai écrit une carte d'anniversaire à ma fille qui habite à l'étranger. J'ai aussi emballé un petit cadeau pour elle. Après déjeuner, je suis donc allée à la poste pour expédier son colis et sa carte. Comme j'étais en ville, j'en ai profité pour faire quelques emplettes. Regardez, j'ai acheté cette jolie petite robe et une paire de sandales assorties.

Les voisins d'en face: – Il faisait très beau, donc nous sommes allés faire une promenade dans les bois avec nos petits-enfants qui passaient quelques jours chez nous. C'était très agréable car il ne faisait pas trop chaud à l'ombre sous les arbres. Comme ils habitent en appartement, nos petits-enfants adorent profiter de la nature. Ils se sont vraiment bien amusés. D'ailleurs, vous pouvez leur demander ce qu'ils ont fait, ils sont dans le jardin.

 BILAN

Choisissez les bonnes réponses pour raconter les deux incidents ci-dessous.

A Fabienne est arrivée en retard au bureau ce matin à cause d'un **1** embouteillage / blocage / accrochage qui a eu **2** tort / lieu / place à un rond-point à la sortie de la ville. Elle **3** allait / conduit / roulait sur la D19 en direction de Carcassonne à proximité de l'aéroport, quand un monsieur au **4** voile / vol-au-vent / volant d'une BMW rouge a essayé de la

repasser.   rappels   sonné
5 effacer.   Il lui a fait des 6 signes   de phares et il a même 7 crié   plusieurs fois.
dépasser.   appels   klaxonné

                                              signé.   freiné
En s'approchant du rond-point Fabienne a   8 allumé.   Le conducteur a alors 9 accéléré
                                              ralenti.   ralenti

brutalement, pour la dépasser. Malheureusement, au même moment, un Anglais qui n'était pas

                              tout droit
habitué à conduire 10 à gauche   est sorti du parking de l'aéroport.
                              à droite

                              coincés.   panneau
Les deux voitures se sont 11 arrêtés.   La BMW a cassé les phares et la 12 plaque
                              heurtées.   panne

d'immatriculation de la voiture du pauvre estivant anglais. Il a dû retourner au bureau où il venait de

   voler   forme
13 louer   la voiture pour remplir un 14 contrat   très long et terriblement compliqué.
   acheter   formulaire

B Quand la panne d'électricité a eu lieu, tous les clients de l'hôtel vaquaient à leurs occupations*.

                   ont pris   ont cessé
Ceux qui 15 avaient pris   leur repas au restaurant 16 ont commencé   de manger et de boire.
                   prenaient   oubliaient

                                              continuaient
D'autres, qui participaient au karaoké au sous-sol, 17 ont continué   de chanter sans musique.
                                              ne s'arrêtaient pas

                              a posé
Un monsieur qui se rasait 18 posait   le rasoir sur le meuble de la salle de bains. Un couple qui
                              avait mis

   célèbre   mets
19 célébraient   son premier anniversaire de mariage 20 a mis   les verres de champagne sur la table.
   fêtait   ont omis

                                              couchés
Ceux qui regardaient la télé dans leur chambre se sont 21 amusés   de bonne heure. Des jeunes qui
                                              fatigués

              gesticulaient   revolver.
buvaient et 22 se battait   au bar, ont immédiatement sorti leur 23 lampe de poche.
              bavardaient   portable.

                   s'ennuyaient   installés
D'autres clients qui 24 s'entraînaient   dans la salle de gym se sont arrêtés et se sont 25 renseignés
                   s'embrassaient   rhabillés

dans le noir.

* vaquer à ses occupations = *to go about one's business*

15

Quinzième unité

OBJECTIFS

En déplacement pour affaires. L'hôtel dans tous ses états. Avantages et inconvénients de différents moyens de transport. Un peu d'histoire. Musées et lieux historiques. Le passé composé et l'imparfait (suite). Le passif.

La citation du jour

'Avec l'avion, nous avons appris la ligne droite.'
Antoine de Saint-Exupéry (1900–1944) Il a commencé à se passionner pour l'aviation quand il a reçu son baptême de l'air, à l'âge de 12 ans. Il a raconté sa vie de pilote dans *Courrier Sud* puis dans *Vol de Nuit* qui sont parus respectivement en 1929 et en 1930. Il est devenu journaliste et écrivain, tout en continuant de piloter malgré de nombreux accidents. En 1943, une année avant sa mort, il a publié son livre le plus connu, *Le Petit Prince*, qu'il a illustré lui-même et qui a été traduit dans plus de 160 langues.

1 Expliquez comment arriver à votre destination.

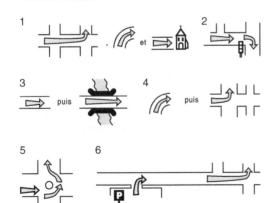

2 Vous êtes à l'hôtel. Posez les questions.

1 ....
De sept heures à neuf heures.

2 ....
À sept heures? Naturellement, madame.

3 ....
Des clients importants? Dans ce cas, je vous recommande le restaurant de l'hôtel.

4 ....
C'est plus prudent parce qu'il y a une conférence en ce moment. Vous voulez une table pour quelle heure?

5 ....
Je regrette, madame. Le garage de l'hôtel est en rénovation.

6 ....
Il y a un parking à plusieurs niveaux, place Stendhal.

3 Reliez les réclamations et les réponses.

1 Madame, mon thé est froid!
2 C'est urgent monsieur, il y a une fuite d'eau dans les toilettes.
3 Mademoiselle, les draps sont humides.
4 Pardon madame, il n'y a plus de savonnettes dans la salle de bain.
5 Ça sent le tabac ici. Je veux changer de chambre.
6 Pardon madame, ma clé ne marche pas.

A   Je vais en apporter d'autres et refaire votre lit.
B   Merci, on le sait déjà. On attend le plombier.
C   Pas de problème. J'en ai une autre au troisième étage.
D   Voulez-vous venir à la réception? On va vous la changer immédiatement.
E   Je vais vous en apporter une autre tasse.
F   Désolée, je vais dire à la femme de chambre de vous en monter immédiatement.

4   Complétez les problèmes et les solutions à l'hôtel-restaurant avec les bons mots de l'encadré.

débordé	apporte	marche	serveuse
saignant	serviettes	fermé	couloir
recommande	cuisine	blanche	panne
bruyante	cuite	appeler	brûlée

1   – Je voudrais changer de chambre, celle-ci est trop _____ .
    – J'en ai une autre très calme qui donne sur le _____ .
2   – Il n'y a pas de _____ dans la salle de bains.
    – Je vous en _____ tout de suite.
3   – L'ascenseur est encore en _____ et ma chambre est au sixième!
    – Il y en a un autre au fond du _____ .
4   – C'est pour vous dire que la douche ne _____ pas.
    – Nous allons _____ un plombier.
5   – Le restaurant de l'hôtel est _____ le lundi. Je vous _____ celui qui est sur la place, en face de la mairie.
6   – Cette viande est beaucoup trop _____ , j'ai demandé un steak _____

7   – Le lit était si inconfortable que j'ai passé une nuit _____ .
8   – S'il vous plaît! Ça fait une demi-heure que j'attends!
    – Le personnel est _____ aujourd'hui. Voilà le menu. Je vous envoie une _____ tout de suite.
9   – Regardez, la tarte est brûlée!
    – Je regrette, mais ce n'est pas moi qui fait la _____ !

5   À votre avis, quelles remarques ont provoqué les réponses suivantes?

1   Tout de suite, madame. Quelle marque de champagne voulez-vous?
2   Je suis désolé. Je vais vérifier à la cuisine. On est débordé aujourd'hui!
3   Désolée, je vais vous chercher du pain frais.
4   Ça arrive de temps en temps. Les araignées ne sont pas méchantes.
5   Demandez à la femme de chambre de les changer.
6   Pas de problème. Je vais appeler le dentiste pour prendre rendez-vous.
7   Je suis désolée, je vais en chercher un autre paquet.
8   Qu'est-ce que vous voulez? Je ne suis pas électricien, moi!

6   Relisez les mésaventures de monsieur Déveine à l'hôtel dans *Façon de Parler 2* (p. 257). Remplissez le questionnaire d'évaluation pour lui.

7   M. Dubreuil parle des mésaventures de son collègue M. Ventoux. Complétez le texte.

Votre avis nous importe!

Hôtel-Restaurant la Boule d'Or

17 rue Saint-Exupéry
53000 Laval

Bonjour monsieur Déveine
Comme votre séjour à l'Hôtel de la Boule d'Or est terminé, nous aimerions avoir votre évaluation et vos commentaires sur nos conditions d'hébergement.

Cliquez ici pour remplir notre questionnaire d'évaluation.

Nous vous remercions d'avance pour votre participation et espérons vous revoir bientôt dans notre établissement.

Cordialement

La direction

Questionnaire d'évaluation

	Médiocre	Moyen	Correct	Satisfaisant	Excellent
Votre séjour:	○	○	○	○	○
Accueil:	○	○	○	○	○
Services disponibles:	○	○	○	○	○
Confort:	○	○	○	○	○
Propreté:	○	○	○	○	○
Rapport qualité prix:	○	○	○	○	○

Sur le Web/Sur place:

Les choses que vous avez appréciées?

Continuez →

Les choses que vous n'avez pas aimées?

Autres commentaires:

Vous étiez:

---- **Sélectionnez** ----
Seul(e)
En couple
En famille
Avec des amis

Type de séjour:

---- **Sélectionnez** ----
Professionnel
Vacances
Arrêt étape

Désirez-vous rester anonyme?   ☐ Non   ☐ Oui

VALIDER

Mon pauvre ami Ventoux. Il y avait un congrès à l'hôtel où il est 1 _____ la dernière fois qu'il était en 2 _____ pour ses affaires. Il y avait beaucoup de 3_____ la nuit parce que l'ascenseur était juste à côté de sa 4 _____. Il était toujours 5 _____ de gens qui étaient 6 _____ ou moins ivres. Ils riaient, ils 7 _____ fort, ils chantaient. Ventoux a passé une 8 _____ blanche, car en plus le 9 _____ était dur, et il grinçait à chaque 10 _____ qu'il se retournait. Le service laissait à 11 _____ parce qu'il y avait trop de monde à l'hôtel. Les 12 _____ de toilette étaient sales et il n'y avait pas de 13 _____ hygiénique dans les WC. En plus, le 14_____ au restaurant a été un vrai désastre. Le pain était 15 _____, les steaks étaient 16 _____ et le service pas très 17 _____ parce que le personnel était 18 _____.

8 Lisez les pubs ci-dessous et les phrases qui les suivent, puis dites s'il s'agit de l'hôtel Toutou ou de l'hôtel Minou. Répondez T, M, 'les deux' (2) ou 'ni l'un ni l'autre'/'pas mentionné' (0).

Les vacances pour chiens, ça existe. L'HÔTEL TOUTOU vous propose un service quatre étoiles.

C'est un véritable havre de paix situé dans un site exceptionnel au cœur de la campagne charentaise où les chiens sont sortis trois fois par jour dans un espace boisé et aménagé de mille mètres carrés. Votre compagnon le parcourera chaque jour au côté de Jeannette ou de Fanfan, avec ou sans copain de jeu. Les amateurs de baignade pourront aussi profiter de la piscine mise à leur disposition.

Chaque soir, un box de sept mètres carrés, chauffé pendant l'hiver, attend votre fidèle compagnon pour le couchage. De plus, pour assurer calme et sérénité pendant le séjour, chaque box diffuse des airs de musique classique.

Tous nos pensionnaires bénéficient d'une attention particulière au moment des repas. Jeannette et Fanfan veillent à ce que tous les chiens apprécient leur menu. L'alimentation est spécialement adaptée pour chaque race et pour chaque régime particulier. Soyez assuré que votre chien ne partage jamais sa gamelle*.

Tous les chiens sont suivis par le vétérinaire de l'établissement et, comme nous savons que votre temps est précieux, nous nous occupons aussi des rappels de vaccins et du toilettage de vos animaux.

Nous accueillons vos compagnons tous les jours sur rendez-vous et sur réservation.

L'Hôtel Toutou est ouvert tous les jours de la semaine.

Un supplément est facturé pour les arrivées et les départs les dimanches et jours fériés.

Tous les chiens doivent être vaccinés et munis de leur carnet de santé et de leur fiche vétérinaire.

Faites-nous confiance. Nous avons aujourd'hui plus de 15 ans d'expérience et jouissons d'une excellente réputation dans la région.

*une gamelle = *a bowl* (here)

L'HÔTEL MINOU *propose de vraies vacances pour les chats. Confiez-lui votre félin sans crainte, c'est un véritable palace!*

Pendant ses vacances chez Léonie, votre compagnon bénéficiera d'infrastructures et d'équipements de qualité. Chaque chambre, d'un volume d'environ 1 m³, est d'une couleur et d'un style différent. Lieu de repos, de calme et de sécurité, elle est entièrement aménagée pour le confort du chat et contient une litière, un arbre à chats* et un coussin ainsi qu'un éclairage particulier. Votre chat pourra donc ronronner*, s'y reposer et s'endormir en toute tranquillité, dans une ambiance de détente et de relaxation. Les chambres sont individuelles, sauf pour plusieurs chats d'une même famille.

Votre chat bénéficiera aussi d'une cour extérieure abritée pour un confort maximum.

Les sorties jeux sont journalières et les câlins* ne sont pas comptés pour l'aider à mieux supporter la séparation provisoire avec son maître.

Nous offrons une nourriture de qualité. Votre chat bénéficiera d'une nourriture équilibrée et adaptée à son âge. À la demande du propriétaire, certains chats peuvent être nourris à la carte.

Léonie est très vigilante et attentive quant à la santé de ses pensionnaires. Elle assure le suivi des traitements vétérinaires déja commencés. En cas de maladie, il sera immédiatement fait appel à notre clinique vétérinaire située à deux kilomètres et qui est ouverte jour et nuit. Pour une hygiène absolue, les chats ne sont pas en contact les uns avec les autres. Nous assurons le transport de votre chat, sur simple demande, dans un véhicule climatisé et adapté pour le plus grand confort de votre compagnon.

Nous vous rappelons que le carnet de vaccination et le tatouage sont obligatoires.

Nous sommes ouverts 24 heures sur 24, 7 jours sur 7, toute l'année.

Impossible d'imaginer plus belle pension pour le séjour de votre chat où il se fera dorloter par Léonie, Manon, Xavier et les autres.*

* un arbre à chats = *a scratching post*; ronronner = *to purr*;
   un câlin = *a cuddle*; se faire dorloter = *to be pampered*

1 Les pensionnaires de cet hôtel peuvent se baigner.
2 La nourriture y est préparée avec soin.
3 Il y a des repas spéciaux pour les pensionnaires au régime.
4 Cet établissement assure le transport des animaux dans des conditions optimales.
5 Il y a le chauffage dans toutes les chambres.
6 Les chambres sont bien éclairées.
7 Chaque pensionnaire a sa propre chambre.
8 Les chambres sont toutes différentes.
9 Les chambres sont aménagées spécialement pour le confort des pensionnaires.
10 Les animaux peuvent sortir et jouer ensemble.
11 Les pensionnaires mangent tous ensemble.
12 Pour créer une ambiance de détente et de relaxation, on diffuse de la musique douce.
13 On s'y occupe bien de la santé des animaux.
14 Les maîtres doivent prouver que leurs animaux sont en règle.
15 Un service est assuré pour aller chercher et reconduire les animaux chez eux.
16 Il faut payer plus cher si le séjour commence ou se termine un dimanche ou un jour férié.
17 Il y a un vétérinaire sur place.
18 En cas d'urgence, il y a une clinique vétérinaire tout près.
19 L'hôtel ne ferme jamais.
20 Pour mettre son animal en pension, il faut réserver.

9 **Écrivez une pub pour un hôtel-restaurant 4 étoiles en vous inspirant des textes ci-dessus.**

10 Faites la liste des avantages et des inconvénients des différentes formules pour traverser la Manche en utilisant les idées ci-dessous. Ajoutez vos propres idées si vous voulez.

Résultats de l'enquête: Quel est le meilleur moyen de traverser la Manche?

	EUROTUNNEL	**FERRY**	**EUROSTAR**	**AVION**
Avantages				
Inconvénients				

Correspondances
Assez cher
Plus flexible
Beaucoup de contrôles
Très rapide
De traversées fréquentes
Bon marché
En plein cœur de Londres/Paris
Moins pratique, sans voiture

Mal de mer
Claustrophobie
Une mini-croisière
Moins rapide
On dépense plus en route
On est indépendant
Ça coûte cher
Moins stressant
Intempérie (brouillard, neige, etc.)

11 Complétez les réponses suivantes. Dites comment vous voyagerez et pourquoi vous avez fait ce choix.

Jean Chevalier, de Paris
Quand je partirai à Londres pour affaires .....

Tim and Betty Smith, de Cantorbéry
Lorsque nous irons en vacances dans le Limousin …

Sandrine Bouchier, de Londres
Quand je rendrai visite à ma famille à La Rochelle …

12 Mettez la conversation dans le bon ordre. La première phrase est correcte.

1 – Alors, ce petit séjour dans le Kent, c'était comment?
2 – Oui, et elle est devenue le joyau du Moyen Âge!
3 – La magnifique cathédrale qui est la plus ancienne d'Angleterre.
4 – Est-ce que la région vous a plu?
5 – Et qu'est-ce que vous avez aimé le plus à Cantorbéry?
6 – Oui, énormément, en particulier Cantorbéry.
7 – On ne sait pas exactement, mais elle a été brûlée en 1067.
8 – D'abord, une église a été construite à la fin du sixième siècle, après l'arrivée de Saint Augustin.
9 – Qu'est-ce qu'il y a à visiter là-bas?
10 – Et la cathédrale a été bâtie quand?
11 – Il y a beaucoup de petites rues avec des maisons à colombages, typiques de la région.
12 – Formidable, à part la traversée de la Manche. J'ai été très malade.
13 – Elle date de quel siècle?
14 – Et elle a été reconstruite ensuite?

13 Décrivez une région ou une ville où vous êtes allé(e).

Expliquez quand et comment vous avez voyagé. Parlez de plusieurs endroits que vous avez visités (histoire/date de construction etc.). Donnez votre opinion sur ce que vous avez vu et fait.

14 Mettez les phrases au passif.

EXEMPLE: On a inauguré l'Arc de Triomphe en 1836.

→ L'Arc de Triomphe a été inauguré en 1836.

1 On a construit ce château au XVième siècle.
2 On a préparé beaucoup de sandwichs pour le pique-nique.
3 Lucette a confectionné les tartes.
4 Le garagiste n'a pas encore réparé la voiture.
5 On a créé des emplois pour les jeunes.
6 On a repeint la maison en blanc et on a repeint les volets en bleu.
7 On a changé la serrure après le cambriolage.
8 On n'a pas acheté les légumes au supermarché.
9 On a écrit des lettres anonymes.
10 On a découvert des fossiles sur la plage.
11 La DRH a envoyé beaucoup de méls.
12 On a proposé beaucoup de solutions pour essayer de résoudre ce problème.
13 On a podcasté de nombreux programmes audio et vidéo au cours des 6 derniers mois.
14 25% des internautes ont créé un blog contre 12% l'année dernière.
15 On a forcé le coffre-fort et on a volé des bijoux d'une valeur d'un million d'euros.

Le saviez-vous?

Lisez les diverses informations ci-dessous et dites celles que vous trouvez les plus intéressantes.

- Selon la légende, c'est au 17ième siècle que la méthode champenoise a été inventée par un moine bénédictin qui vivait près d'Épernay. Il s'appelait Dom Pérignon.
- La statue de la Liberté, dont le vrai nom est la 'Liberté éclairant le monde', a été offerte par la France pour le centenaire de l'indépendance des États-Unis en 1886.
- En France, le congé maternité a été accordé aux femmes salariées en 1909. Depuis le 1er janvier 2002, un congé paternité est également accordé aux pères.
- L'impôt sur le revenu a été instauré en 1914.
- Le nougat de Montélimar a été rendu mondialement célèbre par le président de la République Émile Loubet qui en offrait à tous ses visiteurs au palais de l'Élysée.

Coin info

- En France, le suffrage universel existe pour les hommes de 21 ans depuis 1848. Le droit de vote n'a été accordé aux femmes qu'en 1944 et aux militaires qu'en 1945. Il a été abaissé à 18 ans en 1974.
- Ce n'est qu'en 1981 que l'abolition de la peine de mort a été votée en France par les députés français.
- Le service militaire obligatoire a été supprimé en France en 1996.
- Salvador Dali a été inspiré par le camembert pour peindre ses fameuses montres molles.
- Culminant à 343 m au-dessus du Tarn et mesurant 2460 m de long, le viaduc de Millau de l'architecte britannique Norman Foster a été inauguré en décembre 2004. Son ouverture a marqué la fin des interminables bouchons dans la petite ville, véritable cauchemar pour les vacanciers.
- La première maison de couture pour homme a été inaugurée à Paris par Jeanne Lanvin en 1926.

15 Utilisez les notes ci-dessous pour répondre aux questions de l'intervieweur.

Le quai d'Orsay

- L'ancien jardin – mort de Marguerite de Valois – vendu par lots.
- Hôtels particuliers construits dans le quartier.
- Quai d'Orsay – commencé 1708 – sur les bords de la Seine.
- Quartier incendié – Commune de 1871.
- Gare et son hôtel construits 1898–1900.
- Inauguration de la gare 14 juillet 1900 pour l'Exposition Universelle.
- Après l'électrification des lignes, gare de moins en moins utilisée.
- Pendant la guerre 1939–1945 centre d'expédition des colis aux prisonniers – centre d'accueil des prisonniers à la Libération.

- Construction d'un musée – décision prise 1977 à l'initiative du président Valéry Giscard d'Estaing.
- 1978 – classée monument historique.
- Établissement public du musée d'Orsay créé pour diriger la construction et la mise en œuvre du musée.
- 1/12/86 inauguré par le président François Mitterrand.

– Alors, à la mort de la Reine Marguerite en 1613, l'ancien jardin a été vendu, n'est-ce pas?
– 1 Oui …

– Et les hôtels particuliers?
– 2 Ils …

– Et le quai lui-même?
– 3 Il …

– Je sais que plus tard un palais et une caserne ont été construits sur le site, mais qu'est-ce qui est arrivé pendant la Commune de 1871?

– **4** Durant la Commune …

– Puis vers la fin du XIXième siècle, la décision a été prise de construire une gare.

– **5** Oui …

– Et c'est le quatorze juillet, pour l'exposition universelle de 1900 que …

– **6** La gare …

– Mais après l'électrification des lignes…

– **7** Elle …

– Et pendant la guerre?

– **8** Elle …

– Ensuite à l'initiative du Président Valéry Giscard d'Estaing, une décision importante a été prise, n'est-ce pas?

– **9** Oui, en 1977…

– Et après?

– **10** La gare d'Orsay …

– Et pourquoi l'établissement public du musée d'Orsay a-t-il été créé?

– **11** Il …

– Et finalement le 1er décembre 1986 …

– **12** Le musée …

16 Lisez la devinette, et complétez les mots.

DEVINETTE *De quoi s'agit-il?*

1 Esquisses symphoniques qui ont été composées par Debussy en 1905 et dont le nom est une vaste étendue d'eau salée qui peut être Rouge, Noire ou du Nord.

2 Véhicule à deux roues qui a été inventé par le Comte Mède de Sivrac en 1790 et qui est très populaire chez les écologistes.

3 Tableaux qui ont été peints par Cézanne et qui représentent des gens pendant leurs loisirs.

4 Machine qui a été inventée par Barthelémy Thimonnier en 1830 et qui sert à faire des rideaux ou des vêtements.

5 Forteresse qui a été construite à Paris entre 1370 et 1382 qui a servi de prison et qui a été prise par les révolutionnaires en juillet 1789.

6 Instrument scientifique qui a été inventé par Jean Foucault en 1852 et qui doit son nom au fait qu'il tourne sur lui-même. Il est utilisé sur les ambulances et les véhicules de la police.

7 Élément chimique très dangereux qui a été découvert par Pierre et Marie Curie et qui a causé la mort de cette dernière.

8 Instrument qui a été inventé par Joseph Guillotin pour exécuter les condamnés à mort.

9 Livre autobiographique qui a été écrit par Simone de Beauvoir et qui est basé sur son expérience de femme.

10 Moyen de transport aérien qui ressemble à un gros ballon et qui a été inventé par les frères Montgolfier en 1783.

1 LA   M – –
2 LA   B – – – – – – – –
3 LES B – – – – – – – ET LES
     J – – – – – D – C – – – – –
4 LA   M – – – – – – C – – – –
5 LA   B – – – – – –
6 LE   G – – – – – – –
7 LE   R – – – – –
8 LA   G – – – – – – – –
9 LE   D – – – – – – S – – –
10 LA   M – – – – – – – – – –

✔ BILAN

Choisissez les bonnes réponses pour avoir des renseignements sur l'Hôtel Saint-Dominique à Paris.

Situé en plein cœur de Paris, l'Hôtel Saint-Dominique a été récemment 1   rénovée / restaurée / remis à neuf   et vous offre

aujourd'hui une 2   entourage / ambiance / entente   unique avec tous les services d'un hôtel moderne.

Un 3   accueil / réception / bienvenue   chaleureux vous attend à deux 4   pieds / pas / doigts   de l'Opéra Garnier et de la Concorde.

Chaque chambre 5   propose / comprend / dispose   d'une luxueuse salle de bains, d'un téléviseur, du téléphone et d'un mini-bar.

De plus, chacune est 6   climatisée / chauffée / réchauffée   et 7   dirigée / obligée / protégée   par notre système de carte-clé.

Le restaurant du rez-de-chaussée vous offre un grand choix de 8   plats / entrées / assiettes   qui vous permettra de faire

un repas 9   gastronome, / rapide, / accéléré,   et tous les matins vous y trouverez un buffet 10   variable / varié / vaste

où vous pourrez prendre le petit déjeuner selon vos 11   goûts / dégâts / besoins   et vos habitudes.

Un grand parking en 12   sous-sol / sous-marin / souterrain   est à la disposition de tous nos clients.

Choisissez les bonnes réponses pour avoir des renseignements sur la Bastille.

La forteresse de la Bastille a été 13   relevée / élevé / élevée   au XIVe siècle et elle a été 14   transformé / transforme / transformée

en prison sous le roi Louis XII. Sous la Révolution elle a été 15   pris / prise / prend   d'assaut et les sept prisonniers

qui s'y trouvaient ont été 16   libres. / tués. / libérés.   Sa destruction a été 17   accompli / fait / réalisée   par quelques 700 ouvriers

et elle a pris un peu plus de deux mois. Les pierres ont été 18   ratrapées / récupérés / récupérées   et plusieurs miniatures de la forteresse ont été **19** faites / fait / faite avec ces pierres et **20** renvoyé / envoyées / envoyés en province. Le reste a été **21** retourné / refait / utilisé

pour de nouvelles constructions. À sa place, Napoléon a eu l'idée de mettre une fontaine en **22** forme / corne / trompe

d'éléphant, mais le projet a vite été **23** fait. / accompli. / abandonné. Un monument y a finalement été **24** dirigé / monté / érigé

en 1840 pour commémorer la révolution de 1830. La statue du *Génie de la Liberté*, au sommet de cette

colonne de bronze, a été **25** redorée / adorée / dotée en 1989.

16
Seizième unité

OBJECTIFS

Prendre ses désirs pour des réalités*. Le tourisme dans les îles. Les sports d'hiver. Le conditionnel. Un peu de subjonctif.

* *wishful thinking*

Les citations du jour

'Ce monde serait meilleur pour les enfants si c'était les parents qui étaient obligés de manger les épinards.'

Groucho Marx (1890–1977) Avec deux de ses frères, Harpo et Chico, ces comiques américains ont renouvelé le genre burlesque, par un humour fondé sur l'absurde, dans des films comme *Monnaie de singe* (1931), *Soupe au canard* (1933), *Une nuit à l'Opéra* (1935) ou *Chercheurs d'or* (1940).

'Où qu'il soit, où qu'il aille, l'homme continue à penser avec les mots, avec la syntaxe de son pays.'

Roger Martin du Gard (1881–1958) – Écrivain et humaniste français dont les héros sont les représentants typiques de son temps. Il a écrit des pièces de théâtre et des romans dont la série *Les Thibaud*. Il a obtenu le Prix Nobel en 1937.

1 Le soir je boirais une infusion.
2 J'essaierais de recruter un assistant.
3 J'achèterais une nouvelle voiture.
4 Je prendrais des somnifères.
5 Je déménagerais.
6 Je ne ferais pas de pause-café.
7 J'irais en vacances plusieurs fois par an.
8 J'essayerais d'organiser mieux mon temps.
9 J'en parlerais au médecin.
10 Je demanderais une augmentation de salaire.
11 Je lirais ou je regarderais la télé au lit.
12 J'achèterais de nouveaux meubles.
13 Je me concentrerais sur une tâche à la fois.
14 J'irais au restaurant plusieurs fois par semaine.
15 Je chercherais un autre emploi.
16 Je ferais du yoga avant de me coucher.
17 J'offrirais beaucoup plus de cadeaux à mes amis.
18 J'en parlerais avec mon chef.

1 Que feriez-vous dans les circonstances suivantes?

Mettez chaque phrase dans la catégorie qui est, selon vous, la plus appropriée.

Si je travaillais trop dur …
Si j'avais plus d'argent …
Si je dormais mal …

2 Reliez les phrases.

1 Si Jean se sentait mal…
2 Si Michèle avait mal à la tête …

3 Si les enfants étaient malades …
4 Si la prof toussait beaucoup…
5 Si les jumelles attrapaient un coup de
   soleil …
6 Si les frères avaient des démangeaisons…
7 Si la vieille dame voyait mal…
8 Si le vieux monsieur était sourd…
9 Si Maryse grossissait…
10 Si Jean-Luc buvait trop…

A elles mettraient de la crème calmante.
B ils ne porteraient pas de vêtements en
   laine.
C elle prendrait une aspirine.
D elle porterait des lunettes.
E ils n'iraient pas au collège.
F elle ne pourrait pas faire ses cours.
G il n'entendrait pas le téléphone sonner.
H elle ne pourrait plus mettre son bikini.
I il ne pourrait pas conduire.
J il irait chez le médecin.

3 Complétez le courriel de Rosanna. Mettez les verbes à l'imparfait ou au conditionnel.

Pense-bête!

Pour le conditionnel, utilisez le radical (*stem*) du futur et les éléments (*endings*) de l'imparfait.

Révisez les verbes irréguliers.

Bonjour Eric et Sylviane!

Si vous 1 _____(venir) en Corse vous 2_____(visiter) beaucoup d'endroits intéressants. Je vous 3 _____(emmener) en voiture faire toute sortes d'excursions. Je vous 4 _____(montrer) des panoramas splendides comme Porto, où il y a des falaises extraordinaires ou Calvi qui est d'une beauté parfaite. Si vous en 5 _____(avoir) envie, nous 6 _____(aller) à la plage et nous 7 _____(faire) le tour de la forteresse. Si nous 8 _____(aller) à Ajaccio, nous 9 _____ (flâner) sur le port. Nous 10 _____(visiter) la cathédrale, la maison natale de Napoléon et le musée. Comme je sais que toi, Sylviane, tu es passionnée de sports nautiques, je t'11 _____(emmener) à Saint-Florent où tu 12 _____(faire) de la voile ou du jet-ski. Et toi, Eric, si tu 13 _____(vouloir) aller à la montagne, Carlo te 14 _____(montrer) Evisa, où tu 15 _____(pouvoir) pêcher ou faire de belles promenades. Naturellement nous vous 16 _____(faire) découvrir les spécialités de la région. Vous 17 _____(manger) du 'prisuttu' (jambon) ou des 'figatelli' (saucisses), et vous 18 _____(boire) le célèbre 'Cap Corse', vin doux, moelleux et délicat. Nous 19 _____(pouvoir) même faire une dégustation chez un de nos amis vignerons.

Si vous 20 _____ (passer) vos vacances chez nous, nous 21 _____ (s'amuser) bien, j'en suis certaine.

Rosanna

4 Que feraient Eric et Sylviane s'ils passaient les grandes vacances en Corse?

Continuez: *Si Eric et Sylviane allaient en Corse ils visiteraient beaucoup d'endroits intéressants.*

5 Mettez les phrases ci-dessous au conditionnel puis complétez-les à votre idée.

EXEMPLE: Nous allons aux sports d'hiver.

→ Nous irions au sports d'hiver si c'était moins cher.

1 Je suis chez moi vers 7 heures.
2 Vas-tu à la piscine avec eux?
3 Ils font du snowboard.
4 Il y a moins de monde.
5 On va voir ce film.
6 Elles veulent voir leurs copines anglaises.
7 Est-ce que vous envoyez des cartes postales?
8 Il faut travailler plus.
9 Vous savez quoi faire.
10 Je ne reçois pas de textos.
11 Nous avons froid.
12 Est-ce que tu peux le voir?

6 On interviewe Fabien, grande star internationale. Posez-lui les questions.

1 – …
   – Du temps libre? C'est quoi ça? Je partirais en vacances bien sûr.
2 – …
   – Je resterais en France probablement. En Bourgogne.
3 – …
   – Le camping j'en ai marre et je déteste les hôtels aussi.

4 – …
   – Je choisirai des chambres d'hôtes. C'est plus accueillant.
5 – …
   – C'est possible. Mais les abbayes et les églises ne me disent rien. Les châteaux, ça va.
6 – …
   – Le parc du Morvan? Bien sûr que j'irais. Je suis passionné par la nature.
7 – …
   – Oui, pédestres et aussi en VTT. J'adore aussi le cyclotourisme. Je suis vraiment accro.
8 – …
   – Si j'avais le choix, j'y passerais le reste de ma vie. Je ne suis pas bourguignon pour rien!

7 Complétez les mots ci-dessous.

DEVINETTE

À LA MONTAGNE

1 Petite maison faite de bois.   C …
2 Personne qui donne des cours de ski.   M …
3 Personnage construit entièrement de neige.   B …
4 Qui sert souvent de nez au personnage ci-dessus.   C …
5 Pratique pour aller au sommet de la montagne.   T …
6 Nécessaire pour aller plus haut.   T …
7 Sentier où on fait du ski.   P …
8 Le père Noël utilise ce moyen de transport.   T …
9 Endroit où on fait du patin à glace.   P …
10 Personne dont on a besoin si on se fait mal.   K …
11 Autre sport de glisse pratiqué quand il neige.   L …
12 Très utile pour marcher sur la neige.   R …

8 Trouvez les 10 erreurs dans le texte et remplacez-les.

Les vacances de Noël

L'année dernière nous sommes allés dans les Alpes pour les sports nautiques. Les deux premiers jours, nous avons eu de la peine, car il faisait du soleil et les montagnes étaient couvertes de pluie fraîche. Le troisième jour il neigeait, et il y avait du brouillard. On ne voyait presque rien au sommet et vers minuit on a arrêté quelques remontées archaïques. On ne pouvait plus se servir des télépéages, et il faisait tellement mauvais qu'on a dû redescendre en télécommande. Cependant l'après-midi il y a eu des éclaircies, et nous avons décidé de faire une promenade en raclette pas loin de notre chalet. Le lendemain nous avons pratiqué le ski à fondre autour du lac de Montriond. Le soir, pour nous surprendre, on est allés au bowling à Morzine.

9 Quels mots français – avec ou sans accents – pouvez-vous faire avec les lettres du mot MONTAGNE?

10 Complétez les phrases suivantes en mettant les verbes entre parenthèses au subjonctif présent.

> ### Pense-bête!
> Le subjonctif présent est basé sur le radical (*stem*) de la 3ième personne du pluriel (ils) du présent de l'indicatif.
>
> Les éléments (*endings*) sont les mêmes que pour le présent de l'indicatif, sauf pour nous (-ions) et vous (-iez).

1 Il faut que les enfants _____ leurs devoirs. (finir)
2 On ne veut pas que vous _____ au restaurant. (manger)
3 Préférez-vous que nous _____ le film? (choisir)
4 Elle préfère que tu lui _____ une lettre. (écrire)
5 Il vaut mieux que je _____ un guide sur la région avant de partir. (lire)
6 Je n'aime pas qu'elle _____ tard le soir. (sortir)
7 Il faut qu'on _____ un bus ou le métro. (prendre)
8 Les enfants préféreraient que nous _____ les vacances à la mer. (passer)
9 Ils veulent que nous _____ la médecine. (étudier)
10 Je préfère que vous _____ ici. (attendre)
11 Il faut que tu _____ plus de lait. (boire)
12 On ne veut pas que vous _____ aux jeux vidéos. (jouer)

11 Mettez les phrases au subjonctif pour exprimer les souhaits du professeur.

> ### Pense-bête!
> Révisez les verbes irréguliers.

Continuez: *Le prof veut que/qu' …*

1 Nous lisons ce livre.
2 Je suis attentif.
3 Elle va en Angleterre.
4 On apprend les verbes irréguliers.
5 Ils ont de meilleures notes.
6 Nous regardons moins la télé.
7 Vous faites vos devoirs régulièrement.
8 Tu viens à la réunion.
9 Ils font des efforts.
10 Il réussit tous ses examens.
11 J'ai de bonnes notes.
12 Ils font des recherches sur internet.

12 Complétez les phrases avec les bons verbes de l'encadré. 5 sont inutiles.

Révisez les emplois du subjonctif.

disons	aille	choisit	est	fasse	a
fasse	fait	choisisse	va	vienne	
dites	apprenez	ait	vas	ailles	
soit	appreniez	vient	disiez		

1 Ils veulent acheter une maison qui _____ un grand jardin.
2 Je trouve qu'elle ne _____ pas nous voir assez souvent.
3 Elle voudrait un chien qui _____ joueur.
4 Il a pris des billets pour qu'on _____ au théâtre.
5 Préfères-tu qu'elle _____ elle-même son cadeau?
6 Ils viennent d'acheter une maison qui _____ trois chambres et un bureau.
7 Elle a acheté des œufs pour que je _____ une omelette.
8 Elle pense qu'on _____ trop souvent au cinéma.
9 Nous avons un chat qui _____ très indépendant.
10 Je ne veux pas que ma mère _____ la vaisselle.
11 J'aimerais qu'elle _____ pour le week-end.
12 Il faut que tu _____ à Paris le plus tôt possible.
13 Il vaut mieux que vous _____ tout de suite cette mauvaise nouvelle.
14 On voudrais que vous nous _____ toute la vérité sur ce sujet.
15 Je sais que tu _____ souvent les voir.

Coin info

La Martinique

Découverte en 1502 par Christophe Colomb, la Martinique a été colonisée par la France dès 1635.

Les Arawaks, originaires d'Amérique Centrale et de l'Orénoque, ont été parmi les premiers habitants de l'île. Ils sont arrivés en pirogues et se sont installés au Nord-Est de l'île. Quelques 500 ans plus tard arrivaient les Caraïbes, peuple indien de la vallée de l'Orénoque. C'étaient de féroces guerriers, experts au tir à l'arc. Comme ils étaient cannibales, ils ont dévoré les hommes Arawak, ne gardant que les femmes et les enfants pour la reproduction et la servitude. Voilà pourquoi, quand les Conquistadors ont mis pied sur l'île au 16ième siècle, ils ont trouvé, à leur grande surprise, que les hommes et les femmes parlaient des langues différentes.

Durant le 17ième siècle, le commerce s'est développé, grâce à l'introduction du cacao et de la canne à sucre. C'est à cette époque que le roi Louis XIII a autorisé la déportation d'esclaves africains. En 1685, le code noir a été proclamé par Colbert, homme d'État et contrôleur des finances françaises, et plus de 10 000 esclaves ont ainsi été vendus aux colons.* L'esclavage a été aboli en 1794, puis rétabli en 1802 par Napoléon. Sa première femme, Joséphine de Beauharnais, qui a été impératrice des Français, était d'origine martiniquaise. Les esclaves ont finalement été libérés en 1848 et les colons ont dès lors fait appel à des travailleurs hindous et chinois.

En mai 1902, l'éruption de la Montagne Pelée a détruit la ville de Saint-Pierre et a anéanti* ses 30 000 habitants, à la suite de quoi beaucoup de gens ont émigré à la Guyane Française. Aujourd'hui, la Martinique est un département français.

*un colon = *a colonist*; anéantir = *to wipe out*

✔ BILAN

Choisissez les bonnes réponses pour compléter l'invitation.

venez   Pâques
Si vous **1** veniez en Corse pendant les vacances d'hiver, on pourrait passer **2** Noël   ensemble.
viendriez   le quinze août

fassiez
On irait à Asco à la montagne pour que vous **3** feriez du ski ou du snowboard. Si vous préférez, vous
ferez

pouvez   randonnées   piscine.
4 pourriez faire des **5** pistes   en raquettes ou bien faire du patin à glace à la **6** pâtisserie.
puissiez   remontées   patinoire.

courses   cantatrice
Je vous donnerais quelques **7** cours de ski car en saison, je travaille comme **8** monitrice.
courts   actrice

bleues   dangereux,
Il y a beaucoup de pistes **9** noires pour les débutants. Si vous n'aimez pas les sports **10** d'équipe,
rouges   d'hiver,

de curiosités   préférez
Bruno et moi vous emmènerions voir plein **11** d'endroits intéressants. Si vous **12** préféreriez
de produits   préfériez

montrerions   visitez
rester sur la côte, on vous **13** montrera la ville de Bastia. Vous y **14** visiteriez la citadelle, des
montrerait   visiterez

prendriez
musées et de vieilles églises. Vous **15** prendrez sans doute un verre dans un des petits bars
preniez

emmène   visiterions
du vieux port. On vous **16** emmeniez aussi à Cervione, où nous **17** visiterons ensemble la belle
emmènerait   visitions

descendrait   fait   ferait
cathédrale. Ensuite on **18** descendra à Aléria où, s'il **19** fasse beau, on vous **20** fera visiter les
descendrez   faisait   feriez

veniez
ruines grecques et romaines. Personellement, je préfère que vous **21** viendrez pendant l'été. Il faut
viendriez

voyez   fais
que vous **22** voyiez nos belles côtes, et que toi, Jacques, tu **23** fasses de la plongée sous-marine dans
verrez   feras

les jolies petites criques.

17
Dix-septième unité

La voiture dans tout ses états. La santé.
Le plus-que-parfait et le conditionnel passé.

Les citations du jour

'On appelle voiture d'occasion une voiture dont toutes les pièces font du bruit sauf le klaxon.'

Pierre Dac (1893–1975) – Humoriste qui a contribué à de nombreuses émissions radiophoniques sur Radio-Londres à partir de 1943, où il critiquait le gouvernement de Vichy, puis sur Europe 1 avec des sketches et un feuilleton très populaire, *Signé Furax*.

'C'est facile d'arrêter de fumer, j'arrête 20 fois par jour!'

Oscar Wilde (1854–1900) – Écrivain irlandais, il est aussi célèbre par son personnage que par son œuvre (*De l'importance d'être constant*, *Le Portrait de Dorian Gray* etc.). Après avoir fait un séjour en prison pour une affaire de mœurs, il est allé vivre à Paris où il est enterré au cimetière du Père Lachaise.

'L'avantage des médecins, c'est que lorsqu'ils commettent une erreur, ils l'enterrent tout de suite.'

Alphonse Allais (1854–1905) – Écrivain humoriste français qui a écrit des récits et des chroniques dont le comique est fondé sur l'absurde.

1 Mettez les phrases dans les bonnes catégories.

Regrets et souvenirs

Si j'étais allé(e) au Canada …
Si j'avais étudié en Provence …
Si j'étais devenu(e) célèbre …

1 J'aurais visité les chutes du Niagara.
2 J'aurais loué un hôtel cinq étoiles dans une station de ski pour fêter le Nouvel An.
3 J'aurais passé mes longs week-ends sur la Côte d'Azur.
4 J'aurais lancé ma propre marque de parfum.
5 Je me serais peut-être marié(e) avec un(e) Canadien(ne).
6 J'aurais visité toutes les merveilles du monde.
7 J'aurais organisé un grand spectacle au Festival de Cannes.
8 J'aurais entendu souvent l'accent méridional.
9 J'aurais acheté une grande maison aux environs de Montréal.
10 J'aurais appris à faire de la voile en Méditerranée.
11 J'aurais acheté un jet privé pour mes déplacements.
12 J'aurais parlé le français avec l'accent québecois.

2 Reconstituez les phrases pour continuer les mésaventures de Marc et de Yacine le jour du mariage de leur nièce.

Continuez: *Vendredi dernier Marc et Yacine ont passé une nuit blanche.*

EXEMPLE: M+Y Bien dormir/se réveiller à 6 heures.
→ S'ils avaient bien dormi, ils se seraient réveillés à 6 heures.

M+Y

Se lever de bonne heure/ne pas se dépêcher

Prendre le petit déjeuner/être de meilleure humeur

M

Ne pas découvrir une tache (cravate de soie)/ne pas se fâcher

Y

Ne pas bavarder avec une amie au téléphone/faire sa toilette tout de suite

Ne pas se préparer vite/renverser (maquillage) sur sa robe

M+Y

Partir de bonne heure/Marc ne pas dépasser la limite de vitesse

M

Ne pas rouler si vite/ne pas attraper une amende

M+Y

Ne pas avoir d'embouteillages en route + Trouver une place dans le parking de la mairie/ arriver à l'heure

Ne pas avoir tant de problèmes/ne pas manquer le mariage de leur nièce

3 Débrouillez les mots suivants et ajoutez l'article défini (le, la etc.).

Climvitretableaudebordlunettearrièrefreinagerétro viseurrégulateurdevitesseradarderecul

4 Reliez les phrases.

1 Depuis qu'on a le GPS …

2 Pour dormir …

3 Le radar de recul est très pratique …

4 Je mesure 1 m 90 et ma femme 1 m 50 …

5 En cas d'accident …

6 Beaucoup d'automobilistes qui ont le freinage ABS …

7 Je préfère les voitures automatiques …

8 Quand on part en voyage …

9 Je trouve que quand on met la clim …

10 Je n'utilise le régulateur de vitesse …

A … les ceintures de sécurité et les airbags sont indispensables.

B … roulent trop vite car ils se croient en sécurité.

C … donc un volant réglable, c'est l'idéal pour nous.

D … il fait souvent trop froid.

E … on ne se perd plus.

F … quand on fait marche arrière.

G … que sur l'autoroute quand il n'y a pas trop de circulation.

H … on met les bagages dans le coffre.

I … car je n'aime pas changer de vitesse.

J … les passagers peuvent utiliser les appuie-tête.

5 Lisez les faits divers ci-dessous, répondez vrai ou faux et corrigez les erreurs.

Perte de contrôle au volant

Il était 9 heures samedi matin. Giselle Marceau circulait sur une petite route de campagne encore humide des averses de la nuit, quand elle a perdu le contrôle de sa voiture. L'accident s'est produit à la sortie d'un virage à environ deux kilomètres du bourg de Saint-Félix. Le véhicule a fait plusieurs tonneaux* avant de s'immobiliser 200 mètres plus loin. La conductrice qui était seule à bord a été éjectée et s'est retrouvée sur le toit de sa voiture. Elle a été secourue* par les pompiers. Légèrement blessée, elle a été transportée à l'hôpital de Fontenay.

---

60 km/h au-dessus de la vitesse autorisée

Un jeune automobiliste de 19 ans circulait sur une route départementale quand il a été arrêté par les gendarmes, samedi à 10 heures trente. Il roulait à 147 km/h au lieu des 90 km/h autorisés. Les gendarmes lui ont immédiatement retiré son permis de conduire sur place. La suspension provisoire du permis sera sans aucun doute prolongée après le passage du jeune homme au tribunal.

---

* faire un tonneau = *to somersault*; secouru(e) = *rescued*

Carburant sur la chaussée: collisions en chaîne

L'accident a eu lieu au rond-point à l'entrée de Moutiers. Une nappe de carburant,* recouvrant environ 200 mètres de chaussée et sans doute due à une fuite de réservoir d'un véhicule, a causé une collision entre cinq voitures hier vers 13 heures. Un premier véhicule a glissé, il a été heurté par une deuxième voiture et ainsi de suite. L'accident n'a fait aucun blessé. Trois voitures ont été endommagées et ont dû être transportées par une dépanneuse. Les sapeurs-pompiers puis les services de l'équipement ont répandu un produit absorbant sur la route. La circulation a été ralentie et limitée à une seule voie* pendant environ 2 heures.

* une nappe de carburant = *a fuel spillage*; une voie = *a lane*

Verbalisée pour excès de lenteur

'C'est incroyable, je n'en reviens pas!' s'exclame Henriette Brunet, une automobiliste de 63 ans. Et pour cause, elle a été verbalisée* parce qu'elle ne roulait pas assez vite, alors qu'elle circulait le long de la plage. Un policier qui surveillait la circulation à cet endroit l'a arrêtée pour lui dire qu' à 35 km/h, elle roulait trop lentement. 'On était en promenade, on regardait la mer, la vitesse est limitée à 50 km/h et en plus, j'étais sur le point de tourner, donc il était normal que je ralentisse.' Le policier a prouvé à madame Brunet qu'elle était bel et bien en infraction*. Il lui a montré l'article du code de la route qui précise que le montant de l'amende est de 22 euros.

* verbaliser = *to book*; en infraction = *in breach of the law*

1 Les quatre articles concernent des accidents de la route.
2 La pluie et l'excès de vitesse sont la cause des accidents.
3 Les quatre articles mentionnent les pompiers.
4 C'est de l'essence sur la route près d'un rond-point qui a rendu la chaussée glissante.
5 La collision en chaîne n'a fait aucune victime.
6 Le jeune homme a été arrêté par les gendarmes pour avoir causé un accident.

7 Henriette Brunet a été arrêtée par un policier pour excès de vitesse.
8 Plusieurs voitures ont dû être emmenées au garage.
9 Giselle Marceau a succombée à ses blessures en arrivant à l'hôpital.
10 Les routes ont été barrées à cause des accidents.
11 Le permis du jeune automobiliste a été suspendu après son passage au tribunal.
12 La conductrice qui roulait trop lentement a dû payer une amende.

6 Trouvez l'intrus.

1 le pare-brise   le rétroviseur   l'appuie-tête   les bagages   le volant réglable
2 le régulateur de vitesse   le radar de police   le coffre   la clim   les essuie-glaces   les freins
3 un virage   une nappe   une voie   un carrefour   un rond-point

4 l'ivresse   les alcopops   la boisson   le tabac   l'alcool
5 le kiné   le vétérinaire   l'ostéopathe   la radio   l'infirmier
6 un abcès   une hanche cassée   du diabète   une piqûre   une crise cardiaque

7 Reliez la liste A à la liste B.

1 Revenez me voir …
2 Il n'y a rien de cassé …
3 Il a été opéré de l'appendicite, …
4 On doit lui faire des piqûres régulièrement …
5 J'ai attrapé un torticolis …
6 Il s'est coupé …
7 Ne vous inquiétez pas …
8 Je suis couvert de bleus …
9 Il a glissé, il est tombé …
10 Comme elle a vomi …

A elle ira mieux dans deux ou trois jours.
B mais il faut que vous voyiez un kiné.
C il vaut mieux qu'elle ne mange pas aujourd'hui.
D et il s'est cassé la jambe.
E parce que j'ai eu un accident de voiture.
F dès que vous aurez les résultats de la radio.
G et je ne peux pas tourner la tête.
H j'ai vu sa cicatrice.
I parce qu'elle est diabétique.
J et la plaie s'est infectée.

8 Complétez les conseils suivants.

1 Vous êtes fatigué. Il faut que vous vous couchiez de _____ heure.
2 Prenez ces gouttes trois fois par jour avant chaque _____ .
3 Il ne faut pas que vous buviez _____ avec ce médicament, surtout si vous devez conduire.
4 Il est important d'écouter les _____ du médecin.
5 Quand on prend des antibiotiques, il faut absolument _____ le traitement.
6 Il faut conserver ce médicament au _____ . Mettez-le au frigidaire.
7 Vous n'avez pas besoin de prendre de vitamines mais il faut que vous suiviez un _____ équilibré.

8 Vous devez vous reposer. Je vous recommande de garder le _____ pendant 2 ou 3 jours.
9 _____ attentivement la notice d'emploi avant de commencer le traitement.
10 Si elle a faim, donnez-lui un peu de _____ de légumes.

9 Trouvez les deux conversations.

Continuez: – Alors, qu'est-ce qui ne va pas?
2 – Non, la peau ça va, mais je n'arrête pas de vomir et j'ai la diarrhée.
3 – Alors, je vais vous examiner. Enlevez votre chemise, s'il vous plait. Tournez la tête à gauche, puis à droite …
4 – Qu'est-ce que vous avez mangé récemment?
5 – Je vais vous donner quelque chose pour calmer les crampes d'estomac.
6 – Nous avons mangé des huîtres hier.
7 – Et quand j'appuie là …
8 – Vous n'avez pas de boutons, ni de rougeurs?
9 – J'ai des douleurs affreuses au cou et je suis couverte de bleus.
10 – Alors il faut que je prenne des médicaments?
11 – Aïe! J'ai très mal à l'épaule.
12 – Alors docteur, qu'est-ce que j'ai?
13 – En ce cas, vous faites probablement une intoxication alimentaire.
14 – J'ai mal à la tête, de la fièvre et des douleurs aiguës au ventre.
15 – Ça me fait mal quand je tourne la tête, docteur!
16 – Bon, vous pouvez vous rhabiller maintenant.
17 – Eh bien, je crois qu'il n'y a rien de cassé, mais il faut que vous passiez une radio.

10 **Trouvez l'erreur. Le sens des expressions idiomatiques ci-dessous est correct, sauf pour une des expressions. Laquelle?**

1 Ça m'a coûté les yeux de la tête. ← Être très cher.
2 Ils nous ont reçu à bras ouverts. ← Accueillir chaleureusement.
3 J'ai mis les pieds dans le plat. ← Faire une gaffe, une erreur.
4 Elle n'en a fait qu'à sa tête. ← Agir exactement comme on veut.
5 Il a pris ses jambes à son cou. ← Partir très vite en courant.
6 Les enfants ont donné leur langue au chat. ← Préférer les animaux aux êtres humains.
7 On s'est serré les coudes. ← Se soutenir, faire bloc face à un problème, une difficulté.
8 On a gagné les doigts dans le nez. ← Gagner très facilement.

11 **Choisissez la bonne réponse.**

1 Le chien de berger est presque | sourd | parce qu'il fait | du sport.
| muet | | le début.
| aveugle | | le débat.
| immobile | | du diabète.

2 Le chat | boit | depuis deux jours, alors il a peut-être | un torticolis.
| miaule | | une angine.
| boîte | | un accès.
| brûle | | un abcès.

3 Le lapin ne peut pas | grimper | car il s'est cassé | le bras.
| se gratter | | les oreilles.
| voler | | la patte.
| marcher | | la jambe.

4 Le perroquet ne | pique | plus depuis qu'il a un pansement autour | du bec.
| bouge | | du nez.
| parle | | des dents.
| chante | | de la bouche.

12 Lisez l'article ci-dessous puis reliez la liste A et la liste B qui suivent pour compléter les phrases.

Faites soigner votre animal en ligne avec les cybervétos

 On trouve maintenant de plus en plus de sites internet qui donnent des conseils pratiques pour soigner, nourrir et éduquer son animal. Nombreux sont ceux dont l'inscription est gratuite et où une équipe de vétérinaires répond à vos questions dans les 24 heures. Un excellent site général vous permet, par exemple, d'acheter en ligne tout ce dont vous avez besoin pour votre ménagerie, que ce soit pour un chien, un chat, un lapin, un cochon d'Inde, des poissons, une perruche* ou même un serpent ou un iguane. Vous y trouverez tous les produits possibles et inimaginables – accessoires, alimentation, produits d'hygiène, etc. Tous les clients du 'magasin' peuvent également profiter d'une consultation gratuite. Un autre site donne des informations utiles et détaillées sur tout ce qui concerne la santé et l'alimentation des différents animaux familiers. Il propose des conseils pratiques pour résoudre tous les petits problèmes comme les parasites, la chute des poils, le mal* des transports, les bains, les maux* d'oreille etc. On y trouve aussi une liste de liens qui peuvent être utiles en cas d'urgence. Si vous êtes l'heureux propriétaire d'un chien, vous trouverez un site dédié à la psychologie canine sur lequel on vous propose des fiches conseils à imprimer ou à télécharger. Elles vous aideront à mieux comprendre votre chien et à faire ce qu'il faut pour bien l'éduquer – comment lui parler, le faire obéir, pourquoi doit-il manger après vous, peut-il dormir dans votre chambre etc. Le site donne aussi les adresses de vétérinaires comportementalistes* diplômés partout en France. Pour finir, mentionnons l'existence d'un site pour chiens et chats qui se spécialise dans les traitements homéopathiques, en explique les avantages et les limites et vous apprend à soigner les petits bobos* comme les vomissements ou les piqûres d'insectes grâce à ces médicaments.

* une perruche = *a budgerigar*; le mal (pl. les maux) = *sickness, ache* (here) comportementalistes = *specialising in behaviour*; un bobo (utilisé avec les jeunes enfants) = *pain, cut*

1 Sur le net, on trouve maintenant …
2 On y trouve beaucoup de conseils …
3 Les cybervétos conseillent les visiteurs …
4 On peut s'inscrire …
5 On peut poser …
6 Les questions des propriétaires d'animaux concernent souvent …
7 On peut acheter en ligne …
8 Certains sites donnent aussi …
9 Un site se spécialise dans …
10 Si un chien a des problèmes de comportement …
11 Il y a des vétérinaires …
12 On peut soigner de nombreux petits bobos …

A gratuitement sur de nombreux sites.
B comportementalistes diplômés partout en France.
C tout ce qu'il faut pour les animaux familiers.
D grâce aux médicaments homéopathiques.

E des sites qui donnent des conseils de soins vétérinaires.

F pratiques concernant tous les animaux.

G le mal des transports, la chute des poils ou les parasites.

H des questions à une équipe de vétérinaires.

I la psychologie canine.

J une liste de liens utiles.

K sur la santé et l'alimentation des animaux.

L on peut trouver des fiches conseils sur l'éducation des chiens.

13 **Lisez l'interview avec le pharmacologue, Jean-Michel Chevalier à propos du tabagisme et de l'alcoolisme. Répondez vrai (V), faux (F) ou 'on ne sait pas' (?), puis corrigez les erreurs.**

– Est-il vrai, docteur, qu'en ce qui concerne le tabagisme, les femmes ont plus de mal à arrêter que les hommes?

– Oui, les chiffres le confirment. 15 à 20% de moins réussissent à s'arrêter. En général, même avec un traitement, elles ont plus de difficultés.

– Alors, parlez-moi du traitement.

– On constate que 32% des hommes qui prennent des substituts à la nicotine arrêtent de fumer au bout de six mois, contre 21% des femmes.

– Et, à votre avis, pourquoi y a-t-il une telle différence entre les hommes et les femmes?

– C'est tout simplement parce que les femmes n'ont pas les mêmes raisons de fumer ou de boire. Dans une enquête récente, on a demandé à un groupe de fumeurs pourquoi ils fumaient.

– Et qu'ont-ils répondu?

– Les hommes ont dit que c'était surtout pour éprouver du plaisir, tandis que les femmes ont répondu que c'était surtout pour répondre à un besoin, remplir un manque. Les femmes ont donc besoin d'un effet tranquillisant compensateur pour arrêter. Elles citent le stress, les problèmes de syndrome prémenstruel qui les rendent chaque mois plus anxieuses et plus irritables. Et n'oublions pas qu'elles ont aussi peur de grossir, ce qui les amène souvent à refumer.

– Qu'est-ce que vous proposez pour les aider?

– Chez la femme, en temps normal, l'anxiété et la dépression sont déjà deux fois plus fréquentes que chez l'homme. Il est donc indispensable d'anticiper le sevrage*, c'est-à-dire de bien préparer et d'adapter le traitement à chaque individu.

– Et pourquoi est-ce particulièrement important chez la femme?

– Les femmes sont vulnérables parce qu'elles sont plus sensibles aux substances nocives comme le tabac et l'alcool à cause de leur morphologie. Elles pèsent en général moins lourd que les hommes et la sensibilité aux substances nocives, comme aux médicaments, est proportionnelle au poids.

* le sevrage = *weaning off*

1 La plupart des femmes pèsent moins que les hommes.

2 Les hommes et les femmes sont égaux devant les addictions.

3 Les femmes ont plus besoin de l'effet tranquillisant de l'alcool et du tabac.

4 Les hommes ont plus de difficulté à arrêter de fumer que les femmes.

5 L'alcool apporte plus de plaisir aux hommes que le tabac.

6 Il faut toujours adapter le traitement à l'individu.

7 Parmi ceux qui ont pris des substituts à la nicotine pour arrêter de fumer, les femmes ont eu plus de réussite que les hommes.

8 Le stress et le syndrome prémenstruel chez la femme rendent plus probable le retour au tabagisme.

9 Les femmes invoquent la prise de poids comme raison de recommencer à fumer.

10 L'anxiété et la dépression sont plus fréquentes chez les jeunes femmes.

14 Complétez le texte en utilisant les mots dans l'encadré.

tranquillisant	ivresses	vulnérables
consommation	dépendantes	physique
boisson	l'alcool	effet	égaux
fréquentes	directes	traitement	raisons

Les hommes et les femmes ne sont pas 1_____ devant les addictions. En fait les femmes n'ont pas les mêmes 2_____ de fumer ou de boire. Elles attendent un 3_____ plutôt relaxant de la cigarette et essaient de réduire leur stress par ce moyen. Cela a des conséquences 4_____ sur le sevrage tabagique. Les femmes ont besoin d'un effet anxiolytique et 5_____ compensateur pour réussir. Elles sont aussi plus vite dépendantes à 6_____. Les hommes boivent plus que les femmes, leurs premières 7_____ ont lieu plus tôt et sont plus 8_____. Ils boivent pour le partage, pour la fête, elles boivent pour l'effet tranquillisant que l'alcool leur procure. Pourtant les femmes sont nettement plus 9_____ au plan 10_____ et psychique. À 11_____ égale, elles développent une cirrhose hépatique au bout de cinq ans, tandis qu'il faut deux fois plus de temps pour les hommes. Cependant elles deviennent 12_____ à l'alcool beaucoup plus rapidement. Pour les aider à décrocher de la 13_____ , il faut apaiser leur culpabilité. Il est recommandé que la famille et les enfants participent activement au 14_____.

Coin info

Comment empêcher son enfant de fumer

Les statistiques le montrent, les jeunes commencent à fumer de plus en plus tôt, vers l'âge de 10–12 ans. Le plus souvent, c'est parce qu'ils veulent faire comme les copains. Même s'il est très difficile pour les parents d'intervenir, il ne faut surtout pas fermer les yeux. Essayez de les empêcher de devenir dépendants du tabac. Mais attention, il faut choisir des arguments qui leur parlent. En effet, l'argument santé n'a pas d'effet sur eux, sauf peut-être s'ils sont sportifs. Les risques de cancer et d'infarctus leur semblent beaucoup trop éloignés pour qu'ils se sentent concernés. Il faut plutôt faire appel à leur vanité et à l'intérêt qu'ils portent à leur aspect physique et l'impact qu'il peut avoir sur leurs relations avec les autres jeunes, en particulier ceux du sexe opposé. Rappelez-leur que le tabac brouille le teint* et rend les cheveux ternes* et cassants, qu'il rend les doigts et les dents jaunes, qu'il donne mauvaise haleine*. Dans ces conditions, à qui allez-vous plaire, qui voudra vous embrasser? Comme ils sont très sensibles aux problèmes de l'environnement, expliquez-leur qu'ils sont manipulés par les géants de l'industrie, ceux qui polluent le plus la planète, et dites-leur qu'une cigarette contient 4000 produits toxiques. Finalement, faites-leur calculer les économies qu'ils feraient s'ils ne fumaient pas et attirez leur attention sur les autres plaisirs pour lesquels ils pourraient dépenser leur argent de poche.

*brouiller le teint = *to spoil the complexion*; terne = *dull*; l'haleine (f.) = *breath*

✔ BILAN

Choisissez les bonnes réponses pour décrire une voiture de rêve.

Je veux une voiture qui **1** { est / sera / soit } fiable, confortable et, en même temps, qui **2** { a / aura / ait } une ligne élégante.

Je préfère qu'elle **3** { fera / soit / était } automatique, car je n'aime pas changer de **4** { commandes, / vitesses, / contrôles, } surtout en ville.

Si j'avais un radar **5** { en arrière, / de derrière, / de recul, } j'aurais plus confiance quand je ferais **6** { promenade / pas / marche } arrière.

Un volant **7** { centralisé / mobile / réglable } ne me serait pas très utile, parce que je ne **8** { permets / permettrais / permettais }

jamais à personne de conduire la voiture de mes rêves. Si j'avais le GPS, je ne me **9** { perds / perdrais / perdais }

pas en route et je ne serais pas **10** { tard. / retard. / stressé. } Il faut absolument que j' **11** { ai / aie / ait } un

12 { régulateur / règle / rétroviseur } de vitesse dans mon nouveau véhicule. Si j'en avais eu un dans ma dernière voiture,

je n'aurais pas dépassé la limite **13** { d'ivresse / de vitesse / de souplesse } sur l'autoroute. Si le radar ne m' **14** { avait / aurai / aurait }

pas photographié, je n' **15** { aurai / avais / aurais } pas perdu six points sur mon permis de conduire et je n'aurais pas été

obligé de payer **16** { un supplément. / une bourse. / une amende. }

Choisissez les bonnes réponses pour décrire quelques problèmes de santé.

M. Leclerc est allé chez le médecin après avoir eu un **17** { accro. / accrochage. / chômage. } Il avait des **18** { malheurs / douleurs / problèmes }

au cou et dans le dos, donc il pensait avoir attrapé **19** { un rhume. / un torticolis. / une blessure. } Il était couvert de **20** { bleus / bleu / bobos }

et il avait du mal à tourner **21** { le dos. / la tête. / la hanche. } Après l'avoir examiné, le docteur lui a demandé de se

    lever.   prise.
22 plier.   Pour vérifier qu'il n'avait rien de cassé, M. Leclerc a dû aussi passer une **23** radio.
    rhabiller.   piqûre.

                                   grève
La petite fille de Mme Dupont avait de la **24** fièvre et elle n'avait rien mangé depuis deux jours.
                                   crise

                     bonbons
Elle avait aussi des **25** ballons   au bras, qui lui donnaient des démangeaisons. Après l'avoir examinée,
                     boutons

                     commande   crème
le médecin lui avait fait une **26** instruction pour une **27** suppositoire calmante.
                     ordonnance   traitement

                                aigres
Jacques avait de la fièvre et des douleurs **28** aiguës   au ventre. Il n'arrêtait pas de vomir et il avait
                                affreux

           cirrhose.   véto
aussi la **29** diabète.   Inquiet, il avait consulté un **30** kiné   en ligne. Selon lui, Jacques avait sans
           diarrhée.   docteur

               abomination
doute une **31** isolation   alimentaire, mais il lui a recommandé de consulter son propre médecin
               intoxication

                      avis
pour avoir un deuxième **32** conseil   si les symptômes persistaient.
                      interdiction

18

Dix-huitième unité

OBJECTIFS

Parler de littérature, d'art et d'histoire.
Le passé simple. Encore du passif.

La citation du jour

'*La Joconde* sourit parce que tous ceux qui lui ont dessiné des moustaches sont morts.*'

* *La Joconde =
le portrait de Mona
Lisa par Léonard de
Vinci*

André Malraux
(1901–1976) –
Écrivain et
homme politique
français, il dénonça l'exploitation coloniale et s'engagea contre le fascisme et l'antisémitisme. Il combattit aux côtes des républicains lors de la guerre d'Espagne, fut un membre actif de la Résistance et créa la Brigade Alsace-Lorraine qui participa à la libération de la France à la fin de la deuxième guerre mondiale. Ses premières œuvres sont fortement influencées par ses voyages en Asie et c'est avec *La Condition humaine*, où il évoque la révolution chinoise, qu'il rencontra le succès du public.

1 **Complétez les phrases avec les adjectifs ci-dessous.**

cher	original	facile	interdit
suspect	difficile	laid	tragique	drôle
amusant			

1 J'ai lu quelque chose de _____ dans le journal concernant un grave accident de la route.
2 Il n'a rien créé d'____ depuis ses tableaux de l'année dernière.
3 Elle veut quelque chose de _____ à préparer car elle ne fait pas très bien la cuisine.
4 Je veux voir quelque chose d'_____ car j'ai besoin de me déstresser.
5 Nous ne voulons pas quelque chose de _____ car nous avons beaucoup de frais ce mois-ci.
6 Je ne comprends pas pourquoi les artistes modernes choisissent souvent quelque chose de _____ comme sujet.
7 Le chien a trouvé quelque chose de _____ au fond du jardin.
8 Elle n'a rien fait de _____ depuis le marathon de Londres.
9 On n'a rien vu de _____à la télé depuis les Monty Python.
10 C'est un citoyen modèle, il ne fait jamais rien d' _____ .

2 **Complétez les mini-dialogues avec les verbes ci-dessous.**

croire (à)	jeter un coup d'œil (à)
penser (à)	remédier (à)	s'habituer (à)
s' intéresser (à)	toucher (à)	

1 – Elle est dangereuse cette machine?
   – Pour l'instant, oui. N'y _____ pas. Vous pourriez recevoir une décharge électrique.

2 – Vous avez vu mon nouvel ordinateur?
– Non, pas encore. Je peux y _____?

3 – Tu n'as pas oublié l'anniversaire de mariage de tes parents?
– Non, j'y _____ .

4 – Encore un problème avec l'ascenseur!
– Oui, mais on va y _____. On attend le réparateur.

5 – Elle est chaude la poêle?
– Oui. N'y _____ pas, tu vas te brûler!

6 – Ils vous ont raconté ce qui leur est arrivé au Maroc?
– Bien sûr, mais je n'y _____ pas.

7 – C'est vrai qu'il ronfle la nuit?
– Malheureusement oui, mais je m'y _____ petit à petit.

8 – Irez-vous voir l'exposition sur les empereurs chinois?
– Non. On ne s'y _____ pas.

9 – Est-ce que les enfants leur manquent quand ils sont à la fac?
– Naturellement, mais ils s'y _____.

10 – Je vous ai fait voir mes photos numériques?
– Non, je ne crois pas. Est-ce que je peux y _____?

Coin info

Tout ce qu'il faut savoir sur la tour Eiffel

La tour Eiffel est ouverte tous les jours, de 9h à 0h45, à environ 6 millions de visiteurs par an. On peut comparer son fonctionnement à celui d'une usine.

Comme c'est le monument payant le plus visité au monde, il faut plus de 2 tonnes de papier par an pour imprimer les billets délivrés aux visiteurs.

Elle consomme 7 500 000 kWh d'électricité par an, dont 580 000 pour les illuminations. Elle utilise 18 transformateurs et 3 groupes électrogènes prennent le relais en cas de panne. Son illumination et son éclairage nécessitent l'utilisation de 10 000 ampoules. Les installations fonctionnent grâce à un réseau de 80 kilomètres de câbles électriques.

Pour assurer le nettoyage de la tour, des équipes spécialisées utilisent chaque année 4 tonnes de chiffons* ou de papier d'essuyage, 10 000 doses de produits d'entretien divers, 400 litres de produits de nettoyage et 25 000 sacs poubelle.

Trois ascenseurs mènent les visiteurs du sol au 2e étage et quatre cabines du second au sommet. Il y a aussi un monte-charge* et un ascenseur qui est réservé aux clients de son prestigieux restaurant, le Jules Verne. Ils parcourent plus de 103 000 kilomètres par an, soit l'équivalent de deux fois et demi le tour de la terre.

La Tour et ses visiteurs sont surveillés* 24 h sur 24, particulièrement en ce qui concerne les risques d'incendie. Elle est équipée de plus de 200 extincteurs et d'un système de 530 points de surveillance.

C'est un véritable microcosme et un nombre incroyable de métiers y sont représentés. Il y a les agents d'accueil, bien sûr, qui sont tous polyglottes pour guider et informer les visiteurs. Il y a du personnel technique – électriciens, mécaniciens, plombiers, peintres, serruriers, informaticiens, menuisiers etc., des administratifs, des agents de sécurité, mais aussi du personnel qui travaille dans les boutiques (vendeurs), les restaurants (serveurs, maîtres d'hôtel, cuisiniers) et au bureau de Poste.

*un chiffon = *a rag*; un monte-charge = *a goods lift*; surveiller = *to monitor, to watch*

3 Lisez cet extrait adapté du roman *Bleus sont les étés* de Christian Signol et répondez vrai (V), faux (F) ou 'on ne sait pas' (?).

Après un quart d'heure d'attente, il fut enfin muni d'un billet et se renseigna de nouveau pour se rendre sur le bon quai…

Une fois dans le train, il s'assit dans l'un des wagons modernes où l'on n'a pas toujours de vis-à-vis.* Du moins était-ce la seule place qu'il avait trouvée, toutes les autres étant occupées…

Il regarda le paysage qui défilait à vive allure derrière les vitres: des prés, des peupliers, une rivière, et de hautes collines qui ressemblaient à celles du causse.* Le temps passa et tout allait bien avant que n'arrive un contrôleur moustachu et coiffé d'un képi* qui lui demanda:

– Vous n'avez pas composté votre billet?
– Si, je l'ai payé, répondit Aurélien, ne comprenant pas ce que voulait dire le contrôleur.
– Il faut composter, monsieur, c'est obligatoire avant de monter dans un train.
– Je sais pas quoi vous dire, moi, fit Aurélien, c'est la première fois que j'y monte depuis soixante ans.
– Il y a un appareil à l'entrée des quais, dit le contrôleur en repoussant sa casquette vers l'arrière. Vous devez y glisser votre billet et puis le reprendre.

Et, comme Aurélien ne savait que répondre, il ajouta:
– Sinon, vous payez une amende.

Une amende? Ce seul mot pétrifia Aurélien qui avait peur de n'avoir pas assez d'argent, mais le contrôleur le rassura:
– Ça ira pour cette fois, mais n'oubliez pas, à l'avenir.

* vis-à-vis = *opposite*; un causse = *limestone plateau found in the centre and in the south of France*; un képi = *a cap (uniform)*

1 Aurélien a fait la queue pour acheter son billet.
2 Il a trouvé le quai d'où devait partir son train facilement.
3 Le train était plein.
4 La région qu'il traversait était plate et ennuyeuse.
5 Le contrôleur portait les cheveux longs.
6 Il a accusé Aurélien de voyager sans billet.
7 En France, il faut composter son billet avant de monter dans le train.
8 Les appareils pour composter les billets se trouvent généralement sur les quais.
9 Aurélien est jeune.
10 Il n'a pas l'habitude de prendre le train.
11 Aurélien a dû payer une amende car il n'avait pas composté son billet.

12 Il a promis au contrôleur de ne pas oublier de le faire la prochaine fois.

4 Trouvez les réponses aux questions pour compléter le questionnaire sur Christian Signol.

1 Où et quand naquit Christian Signol?
2 Qu'est-ce qui inspira ses œuvres littéraires?
3 Que fit-il comme études?
4 Que fit-il après ses études?
5 Quelle sorte de travail trouva-t-il?
6 En quelle année publia-t-il son premier roman?
7 Quand et avec quelle trilogie devint-il célèbre?

8 Pourquoi devint-il un des romanciers les plus populaires de son époque?

9 Que savez-vous de sa collaboration avec le photographe Sylvain Marchou?

10 Pouvez-vous citer d'autres romans de Signol?

A Sa trilogie *La Rivière Espérance* fut adaptée pour le petit écran et fut diffusée sur France 2 en neuf épisodes. La série fut aussi achetée par 20 pays étrangers.

B En 1970, il se maria et s'installa à Brive-la-Gaillarde dans le Limousin.

C Il écrivit les textes qui accompagnent ses photos dans *Le Lot que j'aime* et *Dordogne, voir couler ensemble et les eaux et les jours.*

D Le paysage, la lumière et les parfums de sa région natale.

E Il est très prolifique. *Les Menthes sauvages* obtint le Prix Eugène-Le-Roy en 1985. Il y a aussi *L'Enfant des terres blondes* qui sortit en 1994, *La Lumière des collines* en 1997, *Bleu sont les étés* en 1999 et, plus récemment, *Une si belle école, Au cœur des forêts* et *Les Enfants des Justes* en 2010, 2011 et 2012 respectivement.

F Il naquit en 1947 aux Quatre Routes, un petit village du Quercy dans le Midi-Pyrénées.

G En 1990, le premier tome de sa trilogie *La Rivière Espérance* obtint le Prix littéraire de La Vie-Terre de France.

H Il fit des études de Droit et de Lettres à la faculté de Limoges de 1965 à 1970.

I En 1984, son roman *Les Cailloux bleus* qui remporta un vif succès.

J Il trouva un poste dans l'administration à la mairie de Brive où il travailla jusqu'en 1990.

5 Mots croisés.

Horizontalement

1 Ce président décida la construction de la pyramide de verre au Louvre.

7 On appelle une personne qui passe beaucoup de temps à lire un _____ de bibliothèque.

8 On est _____ d'un pyjama pour aller au lit.

9 Le contraire de propre.

12 Elles descendirent au _____-de-chaussée pour sortir.

14 Il fut dressé sur la place de la Concorde en 1836.

17 On dit 'son mari' mais '___ femme'.

18 À la fois un sport et un fruit.

19 La _____ de Rivoli fut construite le long des Tuileries.

21 On fête le Nouvel _____ le premier janvier.

22 Un auteur de romans policiers très populaires, d'origine belge.

Verticalement

1 Région où l'on entend l'accent méridional.

2 Françoise Sagan écrivit 'Bonjour_____.'

3 'C'est _____ cravate ou la mienne?' demandai-je à mon frère.

4 'Un homme ___ une femme' est un classique du cinéma français.

5 Le contraire de doux en ce qui concerne le goût. Cet adjectif qualifie une sorte de chocolat noir.

6 On achète souvent les œufs par _____ .

9 On prendrait de l'aspirine si on avait mal à la

_____ .

11 Pas beau!

14 Charles Garnier fut choisi comme architecte de ce beau bâtiment de Paris.

15 Pendant l'occupation en France, on faisait la _____ pour acheter à manger.

16 Il ____montra sa nouvelle voiture.

20 Utilisé pour exprimer une condition. C'est aussi une note de musique.

6 Lisez le texte ci-dessous et mettez les paragraphes dans le bon ordre. Le premier est correct.

À l'aéroport de Pékin

A Je me réveille. Je ne sais pas combien d'heures j'ai dormi. Mes parents attendent toujours les bagages, l'air un peu accablé. Mon frère et ma sœur dorment par terre.

B Je me promène. Pas moyen d'acheter des boissons colorées et gazeuses comme au Japon. On ne vend que du thé.

C Je m'assieds par terre avec ce bol énorme. Le thé est fort et fabuleux. Je n'en ai jamais bu de pareil.

D Et brusquement je tombe nez à nez avec le communisme.

E J'ai oublié le communisme. J'ai soif. Mon père me donne un billet pour acheter à boire.

F 'La Chine est un pays où on boit du thé' me dis-je. Bien. Je m'approche du petit vieux qui sert ce breuvage. Il me tend un bol de thé brûlant.

G Je vais faire de grandes choses dans ce pays. Je gambade à travers l'aéroport en tournant comme une toupie.

H Il me soûle le cerveau en quelques secondes. Je connais le premier délire de ma vie. Ça me plaît beaucoup.

(adapté du _Sabotage Amoureux_ - Amélie Nothomb)

7 Maintenant répondez aux questions en utilisant des phrases complètes.

1 Qui attendaient les bagages?

2 Que faisaient le frère et la sœur d'Amélie?

3 Où vivaient les Nothomb avant de se rendre en Chine?

4 Qu'est-ce que la petite Amélie savait à propos de la Chine?

5 Que lui donna le vieil homme?

6 Comment Amélie trouva-t-elle le thé?

7 Quels étaient ses projets?

8 Comment traversa-t-elle l'aéroport?

8 Expliquez à un(e) ami(e) ce que vous savez sur Amélie Nothomb. Utilisez les notes ci-dessous.

Commencez: *Amélie Nothomb est belge mais elle est née …*

> Amélie Nothomb – belge – née 13 août 1967, Kobe, Japon, nurse japonaise – père ambassadeur, voyages fréquents – à 5 ans, Chine – lycée, New York – études supérieures, Bruxelles, philologie ancienne – aime voyager – habite Paris, Bruxelles – publie un roman par an, autobiographique – penser être interprète, 19 ans, emploi dans une entreprise japonaise, mauvaise expérience, humiliée, finit par nettoyer les WC, racontée dans *Stupeur et tremblements* – adolescence anorexique comme sœur aînée – écrit dès l'âge de 17 ans.
>
> Quelques romans – *Hygiène de l'assassin* (1992) son 1er grand succès, *Le Sabotage amoureux* (1993), *Les Combustibles* 1994, *Stupeur et tremblements* (1999) Grand prix du roman de l'Académie.

9 Lisez le texte ci-dessous et préparez un petit discours pour un groupe de touristes.

Commencez: *Charles Garnier est né …*

Trois Parisiens célèbres

Charles GARNIER naquit à Paris en 1825. Architecte du casino de Monte-Carlo et du théâtre Marigny, il devint célèbre grâce à l'Opéra de Paris. Son projet remporta le concours ouvert par Napoléon III en 1861. C'est le Président Mac-Mahon qui inaugura la nouvelle salle d'Opéra en 1875. Le style baroque de l'ensemble surprit l'impératrice Eugénie qui demanda à l'architecte de quel style il s'agissait. Il lui répondit que c'était du Napoléon III. Garnier mourut à Paris en 1898.

Sarah BERNHARDT (née *Rosine BERNARD*) naquit à Paris en 1844. Tragédienne remarquable, sa 'voix d'or' et sa sensibilité dramatique marquèrent l'interprétation du répertoire classique. Après avoir fini ses études au Conservatoire, elle fit une rapide apparition à la Comédie-Française, pour y revenir une dizaine d'années plus tard et jouer tous les grands textes classiques. Elle mena aussi une carrière brillante sur les scènes du boulevard et créa en 1899 un théâtre à son nom (aujourd'hui le Théâtre de la Ville). Elle mourut à Paris en 1923.

Jacques OFFENBACH (né *Jakob WIENER*), d'origine allemande, mais naturalisé français, naquit à Offenbach près de Francfort en 1819. Jeune garçon, il vint étudier le violoncelle au conservatoire de Paris. Avant de devenir chef d'orchestre et compositeur, il gagna sa vie en jouant dans l'orchestre de l'Opéra Comique. Avec ses opérettes pleines d'humour et de joie de vivre, il devint l'un des symboles de la Vie Parisienne au Second Empire. En 1855 il fonda son propre théâtre, les Bouffes-Parisiens. Il écrivit *Orphée aux Enfers* en 1858, *La Belle Hélène* en 1870 et, en 1866, *La Vie Parisienne* qui immortalisa le french Cancan, la danse traditionnelle des cabarets de Montmartre. Il mourut à Paris en 1880.

10 **Complétez la biographie de Jules Verne en mettant les verbes entre parenthèses au passé simple.**

Né à Nantes en 1828, Jules Verne s'est toujours intéressé au voyage. Dans ses *Souvenirs d'enfance et de jeunesse,* on apprend qu'il
1 _____ (s'est échappé) un jour,
2 _____ (est monté) à bord d'un voilier qu'il **3** _____ (a exploré) tout seul et dont il
4 _____ (a tourné) le gouvernail*. Quand il était jeune, en compagnie de son frère Paul, il louait un bateau à un franc la journée, pour pouvoir faire de la voile derrière leur maison d'été. Après avoir fait ses études au lycée de Nantes, il **5** _____ (est allé) à Paris finir ses études de droit. Il y **6** _____ (a fait) la connaissance d'Alexandre Dumas qui
7 _____ (a accepté) de monter sa pièce *Les Pailles rompues.* Puis il **8** _____ (est devenu) secrétaire du Théâtre Lyrique. Se passionnant pour la science et les découvertes les plus récentes, il passait de longues heures à la Bibliothèque Nationale.

En 1857, Verne **9** _____ (a épousé) Honorine Morel, une jeune veuve qu'il avait rencontrée au mariage d'un ami. En 1859 il
10 _____ (a voyagé) en Écosse avec son ami Hignard. En 1860 il **11** _____
(a rencontré) le photographe et aérostier Nadal, qui servirait de modèle à *Michel Ardan,* héros de ses romans *De la Terre à la Lune* et *Autour de la lune.* Au mois de juin 1861, il **12** _____
(est reparti) en voyage avec Hignard, cette fois en Scandinavie, et au mois d'août, Honorine
13 _____ (a donné) naissance à leur fils Michel. Après avoir rencontré l'éditeur Herzel en 1862, Verne **14** _____ (a publié) *Cinq semaines en ballon,* le premier roman de la série des *Voyages extraordinaire* et en 1864 *Les aventures du capitaine Hatteras* et *Voyage au centre de la Terre.*

Au mois de mars 1867 il **15** _____
(a embarqué) sur le *Great Eastern* à Liverpool,
accompagné de son frère Paul. Il en
16 _____ (a tiré) le roman *Une ville flottante,* et en 1868 il **17** _____
(a acheté) son premier bateau, le
*Saint-Michel** pour en faire son cabinet de travail.

Garde-côte au Crotoy pendant la Guerre Franco-Prussienne de 1870, Jules Verne
18 _____ (a continué) à écrire. Il
19 _____ (s'est installé) à Amiens en 1872 et **20** _____ (a publié) *Le Tour du monde en quatre-vingts jours.* Curieux de tout, vers la fin de sa vie il **21** _____ (s'est aussi intéressé) à la jeune langue internationale espéranto. Malade du diabète, il **22** _____
(est mort) au mois de mars 1905. En plus de pièces de théâtre, poèmes, essais etc., il
23 _____ (a écrit) une centaine de romans dont certains **24** _____ (ont été) publiés à titre posthume.

* le gouvernail = *the helm, the tiller*

11 **Imaginez que vous êtes Jules Verne. Complétez les phrases.**

1 Quand j'étais petit je suis monté à bord d'un voilier …
2 Après avoir étudié à Nantes …
3 À Paris … Puis …
4 En 1857 …
5 Deux ans plus tard …
6 Au mois de juin 1861 …
7 Deux mois plus tard …
8 Après avoir rencontré l'éditeur Herzel
9 En 1864 mes deux romans ….
10 Accompagné de mon frère Paul …
11 En 1868 j'ai acheté …
12 Pendant la Guerre Franco-Prussienne …
13 En 1872 nous …
14 J'étais déjà vieux quand …
15 En plus de mes nombreux romans …

Coin info

La statue de la Liberté

Le sculpteur alsacien Frédéric-Auguste Bartholdi (1834–1904) est l'auteur de la célèbre statue de la Liberté, située à l'entrée du port de New York sur la petite île de Liberty Island, au sud-ouest de Manhattan. La statue fut offerte par la France aux États-Unis pour le centenaire de leur indépendance. Elle fut exécutée à Paris en 1878 par Bartholdi et par l'ingénieur Gustave Eiffel qui réalisa la charpente* métallique, car si le socle* est en pierre, la statue est creuse* et recouverte de plaques de cuivre. La pierre du socle fut choisie pour ses qualités de faible érosion à l'eau salée. Elle provient de Ruoms, un village de l'Ardèche dans la région Rhône-Alpes. La statue mesure 46,50 m de haut: 92,99 m en comptant le socle. Le premier modèle, plus petit, fut réalisé en 1870 et se trouve à Paris.

Elle fut démontée, transportée par bateau, puis remontée à son emplacement définitif en 1884 et inaugurée par le président Grover Cleveland en 1886. Elle représente une femme qui brandit une torche de la main droite. Sur la tablette dans sa main gauche, on peut lire la date de l'indépendance américaine, le 4 juillet 1776. Les 7 branches de sa couronne représentent les 7 continents et les 25 fenêtres symbolisent les 25 gemmes. Les chaînes brisées à ses pieds symbolisent la paix. Avant le 11 septembre 2001, on pouvait monter jusqu'à la couronne par un escalier intérieur de 354 marches.

Symbolisant la liberté éclairant le monde, elle devint rapidement un emblème national des États-Unis et un des symboles les plus universels de la liberté et de la démocratie.

*la charpente = *the framework*; creux/-se = *hollow*; un socle = *a plinth*

12 Continuez la liste de connaissances générales ci-dessous en ajoutant vos propres idées.

Le saviez-vous?

- La bakélite fut découverte par un chimiste américain d'origine belge en 1907 et fut d'abord utilisée pour remplacer l'ivoire qui servait à faire les boules de billard.
- La Grameen Bank fut fondée en 1976 par Muhammad Yunus pour permettre à des millions de pauvres de créer leur propre activité grâce au micro-crédits.
- En 2006, en réaction aux problèmes d'anorexie, les mannequins trop maigres furent interdits aux défilés de mode à Madrid.
- Les tableaux *La Madone* et *Le Cri* du peintre impressionniste Edvard Munch, qui avaient été volés à Oslo en août 2004, furent retrouvés par la police norvégienne deux ans plus tard.

✔ BILAN

Choisissez les bonnes réponses pour avoir des renseignements sur *La Joconde*.

Léonard de Vinci réalisa *La Joconde* **1**   avant / après / entre   1503 et 1507.   Né dans un petit village de Toscane,

il passa son **2**   enfant / enfance / jeunesse   près de Florence.   À partir de 1507, le roi Louis XII de France lui

3   ordonna / posa / offrit   sa protection et l'engagea comme 'peintre et ingénieur ordinaire'.   Quelques années

plus tard, le roi François 1er le fit **4**   admirer / survivre / installer   dans le château de Clos-Lucé, près d'Amboise.

Grand admirateur du peintre-ingénieur, le roi lui **5**   prêta / vola / acheta   la Joconde.   L'un des tableaux attribués de façon

6   incertaine / inoubliable / certaine   à Léonard de Vinci, il est **7**   expédié / exposé / déposé   au Musée du Louvre à Paris où il attire beaucoup

de visiteurs.

Choisissez les bonnes réponses pour terminer la biographie d'André Malraux.

André Malraux **8**   reçois / recevait / reçut   le Prix Goncourt en 1933. Il adapta *L'Espoir*, récit inspiré de son aventure espagnole,

au cinéma et reçut le **9**   prix / concours / médaille   Louis Delluc en 1945.   Il consacra aussi beaucoup de temps à

10   la géographie / la physionomie / l'histoire   et à la philosophie de l'art. Très actif politiquement, il participa à la création du RPF

(Rassemblement du Peuple Français) en 1947 et il **11**   fit / fut / était   ministre des Affaires culturelles de 1959 à 1969.

Ses cendres **12**   étaient / seraient / furent   transférées au Panthéon, une ancienne église de Paris qui abrite les tombeaux de

grands personnages de la France.

Choisissez les bonnes réponses pour découvrir l'histoire de la Place Vendôme.

La colonne **13** {fut élevée / était élevé / fut élevé} sous Napoléon 1ᵉʳ en 1810 pour remplacer la statue équestre du roi Louis XIV.

Haute de 44m, modelée sur celle de Trajan à Rome, elle **14** {célèbre / célébrera / célébrèrent} les exploits des armées

napoléoniennes. 12 000 canons rapportés de la bataille **15** {d'Azincourt / d'Austerlitz / de Waterloo} furent fondus pour la créer.

En 1814, la statue de Napoléon, au sommet de la colonne, **16** {fut / est / fui} remplacée par celle du roi Henri IV,

puis par une statue de l'Empereur en 'petit caporal' (surnom de Napoléon).

Le monument fut de nouveau **17** {démonté / montré / démolie} pendant la Commune.

Une réplique de la statue originale, représentant l'Empereur en costume de César, fut remise en

18 {somme / place / forme} en 1874 aux frais du peintre Courbet.

Choisissez les bonnes réponses pour tester vos connaissances des Français célèbres.

19 Marie Curie / Marie Antoinette / Marie de Médicis   **20** impératrice / physicienne / pharmacienne

21 Camille Pissarro / Camille Claudel / Camille Saint-Saëns   **22** sculptrice / ingénieur / architecte

23 Georges Braque / Georges Pompidou / Georges Haussmann   **24** compositeur / écrivain / homme politique

25 Claude de France / Claude Monet / Claude Debussy   **26** cinéaste / peintre / chanteur

Key to exercises

Unité 1

1   **A** 02 46 33 71 15, **B** 06 57 24 80 55, **C** 200 €,
   D 93 €, **E** 14,60 €, **F** 2008, **G** 1950, **H** 1814,
   I 2020, **J** 1791.

2   A   le premier juin mil(le) neuf/dix-neuf cent
         quarante-cinq
      B   le treize juillet mil(le) neuf/dix-neuf cent quatre-
         vingt-un
      C   le dix-sept août mil(le) huit/dix-huit cent vingt-
         quatre
      D   le vingt-huit février mil(le) sept/dix-sept cent
         quarante-trois
      E   le trente mars, mil(le) six/seize cent quinze
      F   le vingt-et-un avril mil(le) cinq/quinze cent
         douze
      G   le vingt-trois mai mil(le) neuf/dix-neuf cent
         cinquante
      H   le vingt-sept septembre deux mille
      I   le cinq octobre deux mille un
      J   le onze novembre deux mille huit

3   1 tes, 2 vos, 3 sa, 4 ma, 5 votre, 6 leur, 7 ses, 8 son,
   9 notre, 10 son, sa, 11 mon, 12 son.

4   1 en, 2 à, 3 au, 4 au, 5 du, 6 aux, 7 à, 8 au,
   9 depuis, 10 à, 11 en, 12 depuis.

5   1 ?, 2 V, 3 V, 4 V, 5 F, 6 V, 7 V, 8 F, 9 ?, 10 V.

6   1 singe, 2 rossignol, 3 crabe, 4 oiseau, 5 éléphant,
   6 cheval, 7 cochons, 8 pie.

7   La retraite sentimentale. La bête humaine. Vue
   de la terre promise. Le jardin de bêtes sauvages.
   La mer cruelle. Les anges noirs. Mémoires intérieures.
   La symphonie pastorale. Les nourritures terrestres. Les
   nouvelles nourritures. Les parents terribles. Les
   enfants terribles. La machine infernale. Les
   merveilleux nuages. Un certain sourire. Les enfants
   humiliés.

8   1 curieux, 2 jaloux, 3 avare, 4 gourmand, 5 joli,
   6 drôle, 7 minuscule, 8 gros, 9 cruel, 10 pauvre,
   11 fort, 12 jeune.

9   forte, curieuse, jalouse, laide, gourmande, jolie, drôle,
   minuscule, jeune, pauvre, grosse, cruelle, avare,
   intelligente, vieille.

10   (*Suggested answer*) Mon ami Arnaud est jeune.
   Il est assez grand car il mesure 1 mètre 85. Il a les
   cheveux châtains et les yeux bruns. Il porte une
   barbe. Il ne porte pas de lunettes. Il est drôle mais
   impatient.

11   (*Suggested answer*) Ma grand-mère s'appelle
   Marie-Anne. Elle est vieille car elle a quatre-vingts
   ans. Elle est plutôt petite. Elle n'est pas grosse, mais
   elle est ronde. Elle a les cheveux gris bouclés. Elle a
   les yeux bleu clair. Elle est généreuse mais un peu
   sévère.

12   Les sœurs jumelles sont réceptionnistes. Elles
   travaillent dans le même hôtel à Lausanne en Suisse.
   Elles se ressemblent beaucoup. Elles ont les yeux
   bleus et les cheveux châtains et bouclés. La seule
   difference c'est que Marie-Claire a les cheveux
   mi-longs tandis que Laurence a les cheveux courts.
   En plus elle porte des lentilles de contact tandis
   que Marie-Claire voit bien et elle n'a pas besoin de
   lunettes.

13   Fabien est grand, il mesure 1 mètre 95. Il a les
   cheveux roux et les yeux verts. Il fait du sport
   pour rester en forme et garder la ligne. Il fait de
   la musculation trois fois par semaine et il joue au
   squash avec sa partenaire Claude. Ses qualités? Il
   ne sait pas. Il est généreux, honnête … Ses défauts?
   Il n'est pas très patient et il est gourmand. Il adore
   manger au restaurant et essayer de nouveaux
   plats.

14   (*Suggested answers*)
   Juliette Pignon est divorcée et elle a deux enfants.
   Elle est née aux Sables-d'Olonne. Elle a fait ses
   études à Nantes. Elle est professeur au lycée Jean
   Jaurès à La Roche-sur-Yon depuis 2011. Quand elle
   a du temps libre elle fait de l'aérobic et elle joue au
   basket une fois par semaine. Le week-end, quand il
   fait beau, elle fait des promenades.
      Maurice Etienne est marié mais il n'a pas d'enfants.
   Il est né à Fort-de-France en Martinique. Il est

infirmier à l'hôpital Victor Hugo depuis 2008.
En été il fait souvent du jet-ski et de la planche à
voile. En hiver il va au cinéma environ une fois
par mois.
Hasan et Muhammed Hafiz sont célibataires. Ils
sont jumeaux et ils sont nés à Casablanca au
Maroc. Ils ont fait leurs études supérieures à Grenoble.
Maintenant ils sont ingénieurs dans une entreprise
globale à Fès. Ils font du ski une ou deux fois par an et
ils jouent régulièrement au tennis. Quand il ne fait pas
trop de vent ils font du deltaplane.

16 (*Suggested questions*)
Où êtes-vous née?/Vous êtes née où?
Où se trouve Beaumont?
Quand êtes-vous née/Vous êtes née quand?/Quelle
est votre date de naissance?
Vous avez combien de frères et sœurs?/Combien de
frères et sœurs avez-vous?/Vous avez des frères
et sœurs?/Combien en avez-vous?/Êtes-vous fille
unique?
Que fait votre père (dans la vie)?/Quel est le métier
votre père?
Et que fait votre mère?/Est-ce que votre mère
travaille aussi?
Que faites-vous quand vous avez du temps libre?/
Quels sont vos passe-temps (favoris)?
Aimez-vous voyager/les voyages/découvrir de
nouveaux pays?/Quels pays connaissez-vous?
Vous vous intéressez au monde du spectacle depuis
longtemps?/Depuis quand vous intéressez-vous au
monde du spectacle?
La célébrité vous rend-elle heureuse?/Êtes-vous
heureuse d'être célèbre?/Aimez-vous la célébrité?/
La célébrité vous apporte-t-elle le bonheur?

17 1 habitons, 2 travaille, 3 suis, 4 part, 5 prends, 6 finis,
7 dois, 8 vient, 9 étudie, 10 espère, 11 attend, 12
veut, 13 va, 14 avons, 15 pouvons.

18 1 dansent C, 2 dort D, 3 fait H, 4 ont E, 5 sont G,
6 habiller B, 7 vient, sait A, 8 est, finit F.

Bilan

1 ma, 2 s'appelle, 3 au, 4 en, 5 elle, 6 jolie, 7 grande,
8 mince, 9 longs, 10 bleu clair, 11 qualités,
12 intelligente, 13 généreuse, 14 bonne, 15 lecture,
16 bricolage, 17 libre, 18 aux, 19 du, 20 violoncelle,
21 sont, 22 encore, 23 dur, 24 veulent, 25 siamois,
26 depuis, 27 leurs, 28 une petite annonce.

Unité 2

2 faire, bricoler, attendre, dormir, laver, finir, perdre,
jouer, écouter, lire, regarder, pouvoir.

3 1 dormi, 2 j'ai fait, 3 j'ai lu, 4 bricolé, 5 j'ai lavé, 6 j'ai
attendu, 7 a fini, 8 a regardé, 9 pu, 10 a perdu,
11 avons écouté, 12 avons joué.

4 Tu as/As-tu/Est-ce que tu as joué aux fléchettes?
Tu as/As-tu/Est-ce que tu as fait de la planche à
voile? Tu as/As-tu/Est-ce que tu as joué à des jeux
vidéo? Tu as/As-tu/Est-ce que tu as écouté ton
iPod? Tu es/Es-tu/Est-ce que tu es allé(e) au stade?
Tu as/As-tu/Est-ce que tu as joué au foot/fait de
l'athlétisme? Tu es/Es-tu/Est-ce que tu es allé(e) à la
piscine?/Tu as/As-tu/Est-ce que tu as nagé/fait de
la natation?

5 J'ai lavé la voiture. Je ne suis pas allé(e) au cinéma.
J'ai visité un château. Je n'ai pas joué au golf. Je suis
allé(e) à la plage.
Nous avons lavé …, Nous ne sommes pas allé(e)s …,
Nous avons visité …, Nous n'avons pas joué au golf,
Nous sommes allé(e)s …

6 1 Elles ont joué au tennis. Elles ont fait du vélo.
Elles n'ont pas fait de patinage. Elles ont fait du
camping.
2 Il a regardé la télé. Il a fait de la planche à voile. Il
a pris une douche. Il a joué de la clarinette. Il n'a
pas joué au foot.
3 Il n'a pas bu de vin. Il a surfé sur le net/utilisé
l'ordinateur/travaillé. Il a fait de la natation/nagé.
Il a fait du cheval/de l'équitation.
4 Ils ont écrit des cartes postales. Ils ont pris des
photos. Ils ont fait de la cuisine. Ils n'ont pas fait
de ski.
5 Elle a fait du yoga. Elle a fait du jogging. Elle n'a
pas chanté. Elle est allée au théâtre.

7 (*Suggested answers*)
1 Non, elle n'est pas allée au restaurant le mois
dernier, elle y est allée mardi soir.
2 Non, ils n'ont pas fait de patinage, ils ont fait
du ski.
3 Non, je n'ai pas préparé une omelette, j'ai
préparé une quiche lorraine.
4 Non, je n'ai pas fait de gâteau, j'ai fait une tarte
aux pommes.
5 Non, nous n'avons pas joué au rugby, nous avons
joué au foot.

6 Non, je n'ai pas joué sur l'ordi, j'ai joué avec mon gameboy.

7 Non, je n'ai pas passé l'aspirateur, mais j'ai fait la lessive.

8 Non, nous n'avons pas fait le ménage hier, nous sommes allés à la piscine.

9 Non, il n'a pas fait de tai-chi, il a fait du tae kwondo.

10 Non, nous ne sommes pas allés au cinéma, nous sommes allés au parc.

8

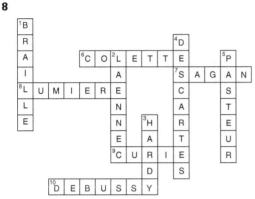

9 1 G, 2 J, 3 F, 4 I, 5 H, 6 D, 7 E, 8 C, 9 A, 10 B.

10 1 Vendredi soir il a ouvert une bonne bouteille et il a trop bu.

2 Samedi matin il a été malade mais il a fait un peu de bricolage.

3 L'après-midi il a lu le journal et il a écrit un courriel à son cousin.

4 Samedi soir il est allé chez des amis, où il a reçu un cadeau d'anniversaire.

5 Il n'a pas pu laver la voiture dimanche parce qu'il a plu toute la journée.

6 Il est allé au cinéma où il a vu un film de science-fiction.

7 Le soir il a eu mal à la tête, donc il a dû prendre une aspirine.

8 Il a pris une douche avant de se coucher.

11 (*Suggested answers*)
Vous avez/Avez-vous/Est-ce que vous avez pris des photos? Vous avez/Avez-vous/Est-ce que vous avez envoyé/reçu/écrit des méls? Est-ce que vous avez/Avez-vous/Est-ce que vous avez lu/acheté des magazines? Vous avez/Avez-vous/Est-ce que vous avez bu/acheté des alcopops? Vous avez/Avez-vous/Est-ce que vous avez envoyé/reçu/écrit des textos? Vous avez/Avez-vous/Est-ce que vous avez fumé/acheté des cigarettes? Vous avez/Avez-vous/Est-ce que vous avez regardé/acheté un DVD? Vous avez/Avez-vous/ Est-ce que vous avez téléphoné à/appelé quelqu'un/ écouté de la musique/envoyé/reçu des photos? Vous avez/Avez-vous/Est-ce que vous avez vu un film?/Vous êtes/Êtes-vous/Est-ce que vous êtes allés au cinéma?

12 1 décès, 2, 4 mariage, 3 naissance.

13 1 Bon/Heureux anniversaire!, 2 Bonne Année!, 3 Félicitations!, 4 Joyeux Noël!, 5 Sincères condoléances! 6 b, 7 a, 8 c, 9 a, 10 vœux, 11 heureux, 12 naissance.

14 1 mariage, 2 félicitations, 3 invitation, 4 repas, 5 mois, 6 notre, 7 bonheur, 8 jeunes.

15 1 pris, 2 achetée, 3 mises, 4 rencontrées, 5 prêtés, 6 rangées, 7 empruntée, 8 prêtées, 9 choisis, 10 loué.

16 (*Suggested answer*)

Bonjour Claude,

Merci pour ton petit mot. Moi, j'ai passé un dimanche épouvantable. J'ai eu mal à la tête et j'ai dû rester au lit toute la journée. En plus, je n'ai rien pu manger. En effet, samedi nous sommes allés à une réunion pour fêter les noces d'argent de mes beaux-parents. Naturellement, j'ai trop mangé et j'ai beaucoup bu. J'ai pris deux fois du bœuf bourguignon et des légumes, suivi d'une merveilleuse tarte tatin. Je n'ai pas mal bu non plus – du champagne pour commencer, du Nuits-St.-Georges et pour accompagner la tarte, un très bon Sauternes. Je n'ai pas envie d'aller travailler demain. Est-ce que je vais aller chez le médecin? Je ne sais pas encore.

Je t'embrasse,

Bilan

1 eu, 2 journée, 3 pris, 4 ouvert, 5 lu, 6 cadeaux, 7 choisie, 8 plaît, 9 chinois, 10 mangé, 11 bu, 12 fait, 13 réveil, 14 dormi, 15 resté, 16 fait, 17 téléphoné, 18 remercier, 19 allé, 20 besoin, 21 médicaments, 22 ordonnance.

Unité 3

1 1 le Nord-Pas de Calais
  2 l'Île de France
  3 la Normandie
  4 la Bretagne
  5 la Lorraine
  6 l'Alsace
  7 le Poitou-Charentes
  8 l'Auvergne
  9 l'Aquitaine,
  10 la région PACA (Provence-Alpes-Côte d'Azur)

2 1 dans le nord-est
  2 dans le sud-est
  3 dans le centre
  4 dans l'ouest
  5 dans le sud-ouest
  6 dans le nord
  7 dans le sud
  8 dans l'est

3 1 île, 2 trouve, 3 touristes, 4 département,
  5 légumes, 6 pêche, 7 située, 8 vignobles, 9 sépare,
  10 pont.

4 1 Bretagne, 2 Annecy, 3 Rouen, 4 Bourgogne,
  5 Amiens, 6 Nîmes, 7 Troyes. → BARBANT

5 1 que, 2 qui, 3 qu', 4 que, qui, 5 qui, 6 qui, 7 qui,
  8 qui, que, 9 qui, 10 qui, 11 qui, 12 qu'.

6 1 C'est un plat compliqué que je n'aime pas
    préparer.
  2 C'est une vieille église qui se trouve en
    Bourgogne.
  3 C'est le paysage varié qui permet de faire de belles
    randonnées.
  4 C'est un petit village perdu qui s'appelle
    Beauchamp.
  5 C'est une petite ville de Normandie qu'on trouve
    très pittoresque.
  6 La Martinique est une île des Antilles qui a choisi
    de rester française.
  7 Je m'intéresse à l'histoire de la Corse qui est très
    compliquée.
  8 Les 'figatelli' et le 'brocciu' sont des spécialités
    corses que les touristes aiment goûter.
  9 Belle-Île est une île de Bretagne que je n'ai jamais
    visité.
  10 Il faut aller à l'île de Ré qui a un climat
    particulièrement agréable.

7 1 dont, 2 qu', 3 dont, 4 qui, 5 qui, 6 dont, 7 qui,
  8 dont, 9 qui, 10 dont, 11 que, 12 qui, 13 qui,

14 dont, 15 que, 16 qui 17 que, 18 dont, 19 que,
20 qui. A la moutarde, B Agen, C Reims, D le bœuf
bourguignon, E Évian, F le couscous, G Le Bordelais,
H les crêpes, I Alsace, J la salade niçoise.

8 1 V, 2 F, 3 V, 4 F, 5 F, 6 V, 7 ?, 8 V, 9 V, 10 V, 11 V,
  12 ?, 13 V, 14 V, 15 F.

9 A Vincent, B Coralie, C Hakim, D Louise, E Josselin.
  1 L, 2 C, 3 J, 4 H, 5 V, 6 L, 7 J, 8 H, 9 L, 10 C, 11 V,
  12 L.

10 1 F, 2 V, 3 V, 4 F, 5 V, 6 V, 7 F, 8 F, 9 ?, 10 F,
  11 ?, 12 V.

11 1 forteresse, 2 cuisines, 3 tour, 4 jardins, 5 université,
  6 siècle, 7 moutarde, 8 cassis, 9 bateau,10 activités
  sportives.

12 Pour faire des économies d'eau: 3, 4, 6, 8, 10, 12.
  Pour faire des économies d'énergie: 1, 3, 14, 15, 16,
  17, 19, 20.
  Pour limiter la détérioration de l'environnement: 2, 4,
  5, 7, 9, 11, 13, 18, 19.

13 Récemment 1 Le Québec a déroulé ….
  2 Le taux de natalité a baissé.
  3 La Belle Province a cherché …
  4 Le nombre … a augmenté.
  5 Plus de 6000 … ont quitté la France.
  6 C'est le cadre de vie les a attirés.

14 1 J-L, S, 2 J-L, S, 3 S, 4 L, 5 J-L, S, 6 A, 7 J-L.

15

¹S	²T	A	T	I	³O	⁴N	⁵B	A	⁶L	N	E	⁷A	I	⁸R	E
T		U			⁹N	U	L		Y			G		E	
R			¹⁰U			E		¹¹S	¹²A	L	E	Z			
¹³A	S	¹⁴C	E	N	S	E	U	R		N			¹⁵D	E	
S		A	I			S		¹⁶R	E	¹⁷G	I	M	E		
¹⁸B	A	S	¹⁹V	²⁰I	N				L		²¹C	A		
O		S	E		²²A	L	²³S	²⁴A	C	E		H			
²⁵U	N	I	²⁶R	A	T	A	O			²⁷A	S			
R		S	S	²⁸A	S	²⁹	T			³⁰Q	U	E		
G			³¹I	N	T	E	R	³²I	E	U	R	S		
	³³V	³⁴T	T	³⁵I	C	I	S			³⁶S	I		
³⁷F	O	I	E	O		³⁸O		³⁹O	⁴⁰N	E			
⁴¹V	O	I	R	⁴²I	N	F	O	S		⁴³R	O	U	E	⁴⁴N
⁴⁵I	L		N		⁴⁶C	C			E					
⁴⁷R	E	⁴⁸N	E	⁴⁹D	E	⁵⁰S	C	A	R	T	E	S		U
⁵¹M	E		⁵²E	N		I		I		S			F	

Bilan

1 région, 2 que, 3 revoir, 4 qui, 5 connue, 6 département, 7 date, 8 sud, 9 nord, 10 dont, 11 lacs, 12 nautiques, 13 pittoresques, 14 fermes, 15 quittent, 16 habiter, 17 étrangers, 18 secondaire.

Unité 4

1

Entrées	Plats principaux	Desserts
artichauts vinaigrette potage Crécy crudités œuf mimosa 10 huîtres de Marennes assiette de charcuterie	canard à l'orange couscous tripes à la mode de Caen dinde rôtie lapin chasseur tomates farcies	mousse de citron au coulis de fraises île flottante tarte Tatin nectarines pochées au montbazillac glace à la pistache salade de fraises à l'orange

2 10, 5, 3, 12, 8, 13, 7, 9, 14, 2, 11, 6, 15, 4.

3 1 La bouteille est vide.
2 Le pain/la baguette est rassis/rassise.
3 La serviette est tachée/sale.
4 L'assiette est ébréchée.
5 Le verre est fêlé.
6 Le couteau est sale.
7 Le serveur/garçon est occupé.

4 1 F, 2 F, 3 V, 4 V, 5 F, 6 V, 7 une assiette,
8 porter à ébullition, 9 pocher, 10 un filet,
11 refroidi, 12 le contenu, 13 napper, 14 ajouter,
15 haché, 16 rôti.

5 La sauce béarnaise 2, 5, 7, 10, 16, 19, 22.
La soupe à l'oignon 3, 6, 9, 11, 13, 15, 20.
Le cœur à l'ananas 1, 4, 8, 12, 14, 18, 21.

6 1 tradition, 2 qualité, 3 tannique, 4 certains, 5 rouges,
6 alliance, 7 mieux, 8 expérience, 9 bleu, 10 chèvre,
11 base, 12 blanc.

7 1, 5, 7, 10, 6, 8, 12, 4, 2, 9, 11, 3.

8 1 B, 2 A, 3 C, 4 B, 5 C, 6 A, 7 B, 8 C.

9 1 le thé 2 la fourchette 3 le baba au rhum 4 le cidre
5 la tarte Tatin 6 la choucroute 7 les madeleines 8 le
couscous.

10 1 Laquelle, b, 2 Lesquels, a, b, 3 Laquelle, a,
4 Laquelle, c, 5 Lesquels, b, c, 6 Lequel, a, 7 Lequel,
b, 8 Laquelle, a, 9 Lesquels a, c, 10 Laquelle c.

11 1 celles, 2 celui, 3 ceux, 4 celle, 5 celui, 6 celles,
7 ceux, 8 celui.

12 1 Diététiciennes et nutritionnistes.
2 S'inspirer de la restauration scolaire en Vendée.
3 À cause du problème de l'obésité infantile aux
USA.
4 Les petits Américains ont seulement 20 minutes
pour déjeuner; En Vendée 90% des produits
utilisés pour les repas scolaires sont frais; En
Vendée un déjeuner scolaire coûte 4,40 € par
enfant; 30% des enfants américains sont obèses;
Les petits Américains mangent des frites 2 fois par
semaine/Les repas coûtent moins de 2 euros par
enfant.
5 En Amérique le déjeuner dure 20 minutes et
coûte moins de deux euros par enfant/Les petits
Américains mangent des frites deux fois par
semaine. Les enfants n'ont pas de couverts et
mangent dans des assiettes en carton. Ils peuvent
boire du soda. En Vendée ils ont des couverts, de
vraies assiettes et boivent de l'eau.

13 1 une délégation, 2 un(e) nutritionniste/
diététicien(ne), 3 Étasunien, 4 obèse, 5 sensibiliser,
6 les frites, 7 les couverts, 8 le carton, 9 le soda,
10 l'entrée.

14 1 initiative, 2 naturel, 3 bouteilles, 4 litre, 5 conseils,
6 variétés, 7 acides, 8 mûres, 9 verre, 10 lavées,
11 prix, 12 santé.

15 1 V, 2 F, 3 V, 4 F, 5 V, 6 F, 7 V, 8 V, 9 V, 10 F.

Bilan

1 gastronomiques, 2 gourmande, 3 Lesquelles, 4 soles, 5 Lesquels, 6 Ceux, 7 celles, 8 celle, 9 végétarienne, 10 recettes, 11 un régime, 12 santé, 13 la ligne, 14 cuisinés, 15 réchauffer, 16 au micro-ondes, 17 frais, 18 conserves, 19 surgelés, 20 emballages.

Unité 5

1 1 1 smoking, 2 1 paire de chaussettes, 3 1 serviette éponge, 4 1 ampoule, 5 1 vaisselier, 6 1 poivron, 7 un rouleau de scotch, 8 1 boîte de lessive.

2 1 vêtements-femmes, 2 chaussures, 3 cosmétiques, 4 fruits et légumes, 5 électroménager, 6 librairie-papeterie, 7 boissons, 8 épicerie.

3 1 1 smoking, vêtements-hommes
2 1 paire de chaussettes, vêtements-hommes/femmes
3 1 serviette éponge, linge
4 1 ampoule, électro-ménager

5 1 vaisselier, meubles
6 1 poivron, fruits et légumes
7 un rouleau de scotch, librairie-papeterie
8 1 boîte de lessive, produits d'entretien

4 (*Suggested answer*)

charcuterie	boulangerie-pâtisserie	boucherie	crémerie
du saucisson du pâté des rillettes du jambon	du pain de campagne des petits pains des croissants des tartes à fruits	un poulet de la chair à saucisse des côtelettes d'agneau un rôti de bœuf	du camembert des yaourts de la crème des œufs

5 1 G, 2 B, 3 C, 4 E, 5 A, 6 H, 7 F, 8 D.

6 Au marché: 3, 9, 11, 4, 6, 10, 7. Au supermarché: 5, 8, 1, 2, 12.

7 1 F, 2 D, 3 H, 4 E, 5 G, 6 B, 7 C, 8 A.

8 (*Suggested answer*) Chez les petits commerçants/au marché, c'est plus sympathique. On bavarde et on plaisante. On rencontre des amis. Les marchands sont souvent drôles et plaisantent avec les clients. Il y a un grand choix. On peut goûter avant d'acheter. Les produits sont frais, et ils ont plus de saveur/goût.

9 1 – Je vais faire un stage d'un an dans une entreprise en Angleterre. – Dans ce cas, je vous conseille d'ouvrir un compte courant sur place. *Dans une banque.*
2 – Est-ce que je dois remplir une fiche pour la douane? – Ce n'est plus nécessaire maintenant. *À la poste.*
3 – Est-ce que je peux utiliser ma carte de crédit de la même manière qu'ici? – Oui, pour régler les achats et pour retirer de l'argent aux distributeurs automatiques. *Dans une banque.*

4 – Je voudrais envoyer ce colis en recommandé.
– Ça fait neuf euros en économique.
À la poste.
5 – Pouvez-vous m'indiquer le rayon charcuterie, s'il vous plaît? – Prenez la deuxième à gauche, puis continuez le long de l'allée centrale. *Dans un supermarché/une grande surface.*

10 1 Je suis allé(e) …
2 Vous êtes arrivée …
3 Nous avons pris …
4 Tu es descendue …
5 Ils ont reçu …
6 On est parti …
7 Il n'est jamais entré …
8 Il ne sont pas sortis …
9 Je n'ai rien compris
10 Elle est restée …
11 Les jumelles sont nées …
12 Est-ce que vous êtes venus …
13 Les feuilles sont tombées …
14 Beaucoup de bébés sont morts …
15 Il est monté …

11 On fait son shopping à Calais.
1   sont arrivés
2   sont descendus
3   sont entrés
4   est resté
5   est descendu
6   sont d'abord allées
7   sont sorties
8   est entré
9   est vite ressorti
10 a vu
11 ont mangé
12 sont allés
13 sont retournés
14 sont arrivés
15 ont mis
16 sont montés
17 est tombée
18 a perdu
19 sont repartis
20 sont rentrés

12 1 V, 2 F Il a fumé une cigarette avant de descendre du car. 3 V, 4 V, 5 F Quelques uns sont allés plus loin.
6 F Vers/à environ cinq/dix-sept heures, 7 V, 8 V.

13 1 g, 2 e, 3 b, 4 a, 5 f, 6 c, 7 d.

14 1, 9, 6, 11, 8, 7, 12, 10, 4, 2, 5, 3.

15 1 V, 2 F, 3 F, 4 V, 5 F, 6 F, 7 F, 8 F, 9 F, 10 V.

Bilan

1 grandes surfaces, 2 rayons, 3 fruits et légumes, 4 ampoules, 5 électroménager, 6 toit, 7 commissions, 8 au supermarché, 9 propre, 10 emballé, 11 spéciales, 12 goûter, 13 sympathiques, 14 plaisanter, 15 bavarder, 16 amusants, 17 sont, 18 descendues, 19 volant, 20 banque, 21 sommes, 22 un guichet, 23 a sorti, 24 l'employé, 25 courant, 26 vitesse.

Unité 6

1   1 H, 2 G, 3 B, 4 C, 5 D, 6 A, 7 F, 8 E.

2   1 est venue, 2 ne sont pas sortis, 3 sont nées, 4 est mort, 5 sont allés, 6 est parti, 7 ne sont pas restés, 8 êtes arrivé, 9 ne suis pas entré(e), 10 sommes retourné(e)s, 11 es passée, 12 est monté(s), 13 est tombée, 14 ne sommes pas descendus.

3   1   Nous avons passé …
2   Elle a sorti …
3   Vous êtes retournée …
4   On est monté(s) …
5   J'ai passé …
6   Alain est descendu …
7   On a monté …
8   … est arrivé … ont descendu …
9   Elles ne sont pas passées …
10 Nous sommes descendu(e)s …
11 Il a trouvé … il a retourné …
12 Ils ont monté …
13 – Je ne suis pas sorti(e).
14 … As-tu passé …
15 Le vin lui est monté …

4   1 PARTIR, 2 DESCENDRE, 3 ARRIVER, 4 SORTIR, 5 CHERCHER, 6 PRENDRE/CHOISIR, 7 OFFRIR, 8 ALLER, 9 VISITER, ADMIRER, 10 FAIRE, ACHETER, 11 VISITER, VOIR, 12 RETOURNER, 13 REMONTER, 14 RENTRER.

5   Alice et Glenn sont partis de Londres dans l'après-midi. Ils sont descendus de l'Eurostar à 5 heures de l'après-midi et ils sont arrivés à l'hôtel à 6 heures moins le quart. Ils sont sortis de l'hôtel vers 8 heures pour chercher un bon restaurant. Ils ont pris/choisi le menu gastronomique. Glenn a offert une rose rouge à Alice. Le lendemain ils sont allés à Montmartre où ils ont visité le Sacré-Cœur et ont admiré les artistes place du Tertre. L'après-midi Alice a fait les grands magasins où elle a acheté une robe élégante et des chaussures assorties. Glenn a visité le Louvre où il a vu les trésors d'Egypte et la Joconde. Le soir ils sont retournés à la Gare du Nord et ils sont remontés dans l'Eurostar. Ils sont rentrés très tard à la maison.

6   (*Suggested answer*)
Nous sommes partis de Londres dans l'après-midi et nous sommes descendus de l'Eurostar a 5 heures. Nous sommes arrivés à l'hôtel à 6 heures moins le quart. Alice est restée dans la chambre, mais moi, je suis sorti de l'hôtel pour trouver le meilleur restaurant du quartier. Naturellement nous avons pris le menu gastronomique et nous avons fait un excellent repas. Plus tard je lui ai offert un joli bouquet de roses rouges. Le lendemain nous sommes allés à Montmartre où nous avons visité le Sacré-Cœur. Sur la Place du Tertre, nous avons acheté un tableau représentant une rue de Paris. L'après-midi Alice est allée faire les grands magasins mais elle n'a rien acheté. Avant de visiter le Louvre je suis entré dans un petit bar où j'ai bu une bière. Le soir, nous sommes retournés à la Gare du Nord et nous sommes remontés dans l'Eurostar. Nous sommes rentrés chez nous très tard.

7 C'est le *u* qui manque.

Je t'écris du cybercafé où nous avons pris le petit déjeuner. Nous sommes arrivés à Honfleur sans difficultés. C'est un joli petit port. Il a fait beau toute la journée et nous avons décidé de camper. Nous sommes allés à l'office du tourisme où on nous a indiqué un fermier qui nous a prêté un champ. Nous avons bavardé un peu avec lui avant de faire cuire des côtelettes d'agneau sur le réchaud à gaz. Délicieux! Nous n'avons pas eu froid grâce à nos nouveaux sacs de couchage. Maintenant direction Caen. Bisous.

8 (*Suggested answer*)
Hier nous sommes arrivés au joli petit port de St-Valery-sur-Somme. Nous avons déjà fait une belle promenade en bateau. Cet après-midi nous sommes allés nous promener en ville. Nous avons vu les vieilles maisons et la porte par où Jeanne d'Arc est passée au 15ᵉᵐᵉ siècle. Ce soir nous allons manger dans une brasserie qui est au bord de l'eau. Nous avons eu de la chance car il a fait beau toute la journée.

9 1 bouteille d'eau, 2 dormir, 3 auberges de jeunesse, 4 tente, 5 réchaud à gaz, 6 camping, 7 sac à dos, 8 affaires, 9 sac de couchage, 10 lampe de poche, 11 piles, 12 vélo, 13 portable, 14 carte bancaire, 15 argent.

10 piscine couverte, location de tentes, branchements électriques, aménagements pour handicapés, laverie automatique, réductions enfants, chiens en laisse acceptés, dépôt de pain, blocs sanitaires, plats à emporter.

11 1, 11, 4, 5, 2, 8, 10, 3, 7, 6, 9.

12 1 emplacement, D date. 2 restaurant, E plats. 3 lessive, B machines. 4 tarifs, C coûte. 5 réserver, A formulaire.

13 2 Il est situé sur *un terrain plat.* 3 Il est *facile* à trouver. 8 On peut acheter *du pain* et *des glaces* sur place. 9 Les clients sont contents car il y a une *rivière.* 10 Le camping est *ouvert* quatre mois par an. 11 La taxe de séjour est *comprise.* 12 Il est *conseillé/recommandé* de réserver pour séjourner entre le15 juillet et le 20 août. 14 Pour obtenir plus de renseignements sur *la région*, on peut consulter un site Internet.

14 1 C, 2 B, 3 C, 4 A, 5 A, 6 B, 7 C, 8 B, 9 A, 10 C, 11 B, 12 C.

Bilan

1 on, 2 avons passé, 3 un temps épouvantable, 4 louer, 5 trempées, 6 dormi, 7 a traversé, 8 a vu, 9 On est rentré, 10 Mont-Saint-Michel, 11 renseignements, 12 d'ouverture, 13 d'un emplacement, 14 la redevance, 15 réductions, 16 handicapés, 17 laver, 18 chauffée, 19 arrhes, 20 reconnaissant.

Unité 7

1 1 D, 2 E, 3 A, 4 B, 5 C.

2 Histoires d'amour, dessins animés, documentaires, films historiques, thrillers, westerns.

3 1 C, 2 J, 3 D, 4 F, 5 I, 6 E, 7 A, 8 B, 9 H, 10 G.

4 1 Elle s'est baignée.
2 Ils se sont reposés/assis (sur le port).
3 Il s'est douché/Il a pris une douche.
4 Elle s'est assise (sur la plage/le sable).
5 Elles se sont promenées/Elles ont fait une promenade avec le chien/Elles ont promené le chien.
6 Il s'est blessé/Il s'est fait mal.
7 Elles se sont amusées (dans la piscine).
8 Ils se sont mariés.
9 Ils se sont détendus/relaxés/bronzés.

5 1 pu, 2 rendu, 3 voulu, 4 levée, 5 entrée, 6 ouvert, 7 découvert, 8 mise, 9 souffert, 10 préparé, 11 dû, 12 arrivée, 13 fait, 14 amusé(e)s.

6 Philippe s'est réveillé à 6 heures, il s'est dépêché pour être à l'heure, il s'est rasé en cinq minutes, il n'a pas pris de petit déjeuner, il s'est rendu tôt au bureau pour une réunion, il ne s'est pas fâché avec un collègue difficile, il s'est disputé avec le patron, il a quitté tôt le bureau, il s'est changé avant de sortir avec des amis, il a/ils ont fait un bon repas puis il est allé/ils sont allés à un récital de piano, il s'est endormi pendant le concert, il ne s'est pas couché avant minuit.

7 1 sont allés, 2 ont acheté, 3 ont trouvé, 4 ont retiré, 5 se sont assis, 6 se sont éteintes, 7 a chuchoté, 8 s'est rapproché, 9 se sont

embrassés, 10 a entendu, 11 s'est retournée,
12 a vu, 13 a poussé, 14 s'est évanouie,
15 a sonné.

8 (*Suggested answer*)

Maude

Lundi dernier je suis allée au cinéma avec
Simon voir un film de science-fiction. Moi, je ne
les aime pas tellement, mais lui, il est accro.
Avant d'entrer dans la salle nous avons acheté une
boisson et un paquet de chips. Nous avons trouvé
des places au troisième rang. Nous avons retiré
notre veste et nous nous sommes assis. Les lumières
se sont éteintes. Après le générique la première
image était celle d'un grand château ruiné, perché
au sommet d'une montagne. Simon a commencé
à manger du chocolat. 'J'ai peur' ai-je chuchoté à
l'oreille de Simon, en lui prenant la main. Nous
nous sommes rapprochés et nous nous sommes
embrassés. Je n'ai pas vu le reste du film car j'ai
fermé les yeux.

(*Suggested answer*)

Simon

Lundi dernier je suis allé au cinéma avec Maude
voir une comédie musicale. Avant d'entrer dans la
salle je lui ai offert une boisson et une tablette de
son chocolat préféré. Nous avons trouvé nos places
au troisième rang bien proche de l'écran. Nous
avons retiré notre veste et nous nous sommes assis.
Les lumières se sont éteintes. Après le générique
la première image était celle d'un petit chalet au
sommet d'une montagne. Nous avons commencé
à manger du chocolat. Puis Maude m'a chuchoté
'C'est triste!' Elle a commencé à pleurer et j'ai sorti
un mouchoir de ma poche. Elle s'est essuyé les
yeux. Je me suis rapproché d'elle et nous nous
sommes embrassés.

9 1 ne s'est pas rencontré(s) à Cannes.
2 ne se sont pas mariés en 2004.
3 tu ne t'es pas disputé avec tes parents.
4 ne nous sommes pas couchés tard.
5 ne se sont pas inquiétés de leur retard.
6 je ne me suis pas perdu(e).
7 ne s'est pas noyé.
8 ne me suis pas caché.
9 ne s'est pas lavé les mains.
10 ne se sont pas endormies tout de suite.

10 (*Suggested answer*)

1 À quelle heure vous êtes-vous/est-ce que vous
vous êtes réveillé(e) hier?
2 Est-ce que vous vous êtes/Vous êtes-vous
levé(e) tout de suite?
3 Est-ce que vous vous êtes/Vous êtes-
vous lavé(e) avant de prendre le
petit-déjeuner?
4 Qui (est-ce qui) a préparé le petit déjeuner?
5 Qu'avez-vous/Qu'est-ce que vous avez pris au
petit déjeuner?
6 Qu'avez-vous/Qu'est-ce que vous avez fait
après?
7 Qu'avez-vous/Qu'est-ce que vous avez fait
l'après-midi?
8 Est-ce que vous vous êtes/Vous êtes-vous
disputé(e) avec quelqu'un?
9 Qu'est-ce que vous avez fait le soir?
10 Avez-vous/Vous avez pris quelque chose avant
de vous coucher?

11 On s'est rencontré(s) par hasard, on s'est regardé(s)
timidement, on s'est décidé(s) à se parler, on a
bavardé, on a ri, on s'est baigné(s) ensemble,
on a plongé, on s'est amusé(s), on s'est bronzé(s),
on s'est endormi(s), on s'est promené(s), on s'est
dit.

12 1 Je me suis brossé les dents avant de
m'habiller.
2 Il a pris un somnifère avant de se coucher.
3 Vous vous êtes disputés avant de quitter la
maison?
4 Les enfants ont fait leurs devoirs avant de
regarder la télé.
5 Hélène s'est habillée avant de prendre le petit
déjeuner.
6 On a réservé une table avant d'aller au
restaurant.
7 Tu t'es lavé les mains avant de te mettre à
table?
8 Antoine n'a pas dit au revoir avant de partir.
9 Je me suis endormi(e) avant d'éteindre la
lumière.
10 Elles se sont arrêtées avant d'être fatiguées.

13 1 Après m'être levé(e), j'ai pris une douche.
2 Après avoir pris une douche, je me suis
habillé(e).
3 Après m'être habillé(e), j'ai quitté la maison.

4 Après avoir quitté la maison, je suis arrivé(e) au travail.

5 Après être arrivé(e) au travail, j'ai fait une pause-café.

6 (*Suggested answer*) Après avoir fait une pause-café, j'ai lu mes e-mails.

7 (*Suggested answer*) Après avoir lu mes e-mails, j'ai déjeuné.

8 Après avoir déjeuné, j'ai fait quelques achats.

9 Après avoir fait mes achats, je suis rentré(e) chez moi.

10 Après être rentré(e) chez moi, j'ai dîné et j'ai pris un bain.

11 Avant de me coucher, je me suis brossé les dents.

14 1 Elle s'est réveillée après avoir fait un cauchemar.

2 Ils se sont mis à table après avoir bu un verre de champagne.

3 Nous avons pris un café après être allé(e)s au supermarché.

4 Marius s'est rasé à la maison après être sorti du bain.

5 On a prévenu la police après avoir découvert le vol.

6 Fabienne a téléphoné après s'être arrêtée dans un parking.

7 Tu as vu le film après avoir lu une bonne critique?

8 Jean et toi, vous êtes sortis après m'avoir téléphoné?

Bilan

1 avons, 2 grasse, 3 allés, 4 couchés, 5 levé, 6 préparé, 7 douche, 8 lavé, 9 reposer, 10 s'est baigné, 11 couché, 12 se sécher, 13 se détendre, 14 massage, 15 pleuvoir, 16 ranger, 17 assis, 18 regardé, 19 ouvert, 20 offerte, 21 j'ai sorti, 22 la veille.

Unité 8

1 1 E, 2 J, 3 I, 4 F, 5 H, 6 A, 7 C, 8 G, 9 D, 10 B.

3 1 V, 2 F, 3 F, 4 V, 5 F, 6 V, 7 V, 8 F, 9 V, 10 V, 11 F, 12 V, 13 V, 14 F, 15 V, 16 F.

4 1 me lève, 2 me lave, 3 m'habille, 4 vais, 5 acheter, 6 prends, 7 prépare, 8 sert, 9 demandent, 10 aide,

11 organiser, 12 remets, 13 nettoie, 14 faire, 15 veulent, 16 fais, 17 confectionne, 18 dois, 19 n'arrête pas, 20 fait.

5 1 me suis levée, 2 me suis lavée, 3 me suis habillée, 4 suis allée, 5 j'ai pris, 6 j'ai préparé, 7 m'a demandé, 8 ai aidés, 9 ai remis, 10 ai nettoyé, 11 suis allée, 12 j'ai préparé, 13 n'a pas arrêté, 14 ai dû.

6 (*Suggested answers*)

Le métier d'acteur est enrichissant, mais peut être irrégulier et mal payé si on n'est pas très connu. On a beaucoup de contacts avec les gens, le travail est très varié, mais quelquefois stressant. Les heures sont longues et variables.

Le travail de femme de ménage est ennuyeux et répétitif. Il est aussi mal payé. On n'a pas beaucoup de contacts avec les gens, sauf l'employeur. Pourtant, si on aime faire le ménage et avoir une maison propre et bien rangée, on peut y trouver des satisfactions personnelles.

Si on est cuisinier, les journées sont longues et le travail est fatigant. On n'est pas souvent libre le week-end, ce qui n'est pas bon pour la vie de famille. Dans les grands restaurants, le travail est créatif et on peut avoir des contacts avec des clients célèbres.

7 (*Suggested answer*)

Le métier de comptable est assez lucratif. Il est intéressant si on aime les maths et qu'on est passionné par les chiffres. On a quelquefois mal au dos ou aux yeux, si on travaille trop longtemps sur l'ordinateur.

8 1 annonce, 2 candidature, 3 âgée, 4 passé, 5 école, 6 bilingue, 7 sociétés, 8 étoiles, 9 région, 10 ci-joint, 11 diplômes, 12 photo, 13 entretien, 14 sentiments, 15 PJ.

9 (*Suggested answer*)

Madame,

Suite à votre annonce du 19 juin, j'ai l'honneur de poser ma candidature au poste de Hotliner. Je m'appelle Daniel Roussel et je suis âgé de 26 ans. J'ai un Bac + 2 et un BTS de commerce. J'ai une bonne connaissance de Word, Office et Outlook. Pour améliorer ma connaissance de la langue anglaise, j'ai travaillé six mois au Pays de

Galles comme barman, puis un an à Londres comme serveur dans un restaurant prestigieux. À mon retour j'ai travaillé un an comme expert informatique en CDI pour une société de Limoges. J'aime beaucoup le Limousin et je cherche maintenant un poste bien rémunéré en CDI dans la région.

Veuillez trouver ci-joint les copies de mes diplômes et mon CV.

Dans l'espoir de votre réponse, et sollicitant un entretien, je vous prie d'agréer, Madame, l'expression de mes meilleurs sentiments.

10 1 C, 2 D, 3 D, 4 C, 5 A, 6 C, 7 A, 8 D, 9 C, D, 10 A, B, 11 B, 12 B, D, 13 D, 14 A, D.

11 (suggested answer)
Type de poste recherché: Professeur
Possibilité de déplacements: Non
Type de contrat: CDI à Temps partiel
Salaire annuel brut souhaité: 20 K euro
Niveau de formation: Bac + 4
Langues: espagnol, anglais
Formation professionnelle et universitaire: Licence d'espagnol
Expérience: Écoles privées de langues vivantes en France et en Espagne
Centres d'intérêt/Loisirs: chorale, photographie, voyages

12 femme gendarme/policière

13 auditionner des témoins, arrêter des trafiquants de drogue, faire des contrôles d'identité, vérifier des véhicules, faire passer des Alcootests.

14 … des contrôles routiers, des contrôles d'identité. Elle vérifie des véhicules, elle fait passer des Alcootests. Elle est de permanence une journée et une nuit car la gendarmerie est ouverte 24 heures sur 24. Elle a aussi le droit d'enquêter, d'auditionner des témoins. Quelquefois elle a de grosses satisfactions, par exemple quand ils arrêtent des trafiquants de drogue.

15 1 métier, 2 études, 3 stages, 4 garage, 5 meubles, 6 vendus, 7 mariée, 8 chaise, 9 industriel, 10 carrière, 11 réussir, 12 technicien, 13 prix, 14 travailler, 15 débouchés, 16 freelance.

Bilan

1 J'y suis habitué, 2 le métier, 3 risques, 4 rentre, 5 terminé, 6 vendre, 7 la pêche, 8 propriétaire, 9 ma vie, 10 chambres d'hôtes, 11 service, 12 projets, 13 un bâtiment, 14 architecte d'intérieur, 15 murs, 16 indispensable, 17 hôtes, 18 occupés, 19 société, 20 posé, 21 annonce, 22 postuler, 23 CV, 24 entretien, 25 grâce à, 26 couramment, 27 ambiance, 28 en déplacement.

Unité 9

1 1, 10, 7, 3, 9, 5, 4, 8, 2, 6.

3 1, 7, 3, 10, 4, 8, 5, 2, 6, 9.

4 1 ferez du ski, vous jouerez au golf
2 je prendrai/préparerai le petit déjeuner, je ferai les lits
3 fera la vaisselle, il fera la lessive/le lavage
4 repassera/fera le repassage et elle passera l'aspirateur
5 donnerons à manger aux animaux/aux cochons d'Inde et aux poissons rouges, nous irons au supermarché/ferons les courses
6 regardera la télé, écoutera la radio
7 feront du vélo, ils joueront au tennis
8 ne nagera pas/ne fera pas de natation, il jouera au foot.

5 1 irons, 2 visterons, 3 prendrons, 4 changerons, 5 iront, 6 pourrons, 7 partirai, 8 louerai, 9 passerons, 10 ferons, 11 resterai, 12 jouera, 13 verrons, 14 arriverons, 15 boirons.

6 1 Sa femme et lui iront, 2 ils visiteront, 3 ils/elles prendront, 4 ils/elles changeront, 5 leurs enfants iront, 6 ils pourront, 7 il partira, 8 il louera, 9 ils passeront, 10 ils feront, 11 elle restera 12 son partenaire jouera, 13 ils/elles verront, 14 ils/elles arriveront, 15 ils boiront.

7 1 il ira, 2 Je n'aurai pas, 3 Serez-vous?, 4 Nous ferons, 5 On ne saura pas. 6 Il faudra, 7 Ils voudront, 8 Elle devra, 9 Il fera mauvais, il pleuvra, 10 Je recevrai, 11 Tu pourras, 12 Nous ne verrons pas, 13 Ils m'enverront, 14 Vous viendrez, 15 Elle tiendra.

8 1 Je reviendrai en France après mon stage en Allemagne.
2 On sera à l'heure pour l'arrivée de son avion.

3 Elle devra acheter un cadeau pour le mariage de son amie.

4 Vous pourrez voyager souvent quand vous aurez un camping-car.

5 On boira un verre pour arroser la naissance du bébé.

6 Tu verras la tante Alice pendant le week-end de Pâques.

7 Ils n'auront pas assez d'argent pour partir en vacances.

8 Elle ira au café pour retrouver ses copains.

9 Nous avons bien reçu votre demande de documentation et vous en remercions.
Nous vous informons que celle-ci vous parviendra sous 8 à 10 jours.
Nous vous remercions de l'intérêt que vous portez à notre ville et vous adressons nos salutations les meilleures.

10 1 lirai, fait, travaillerai/me reposerai
2 sommes, resterons
3 iront, descendront
4 irai, boirai
5 fera, louera
6 sera/iras/viendras, pourras
7 partira/ira/voyagera, prendra
8 fera, sera
9 allez/venez, verrez,
10 aurai, achèterai
11 ont, achèteront
12 seras/iras, enverras/écriras.

11 1 Je vais passer quelques années en France.
2 Ma firme/société va m'envoyer à Rennes.
3 Je travaille dans l'informatique. Mon bureau sera à Rennes, mais je voyagerai partout en Bretagne.
4 Je ne sais pas encore. Je déciderai quand j'y serai.
5 J'ai des amis là-bas, et ils m'aideront à rencontrer d'autres gens.
6 Oui, je crois que ça sera une expérience intéressante.

12 (*Suggested answers*)
1 Ma sœur est plus jolie que moi.
2 Je suis aussi intelligent que mon frère.
3 Le vin coûte moins cher au supermarché qu'au restaurant.
4 Les étudiants en médecine travaillent plus que les étudiants en droit.
5 Sonia parle aussi bien le russe que le français.
6 Paul court moins vite que Thomas.

7 Les grand-mères sont plus patientes que leurs filles.

8 Vous avez moins de temps libre que vos collègues.

9 Tu travailles aussi vite que ton copain.

10 Nos cousins sont plus grands que nous.

11 Il dessine aussi bien que son professeur.

12 Elle surfe sur le net aussi facilement que ses amies.

13

¹L	O	²U	E	³R	O	N	T	⁴	⁵C
I		N		E				I	H
⁶M	⁷E	I	L	L	⁸E	U	R		A
⁹O	N			¹⁰E	T				T
U		¹¹A	U	V	E	R	G	¹²N	E
S				E			R	A
¹³I	¹⁴R	O	¹⁵N	S		¹⁶V	E	N	U
¹⁷N	I		U		¹⁸D	O	S		X
	R			¹⁹L		I		²⁰I
²¹C	A	T	H	E	D	R	A	L	E

Bilan

1 sera, 2 rendront, 3 lèverai, 4 habillerai, 5 prendrai, 6 préparerai, 7 ménage, 8 arriveront, 9 bu, 10 déjeunerons, 11 promènerons, 12 beau, 13 plus, 14 que, 15 meilleur, 16 prochain, 17 discothèque, 18 aime, 19 bruyant, 20 sera, 21 fumerai, 22 est, 23 serai, 24 me coucherai, 25 le lendemain, 26 me réveillerai, 27 j'aurai, 28 resterai.

Unité 10

1 1 B, 2 G, 3 A, 4 H, 5 C, 6 D, 7 F, 8 E.

2 1 e, 2 d, 3 a, 4 f, 5 b, 6 c.

3 1 July – first forecast, December – second forecast.
2 *À la pluie:* risques d'orages, épisodes pluvieux, le retour de la pluie, un temps pluvieux, quelques pluies passagères

3   *L'été:* faire lourd, les conditions très estivales, du soleil et de la chaleur. *L'hiver:* les zéros degrés, les plaques de verglas, les températures à peine positives, les risques de neige, des nuits claires et froides, des gelées, ce temps froid, sec et ensoleillé.

4   1 arrivera, 2 achèterons, 3 verrez, 4 ai, 5 sera, 6 aura, 7 viendra, 8 va, 9 pourrez, 10 seras, 11 auras, 12 auront.

5   *(Suggested answer)*
A Lion: Les rencontres que je ferai dans mes déplacements professionels m'ouvriront d'autres horizons. Mes relations avec l'être aimé seront au beau fixe, ce qui me permettra de passer un bon week-end.

(Suggested answer)
B Gémeaux: Nous nous disputerons avec nos collègues. Nous ne manquerons pas une occasion de contredire notre partenaire./On se disputera avec nos collègues. On ne manquera pas une occasion de contredire notre partenaire.
C 1 sept, 2 Verseau, 3 Gémeaux, Cancer, Vierge, Sagittaire, Verseau, 4 Taureau, Lion, Scorpion, Sagittaire, Verseau, 5 Je ne manquerai pas une occasion de contredire mon/ma partenaire, 6 Lion, Scorpion, Sagittaire, 7 Taureau, 8 neuf, 9 Sagittaire, Capricorne, 10 Les Balances 11 Vierge, Verseau, Poissons, 12 Cancer, Vierge, Sagittaire, Poissons.

6   1 menuiserie, 2 plomberie, 3 maçonnerie, 4 chauffage, 5 créativité, 6 décoration, 7 luminaire, 8 quincaillerie, 9 électricité, 10 jardin.

7   1 un escabeau, 2 de la peinture, 3 un pinceau, 4 du papier peint, 5 une clé mixte, 6 une truelle, 7 une échelle, 8 un râteau, 9 une brouette, 10 une tondeuse.

8   1   un marteau
2   une scie
3   un râteau, une brouette, une tondeuse
4   du papier peint, de la colle, un escabeau
5   des ciseaux
6   de la peinture, des pinceaux, un escabeau/une échelle
7   une truelle
8   une clé mixte
9   du bois, une scie, des clous, un marteau, un rabot
10   une règle, de la colle, des carreaux.

9   1 F, 2 V, 3 V, 4 F, 5 V, 6 F, 7 V, 8 V.

10   1 F, 2 E, 3 A, 4 C.

11   1   une peinture magnétique et des magnets
2   les surfaces de travail
3   la place au-dessus de la tête de lit
4   des rideaux neufs
5   les lampes adhésives
6   de peindre des motifs qui représentent ce que les tiroirs contiennent
7   grâce à un système de rails sur lesquels on peut faire glisser différents spots et des lampes suspendues
8   Il faut choisir une couleur qui se marie/va bien avec le reste.

12   1 Voyant, 2 Remarquant, 3 cherchant, 4 Ayant, 5 Profitant, 6 voulant, 7 vidant, 8 Sachant, 9 Hésitant, 10 finissant.

13   1 F Non, il va fermer, 2 V, 3 F Non, elle profite de sa visite pour faire d'autres achats, 4 V, 5 V, 6 F Non, elle n'a pas le temps/le magasin est fermé, 7 V, 8 V.

Bilan

1 ciel, 2 orageux, 3 rafales, 4 nuages, 5 brouillards, 6 brillera, 7 souffleront, 8 baisse, 9 sec, 10 éclaircies, 11 marteau, 12 accrocher, 13 du tissu, 14 des rideaux, 15 fait, 16 brouette, 17 escabeau, 18 un rouleau, 19 repeint, 20 jardinage, 21 perceuse, 22 trous.

Unité 11

1 secrétaire, 2 projets, 3 rendez-vous, 4 vacances, 5 commande, 6 affaires, 7 service, 8 déplacement, 9 à l'étranger, 10 catalogue, 11 échantillons, 12 recruter.

2   A: 5, 7, 4, 3, 8, 1, 6, 2. B: 6, 1, 8, 7, 5, 2, 9, 4, 3.

3   1 appareil, passer, part, 2 écoute, poste, quittez, 3 parler, réunion, heure, 4 regrette, rappeler, nom, numéro de téléphone, 5 service, occupée, commission.

4   1 E, 2 C, 3 J, 4 H, 5 A, 6 B, 7 I, 8 F, 9 D, 10 G.

5 A Télévendeur, B Chargé d'opérations bilingue,
C Assistante commerciale D Responsable
Événementiel et Animation, E Directeur des
Ressources Humaines.

6 1 C, 2 D, 3 B+D, 4 A+C, 5 C, 6 A, 7 B, 8 A, D+E, 9
D, 10 B, D+E.

7 A: 1 un bock, 2 l'œil aux aguets, 3 amer, 4 le fiel,
5 un couperet, 6 se moquer de, 7 une brasserie,
8 une horloge, 9 le/la concierge.
B: 1F, dans un ministère, 2F, plusieurs fois, 3F Après
être entré dans la brasserie, 4V, 5F, il est rentré chez
lui, 6F après avoir quitté la brasserie, 7V, 8V, 9V, 10V.

8 2 Deux faits divers parlent de fermeture de
magasin.
4 Deux articles mentionnent des problèmes de
plafond.
5 Un hangar a brûlé/Un supermarché a pris l'eau à
Saint-Julien.
6 Le musée a fermé un jour plus tôt.
7 La pluie est tombée vers 15 heures.
8 Le magasin de meubles est resté ouvert.

9 1 B, 2 aucun, 3 aucun, 4 aucun, 5 A, 6 B, 7 A, 8 B,
9 aucun, 10 A, 11 A, 12 B.

Bilan

1 chômage, 2 retrouver, 3 entreprise, 4 rémunéré,
5 semaines, 6 smartphone, 7 remise, 8 commande,
9 société, 10 succursales, 11 déplacement, 12 recruter,
13 DRH, 14 annonces, 15 fumée, 16 usine,
17 pompiers, 18 incendie, 19 explosion, 20 locataires,
21 étage, 22 échelle, 23 éteindre, 24 blessé.

Unité 12

1 1 Il faisait un temps splendide.
2 Toutes les tables de la terrasse étaient
occupées.
3 Je mangeais des crêpes et je buvais du cidre.
4 Les personnes âgées étaient assises.
5 Nous habitions dans un petit village.
6 Je nageais tous les jours.
7 Est-ce que tu voulais travailler dans un bureau?
8 Ils n'allaient pas aux sports d'hiver.
9 Il sortait tous les soirs.
10 Elle était épuisée.

11 Aviez-vous les moyens d'aller en vacances à la
Guadeloupe?
12 On pouvait faire du ski et de la luge.
13 Elle allait souvent à la patinoire.
14 Tu commençais à travailler à quelle heure?
15 Nous gagnions bien notre vie.

2 1 me trouvais, 2 faisait, 3 brillait, 4 avait,
5 marchaient, 6 promenaient, 7 bavardaient,
8 étaient, 9 tournaient, 10 admiraient, 11 prenaient,
12 avait, 13 buvaient, 14 mangeais, 15 étaient,
16 bâtissaient, 17 faisait, 18 jouaient, 19 se
baignaient, 20 passait.

3 A 1 écoutait, 2 étaient, 3 étaient, 4 avait, 5 finissait. –
Dans un garage. B 1 avait, 2 bavardaient, 3 faisaient,
4 comparaient, 5 choisissait, 6 faisait. – Au marché.
C 1 disait, 2 finissaient, 3 sortaient, 4 se dirigeaient,
5 attendaient, 6 se trouvait, 7 regardions,
8 prenions. – Dans la rue.

4 (*Suggested answers*)
a Un dimanche midi dans une maison de
campagne.
C'était une jolie maison aux volets bleus et aux
tuiles rouges. Dans le jardin il y avait une grande
piscine où les enfants s'éclaboussaient en riant.
La grand-mère était assise dans une chaise longue.
Comme il faisait très beau, elle portait une robe
légère, un grand chapeau de paille et des lunettes
noires. Elle avait les yeux fermés et elle souriait.
Le père mettait le couvert sur la terrasse. La mère
sortait le poulet du four.

b Un jour gris au bord de la mer.
Le ciel était gris. De gros nuages couraient dans
le ciel. Le vent soufflait fort et les rares parasols
s'envolaient. Il y avait des moutons sur la mer et
de grosses vagues se brisaient sur la plage. Il n'y
avait personne dans l'eau. Un groupe d'amis jouait
aux boules dans le sable. Des jeunes jouaient au
ballon pour se réchauffer. Une dame enfilait un pull
de laine. Une autre mettait un pantalon. Plusieurs
personnes quittaient la plage.

c À la discothèque.
Il y avait beaucoup de bruit et il faisait sombre.
Les gens qui étaient assis autour de petites tables
buvaient et bavardaient. Ils criaient pour se faire
entendre. Au bar, il y avait beaucoup de monde.
Il fallait attendre pour se faire servir. Dans un coin
une fille remettait du rouge à lèvres et une autre
se brossait les cheveux. Sur la piste de danse des
couples étaient enlacés. D'autres dansaient seuls ou
en groupes. Quelques jeunes s'embrassaient.

d   Dans un restaurant.
Tous les membres d'une famille chantaient pendant qu'une petite fille soufflait les bougies d'un gros gâteau d'anniversaire. Un garçon portait une assiette de charcuterie dans une main et une douzaine d'escargots dans l'autre. Un groupe de jeunes choisissait un menu. Une dame disait que ses pâtes étaient froides. Une autre demandait l'addition. Un petit garçon refusait de manger ses légumes. Un client mettait un pourboire sur la table. Le sommelier débouchait une bouteille de vin.

5   1 vivaient, 2 était, séparait, 3 avait, 4 avaient, mangeaient, 5 souffraient, allaient, 6 buvait, mangeait, 7 marchaient, remplaçait, 8 était, 9 accomplissaient.

6   (*Suggested answer*) Quand j'étais en activité, je travaillais tous les jours de 8 heures du matin à 6 heures du soir et j'avais 2 heures pour déjeuner. D'habitude, je rentrais manger à la maison car j'habitais tout près du bureau et j'allais travailler à pied. Tous les soirs je faisais quelques courses dans les petits magasins du quartier. Je ne me couchais jamais tard pendant la semaine mais tous les samedis je sortais avec des copains – nous allions souvent à la discothèque – et le dimanche matin j'aimais faire la grasse matinée. L'après-midi je jouais quelquefois au tennis. De temps en temps, quand on m'invitait, j'allais passer le week-end chez des amis.

7   1 avait, 2 décidait, 3 avait, 4 habitait, 5 faisait, 6 prenait, 7 logeaient, 8 avais, 9 montait, 10 descendait, 11 entrait, 12 surveillait, 13 regardait, 14 étaient, 15 étaient, 16 laissait, 17 soignait.

8   1 V, 2 F, 3 F, 4 V, 5 V, 6 F, 7 F, 8 V.

9   (*Suggested answers*)

Avant	**Maintenant**
Jeannette et Olivier avaient une vieille voiture.	Ils ont deux voitures neuves.
Ils habitaient un petit appartement au sixième sans ascenseur.	Ils habitent une grande maison individuelle avec un grand jardin.
Ils sortaient rarement.	Ils sortent au moins trois fois par semaine.
Ils regardaient la télé tous les soirs et ils allaient quelquefois au cinéma.	
Ils ne partaient en vacances qu'une fois par an et restaient en France où ils faisaient du camping.	Ils partent en vacances au moins 3 fois par an, ils visitent différents pays et descendent dans des hôtels de luxe.
Ils mangeaient rarement au restaurant, seulement pour les anniversaires.	Ils mangent au restaurant toutes les semaines.
Ils achetaient des vêtements bon marché.	Ils n'achètent que de bonnes marques.
Ils faisaient du bricolage.	Ils font repeindre la maison.
Ils faisaient le ménage.	Ils ont une femme de ménage.
Ils préparaient tous les repas.	Ils achètent des plats cuisinés.
Ils avaient beaucoup de bons amis.	Ils ont trop d'amis.

10   (*Suggested answer*)
Il y a 5 ans, nous avions une vieille voiture. Nous habitions un petit appartement au sixième sans ascenseur. Nous sortions rarement. Nous allions quelquefois au cinéma. Nous ne partions en vacances qu'une fois par an et nous restions en France où nous faisions du camping. Nous mangions rarement au restaurant, en général pour mon anniversaire. Nous achetions des vêtements bon marché. Olivier faisait du bricolage et réparait la voiture ou la machine à laver. Moi je faisais le ménage et la cuisine. Nous avions pleins de bons copains et nous nous amusions beaucoup.
   Maintenant, nous avons deux voitures neuves et nous habitons une grande maison avec six chambres, trois salles de bains et un dressing. Le jardin est immense et le jardinier vient toutes les semaines. Nous sortons presque tous les soirs, nous allons au restaurant, au théâtre, à l'opéra – je trouve ça très ennuyeux, je préfère la télé. J'achète des vêtements chic mais je trouve les jeans plus confortables. Nous mangeons des plats cuisinés et ça me fait grossir. Maintenant, tous les gens qui viennent nous voir veulent nous emprunter de l'argent.

11 1 D, 2 I, 3 J, 4 B, 5 E, 6 G, 7 H, 8 A, 9 C, 10 F.

12 Une personne a dit …
1 que lorsqu'on était plusieurs personnes à voyager, la voiture coûtait moins cher.
2 qu'elle détestait voyager en avion parce qu'elle ne se sentait pas en sécurité.
3 que pour les voyages courts elle préférait prendre le train car on perdait moins de temps à la gare qu'à l'aéroport.
4 qu'il y a avait beaucoup d'accidents de voiture surtout au moment des vacances et quand il faisait mauvais temps.
5 qu'en France, le train était intéressant pour les familles nombreuses car la SNCF proposait beaucoup de réductions.
6 que quand on ne partait pas en vacances avec sa voiture, il fallait en louer une.
7 que si on oubliait de composter son billet on devait payer une amende.
8 que depuis qu'ils étaient à la retraite ils avaient un camping-car et qu'ils voyageaient beaucoup parce que c'était bon marché.
9 que les voyages en train étaient plus faciles maintenant pour les handicapés car il y avait des aménagements spéciaux dans les gares et les TGV.
10 qu'il/elle faisait du cyclotourisme et que c'était très agréable à condition de rester sur les petites routes où il n'y avait pas trop de circulation.

13 (*Suggested answers*)
Les jeunes, nouvelle cible de la SNCF
Les jeunes veulent un train plus adapté à leurs besoins
Les enfants réclament un train plus sympa
La SNCF à l'écoute des jeunes
La SNCF se met à Internet/au multimédia
La SNCF à l'heure d'Internet
La SNCF à la recherche/veut attirer de nouveaux clients

1 f, 2 h, 3 e, 4 g, 5 a, 6 j, 7 b, 8 i, 9 c, 10 d.

14 A 4, B 1, C 3, D 5, E 2.

15 1 coulaient, 2 étaient, 3 émergeaient, 4 s'accentuaient, 5 apercevait, 6 réunissait, 7 se tenaient, 8 était, 9 pouvions, 10 se dessinait, 11 criait, 12 écoutais, 13 regardais, 14 prenions, 15 était.

16 Vrai: 2, 3, 4, 7. Faux: 1 Ils étaient seuls, 5 Ils ont entendu les chutes avant de les voir, 6 La rive américaine était plus sauvage que la rive canadienne, 8 Il a désobéi/regardé/ouvert les yeux.

Bilan

1 janvier, 2 de ski, 3 froid, 4 neige, 5 passaient, 6 portaient, 7 faisaient, 8 achetaient, 9 occupées, 10 débordés, 11 buvaient, 12 consommation, 13 bavardant, 14 se dépêchaient, 15 vite, 16 au restaurant, 17 emporter, 18 se retrouvaient, 19 karaokés, 20 d'avantages, 21 handicapés, 22 ennuyeux, 23 nombreuses, 24 de réductions, 25 peur, 26 la formule, 27 moins cher, 28 vacances.

Unité 13

1 1 La Guyane Française n'est pas une île.
2 Le Mont Blanc n'est pas un volcan.
3 Le Danube n'est pas en France.
4 Venise n'est pas une capitale.
5 Vassivière est un lac, pas un château.
6 Saumur n'a pas de cathédrale gothique.
7 L'Amazone est un fleuve d'Amérique du sud.
8 Les îles Anglo-Normandes où on parle anglais.

2 1 L'Everest, 2 le Mont Blanc, 3 dans les Alpes, 4 le Ben Nevis, 5 en Suisse, 6 le Pacifique, 7 au Canada, 8 le lac Supérieur, 9 le Danube, 10 la Loire, 11 la Tamise, 12 en Amérique du sud, 13 l'Amazone, 14 les chutes Victoria, 15 le Sahara.

3 1 moins long/plus court, 2 moins hautes, 3 moins grand/plus petit, 4 plus profond, 5 plus profonde, 6 moins long/plus court, 7 plus longue/moins courte, 8 moins haut, 9 plus grand/moins petit, 10 plus haut.

4 1 meilleures, 2 pire/plus mauvaise, 3 mieux, 4 meilleur, 5 mieux, 6 moins, 7 meilleure, 8 moins bien/plus mal, 9 mieux, 10 moins.

5 1 meilleur, 2 plus jolie, 3 plus vieilles, 4 plus belle, 5 pire/plus mauvaise, 6 plus fraîches, 7 plus studieuses, 8 plus longues, 9 meilleur, 10 plus sportive.

6 (*Suggested answers*)
Amélie pèse 60 kg. Si elle fait du jardinage pendant deux heures, elle brûlera 600 calories. Cependant si elle en fait pendant une heure et demie, elle brûlera 150 calories de moins.

En faisant de la natation elle brûlera plus de calories que si elle joue au tennis. Si elle fait du vélo elle brûlera moins de calories que si elle fait de la marche rapide mais elle ira plus loin. En tout cas elle brûlera moins de calories que son partenaire qui pèse 20 kg de plus qu'elle.

7 1 la fraise, 2 le melon et la fraise, 3 la pêche, 4 oui, 5 moins juteux, 6 la framboise.

8 1 protection, 2 chaleur, 3 menacée, 4 protéger, 5 vieillissement, 6 lèvres, 7 filtres, 8 contrôlés, 9 simplement, 10 pharmacie.

9 1 meilleure, 2 plus, 3 moins, 4 nouveaux, 5 carrés, 6 four, 7 réchauffer, 8 libération, 9 merci.

10 Georges Brassens

11 (*Suggested answers*)

Solène porte la jupe la plus courte. Il a acheté le pantalon le moins long. C'est la cravate la moins chère. C'est le chapeau le plus foncé qu'il préfère. Ce sont les chaussures les moins pratiques pour conduire. C'est le manteau le plus confortable. C'est le maillot de bain le plus sexy. C'est le bikini le plus petit qu'elle veut mettre. C'est le parapluie le plus grand. C'est la montre la moins moderne. C'est le livre le moins intéressant sur le sujet. C'est le film de Claude Chabrol le plus original. C'est la voiture la plus rapide de cette catégorie. C'est l'avion le plus vieux de l'aérodrome. Ce sont les médicaments les plus efficaces. C'est la maison la plus jolie du quartier. C'est le jardin le plus long mais le moins large. Ce sont les enfants les plus gentils de la classe. C'est la valise la plus lourde. C'est la personnalité politique la moins sympathique du parti socialiste. C'est le médecin le plus diplômé de l'hôpital. C'est la prof la plus populaire du lycée. C'est l'acteur le moins jeune. C'est la ville la plus sombre.

12 1 mieux, 2 les meilleures, 3 mieux, 4 la mieux, 5 le meilleur, 6 le mieux, 7 meilleurs, 8 meilleures.

13 1 le mien, 2 les siennes, 3 le sien, 4 la nôtre, 5 le leur, 6 les vôtres, 7 les leurs, 8 le tien, 9 les siennes, 10 les nôtres.

14 1 je pense que, 2 il est évident, 3 j'ai un faible, 4 je suis accro de, 5 j'ai horreur, 6 je ne peux pas supporter, 7 je suis d'accord, 8 par contre, 9 ça ne me plaît pas, 10 à mon avis.

15 (*Suggested answers*)

L'enfance – Il est évident que les enfants sont toujours les premières victimes de la pauvreté. Je ne peux pas supporter l'idée que plus de 200 millions d'enfants dans le monde travaillent comme des esclaves. Je suis d'accord pour dire qu'il est intolérable que 5000 enfants couchent dans la rue en France de nos jours. Je pense que les enfants ont des droits qu'il faut respecter, par contre, ils ont aussi des responsabilités et des devoirs. À mon avis, les droits fondamentaux des enfants sont le droit à l'éducation, au logement et à la santé.

Le sport – Personnellement, je suis accro de basket. Je pense qu'il est bon de faire du sport au moins une fois par semaine. À mon avis, ceux qui pratiquent régulièrement un sport sont plus heureux que ceux qui restent des heures devant la télé. Je pense que c'est bon pour la santé et bon pour le moral.

Bilan

1 plus, 2 l'île, 3 la plus grande, 4 plus, 5 le plus peuplé, 6 plus, 7 moins élevée, 8 moins, 9 plus, 10 la ville, 11 plus peuplé, 12 la nôtre, 13 plus vives, 14 vôtres, 15 les miens, 16 plus colorés, 17 les leurs, 18 originaux, 19 à mon avis, 20 par contre, 21 moins impressionnants, 22 en ce qui concerne, 23 la meilleure, 24 les nôtres, 25 la tienne, 26 stressés

Unité 14

1 1, 8, 10, 7, 11, 4, 6, 2, 5, 9, 12, 3.

2 1 l'autoroute, 2 l'heure, 3 vitesse, 4 dépasser, 5 en face, 6 ralenti, 7 carrefour, 8 rouge, 9 chauffeur, 10 freiné, 11 blessé, 12 phares.

3 Location de voitures, sens interdit, autres directions, rond-point, stationnement autorisé.

4 (*Suggested answer*)
– Bonjour monsieur, ma voiture est tombée en panne.
– Quel est votre numéro d'adhésion?
– Voyons … alors c'est le 591 539 042
– Madame Lafitte?
– C'est exact.
– Où êtes-vous exactement, madame?

– Sur la départementale 19, à Montréal, dans un virage près d'un supermarché.
– Et vous rouliez dans quel sens?
– Je venais de Carcassonne, et je me dirigeais vers Mirepoix.
– Et quelle est la marque et la couleur de votre véhicule?
– C'est une Renault Mégane, gris métallisé.
– Très bien, madame. La dépanneuse sera avec vous dans environ trois quarts d'heure.
– Ah non! Pas plus tôt? J'ai un rendez-vous très important ce matin.
– On fera de notre mieux madame, mais on ne peut pas le garantir.

5 1 jouaient, 2 dansait, 3 dessinait, 4 montrait, 5 fumait, 6 lisait, 7 dormait, 8 se battaient, 9 a mis/a caché, 10 est descendue, 11 a nettoyé, 12 a caché/a mis, 13 a fermé, 14 se sont assis, 15 s'est réveillé, 16 a éteint.

6 1 j'ai vu, 2 arrivait, 3 a dépassé(e), 4 n'a pas ralenti, 5 était, 6 a heurté, 7 est allée, 8 était, 9 a eu, 10 n'ai pas eu, 11 suis descendu(e), 12 j'ai demandé, 13 était, 14 avait, 15 était, 16 ai tout de suite appelé.

7 Vrai: 1, 3, 5, 6. Faux:
2   Elle roulait vite.
4   Il a été témoin d'un accident.
7   Elle est entrée en collision avec un arbre.
8   Elle a été légèrement blessée.

8 1 était, 2 avait, 3 pleuvait, 4 portait, 5 s'abritait, 6 faisaient, 7 servait, 8 mettait, 9 réchauffait, 10 regardaient, 11 choisissaient, 12 dormaient, 13 finissaient, 14 écoutaient.

9 (*Suggested answers*)
1   a sorti les plats du micro-ondes et les a posés sur le bar.
2   l'a renversé sur la cliente.
3   a laissé tomber des couteaux et des fourchettes.
4   est entré.
5   ont décidé de partir.
6   s'est réveillé et s'est mis à pleurer.
7   ont rassuré leurs enfants en leur parlant tout doucement.
8   se sont arrêtés de manger leur glace.
9   ont sorti leur portable et ont appelé leurs copains.

10 (*Suggested answers*)
1   je prenais mon petit déjeuner au lit.
2   nous étions en réunion au 13ième étage.
3   je regardais un bon film à la télé.
4   on se promenait près du vieux port.
5   nous jouions au volley sur la plage.
6   je mettais un mot dans la boîte aux lettres du voisin.
7   on se promenait dans les bois.
8   je faisais du 150 à l'heure sur l'autoroute.
9   je faisais mes courses au marché.

11 1   J'ai acheté du paracétamol, parce que j'avais mal à la tête.
2   Nous avons pris un taxi, parce que nous étions en retard.
3   Solène et Estelle ont fait un régime, parce qu'elles voulaient maigrir.
4   Kamel est allé chez le dentiste, parce qu'il avait mal aux dents.
5   Ils ont mis un manteau, parce qu'il faisait froid.
6   Les enfants ont mangé une banane, parce qu'ils avaient faim.
7   Je me suis couché(e), parce que j'étais fatigué(e).
8   Adeline s'est maquillée, parce qu'elle est allée manger au restaurant.
9   Nous n'avons pas pu prendre l'ascenseur, parce qu'il était en panne.
10   Les étudiants ont révisé les verbes irréguliers, parce qu'ils avaient un examen.

12 A 2, 4, 8, 7, 1, 5, 3, 6. B 7, 4, 3, 2, 6, 1, 5.

13 *Le disparu du Finistère*: L'inquiétude *était* vive depuis jeudi après la disparition subite d'un homme de 72 ans. Le septuagénaire *n'est pas rentré* chez lui après sa promenade quotidienne. Comme il n'*était* toujours pas là pour le déjeuner, sa femme *a donné* l'alerte. La police *a fait* des recherches avec l'aide de volontaires et d'un hélicoptère, sans succès. Le lendemain des enfants *ont entendu* des appels et on *a finalement retrouvé* le disparu au bord d'une route qui *se trouvait* à 10 kilomètres de son village. L'homme *était* très fatigué et on l'*a emmené* à l'hôpital. Il y *a passé* la nuit pour observation.
160 km/h en Twingo: Il *était* environ 16 h vendredi. Un jeune conducteur *circulait* dans le centre de Nantes. Un gendarme *a remarqué* les imprudences et la vitesse excessive de la Twingo. Il *a pris* le jeune homme en chasse. Le chauffard *a quitté* la ville et *s'est retrouvé* sur la RN 137 en direction de

Rennes. Il *n'a pas remarqué* la voiture de gendarmerie qui le *suivait* et dont le gyrophare *fonctionnait*. La Twingo *roulait* à 160 km/h quand le jeune homme *s'est rendu* compte qu'il *devait* s'arrêter. Il *avait* son permis de conduire depuis seulement trois mois. Le gendarme le lui *a retiré* immédiatement.

14 Premier article: 1, 3, 4, 6, 8, 10, 11.
Deuxième article: 2, 5, 7, 9, 12.

15 La voisine de droite, car on ne peut pas aller à la poste ou faire du shopping en France, le 14 juillet étant un jour férié.

Bilan

1 accrochage, 2 lieu, 3 roulait, 4 volant, 5 dépasser, 6 appels, 7 klaxonné, 8 ralenti, 9 accéléré, 10 à droite, 11 heurtées, 12 plaque, 13 louer, 14 formulaire, 15 prenaient, 16 ont cessé, 17 ont continué, 18 a posé, 19 fêtait, 20 a mis, 21 couchés, 22 bavardaient, 23 portable, 24 s'entraînaient, 25 rhabillés.

Unité 15

1 1 (Vous) prenez la deuxième (rue) à gauche, puis vous tournez à droite et (vous) continuez jusqu'à l'église.
2 (Vous) continuez jusqu'au feux et (vous) tournez à droite.
3 (Vous) allez tout droit puis (vous) traversez la rivière/le pont.
4 (Vous) tournez à droite puis (vous) prenez la première à gauche.
5 Au rond-point (vous) tournez à gauche.
6 En sortant du parking (vous) tournez à droite et (vous) prenez la deuxième (rue) à gauche.

2 (*Suggested answers*)
1 Vous servez le petit déjeuner à quelle heure?
2 Pouvez-vous me réveiller à sept heures?
3 Y a-t-il un bon restaurant dans le quartier? Je dois inviter des clients importants à dîner.
4 Faut-il réserver une table?
5 Il y a un garage ou un parking?
6 Où est-ce qu'on peut garer sa voiture?

3 1 E, 2 B, 3 A, 4 F, 5 C, 6 D.

4 1 bruyante/jardin, 2 serviettes/apporte, 3 panne/couloir, 4 marche/appeler, 5 fermé/recommande, 6 cuite/saignant, 7 blanche, 8 débordé/serveuse, 9 brûlée/cuisine.

5 (*Suggested answers*)
1 Nous fêtons les fiançailles de ma fille. Pouvez-vous m'apporter une bouteille de champagne et quatre flûtes?
2 Monsieur, s'il vous plaît! Ça fait une demi-heure que j'attends!
3 Pardon, madame, le pain est rassis.
4 Venez m'aidez. Il y a une araignée dans la salle de bains!
5 Jeune homme, apportez des serviettes propres immédiatement.
6 Excusez-moi, monsieur, ma dent de sagesse me fait mal.
7 Pardon madame, il n'y a plus de papier hygiénique dans les toilettes.
8 Mon rasoir/Mon sèche-cheveux ne marche pas.

7 1 descendu, 2 déplacement, 3 bruit, 4 chambre, 5 plein, 6 plus, 7 parlaient, 8 nuit, 9 lit, 10 fois, 11 désirer, 12 serviettes, 13 papier, 14 repas, 15 rassis, 16 durs/trop cuits/trop saignants, 17 rapide, 18 débordé.

8 **1** T, **2** 2, **3** 2, **4** M, **5** T, **6** M, **7** 2, **8** 0, **9** M, **10** T, **11** 0, **12** T, **13** 2, **14** 2, **15** M, **16** T, **17** T, **18** M, **19** 2, **20** 0.

9 (*Suggested answer*)
Situé à cheval entre l'Anjou et la Touraine, l'hôtel *Cœur de Lion* vous propose l'étape idéale pour votre séjour dans la région. Vous apprécierez l'ambiance unique, l'accueil chaleureux, le confort des chambres climatisées avec leur luxueuse salle de bains. Marie-Pascale et son équipe, comme tous les autres membres du personnel de l'hôtel font tout leur possible pour vous offrir un service personnalisé. Notre restaurant panoramique vous permettra, tout en admirant notre merveilleux château qui est juste en face, de profiter d'un choix de plats gastronomiques et traditionnels, préparés avec soin par notre chef de cuisine Pierre Merlot. (Nous pouvons aussi servir des repas spécialement adaptés en cas de régime alimentaire). Au premier étage,

nous avons ouvert de nouvelles salles pour des réunions et des conférences, mais aussi pour des repas de mariage, de baptêmes, de communions et autres fêtes. Tous nos clients peuvent profiter de la

piscine couverte et du centre *Wellness*. De plus, nous mettons à leur disposition un grand parking qui se trouve à côté de l'hôtel.

10 (*Suggested answers*)

	EUROTUNNEL	FERRY	EUROSTAR	AVION
Avantages	Moins stressant Très rapide Plus flexible Service régulier On est indépendant	Plus flexible Une mini-croisière Des traversées fréquentes Bon marché On est indépendant	Très rapide Service régulier En plein cœur de Londres/Paris Correspondances Moins stressant	Très rapide
Inconvénients	Claustrophobie Assez cher	Moins rapide Mal de mer On dépense plus en route Intempéries	Ça coûte cher Claustrophobie Moins pratique, sans voiture	Beaucoup de contrôles Mal de l'air Assez cher Intempéries

11 (*Suggested answers*)

… je prendrai l'Eurostar parce que c'est le moyen le plus pratique et le plus rapide pour arriver à Londres. Je me servirai de mon ordi portable et de mon mobile pendant le voyage pour finir de préparer ma réunion d'affaires. En classe business c'est très confortable et je peux aussi me reposer.

… nous prendrons l'Eurotunnel, qui est très rapide et fiable. Ça ne coûtera pas trop cher parce que nous sommes quatre dans la famille, dont deux enfants. Avec l'Eurotunnel, on a la possibilité d'arriver le même jour. Donc on n'est pas obligé de s'arrêter pour la nuit et de payer une chambre d'hôtel.

… je choisirai l'avion. Il y a un vol direct de l'aéroport de Stansted à Londres vers La Rochelle. Avec les tarifs intéressants que l'on trouve maintenant, en particulier sur internet, ça ne coûtera pas cher, et ça me permettra de passer plus de temps avec mes parents.

12 12, 4, 6, 9, 11, 5, 3, 13, 8, 10, 7, 14, 2.

13 (*Suggested answer*)
Bonjour Patrick! Il y a deux semaines je suis allé(e) à Londres en Eurostar où j'ai d'abord visité la Tour de Londres. Après avoir vu les joyaux/bijoux de la couronne, je suis allé(e) sur la grande roue qui s'appelle 'London Eye'. Il faisait très beau et la vue

était formidable. Ensuite j'ai visité le musée de Madame Tussaud. Ce musée de cire a été créé après la Révolution de 1789. En fait, la collection a été apportée de France par Madame Tussaud elle-même. Elle comprenait des masques mortuaires de prisonniers guillotinés et aussi le couperet de la guillotine avec lequel Marie-Antoinette a été décapitée. Le musée m'a beaucoup plu car on y voit aussi beaucoup de statues en cire, grandeur nature, de personnes célèbres. J'ai dit bonjour à la reine Elizabeth 2 et j'ai demandé un autographe à Daniel Craig!

Je t'embrasse, Claude

14 1 Ce château a été construit au XVIième siècle.
2 Beaucoup de sandwichs ont été préparés pour le pique-nique.
3 Les tartes ont été confectionnées par Lucette.
4 La voiture n'a pas encore été réparée par le garagiste.
5 Des emplois ont été créés pour les jeunes.
6 La maison a été repeinte en blanc et les volets ont été repeints en bleu.
7 La serrure a été changée après le cambriolage.
8 Les légumes n'ont pas été achetés au supermarché.
9 Des lettres anonymes ont été écrites.
10 Des fossiles ont été découverts sur la plage.
11 Beaucoup de méls ont été envoyés par la DRH.
12 Beaucoup de solutions ont été proposées pour essayer de résoudre ce problème.

13 De nombreux programmes audio et vidéo ont été podcastés au cours des 6 derniers mois.
14 Un blog a été créé par 25% des internautes contre 12% l'année dernière.
15 Le coffre-fort a été forcé et des bijoux d'une valeur d'un million d'euros ont été volés.

15 1 il a été vendu par lots.
2 Ils ont été construits dans le quartier.
3 Il a été commencé en 1708 sur les bords de la Seine.
4 le quartier a été incendié.
5 la gare et son hôtel ont été construits entre 1898 et 1900.
6 a été inaugurée.
7 a été de moins en moins utilisée.
8 a été utilisée comme centre d'expédition de colis aux prisonniers, puis comme centre d'accueil à la Libération.
9 la décision de construire un musée a été prise.
10 a été classée monument historique.
11 a été créé pour diriger la construction et la mise en œuvre du musée.
12 a été inauguré par le Président de la République, François Mitterand.

16 1 Mer, 2 bicyclette, 3 baigneurs, joueurs de cartes, 4 machine à coudre, 5 Bastille, 6 gyroscope, 7 radium, 8 guillotine 9 deuxième sexe, force de l'âge, 10 montgolfière.

Bilan

1 remis à neuf, 2 ambiance, 3 accueil, 4 pas, 5 dispose, 6 climatisée, 7 protégée, 8 plats, 9 rapide, 10 varié, 11 goûts, 12 sous-sol, 13 élevée, 14 transformée, 15 prise, 16 libérés, 17 réalisée, 18 récupérées, 19 faites, 20 envoyées, 21 utilisé, 22 forme, 23 abandonné, 24 érigé, 25 redorée.

Unité 16

1 (*Suggested answers*)
Si je travaillais trop dur – 2, 6, 8, 10, 13, 15, 18.
Si j'avais plus d'argent – 3, 5, 7, 12, 14, 17.
Si je dormais mal – 1, 4, 9, 11, 16.

2 1 J, 2 C, 3 E, 4 F, 5 A, 6 B, 7 D, 8 G, 9 H, 10 I.

3 1 veniez, 2 visiteriez, 3 emmènerais, 4 montrerais, 5 aviez, 6 irions, 7 ferions, 8 allions, 9 flânerions,

10 visiterions, 11 emmènerais, 12 ferais, 13 voulais, 14 montrerait, 15 pourrais, 16 ferions, 17 mangeriez, 18 boiriez, 19 pourrions, 20 passiez, 21 nous amuserions.

4 Rosanna les emmènerait … elle leur montrerait … s'ils en avaient envie, ils iraient … ils feraient … s'ils allaient à Ajaccio … ils flâneraient le port … ils visiteraient la cathédrale … Comme elle sait que Sylviane est passionnée … Rosanna l'emmènerait … elle ferait … Si Eric voulait … Carlo lui montrerait … il pourrait … ils leur feraient découvrir … ils mangeraient … ils boiraient … ils pourraient … chez un de leurs amis … Rosanna est certaine que s'ils passaient leurs vacances chez eux, ils s'amuseraient bien.

5 (*Suggested answers*)
1 Je serais chez moi vers 7 heures si je finissais mon travail à l'heure.
2 Irais-tu à la piscine avec eux si tu avais ton maillot de bain?
3 Ils feraient du snowboard s'ils étaient plus jeunes.
4 Il y aurait moins de monde s'il faisait mauvais temps.
5 On irait voir ce film s'il n'était pas si long.
6 Elles voudraient voir leurs copines anglaises si elles allaient à Londres.
7 Est-ce que vous enverriez des cartes postales si vous aviez des timbres?
8 Il faudrait travailler plus si on devait passer un examen.
9 Vous sauriez quoi faire si quelqu'un était blessé.
10 Je ne recevrais pas de textos si je n'avais pas de portable.
11 Nous aurions froid s'il n'y avait qu'une couverture sur le lit.
12 Est-ce que tu pourrais le voir s'il venait demain?

6 (*Suggested answers*)
1 Que feriez-vous si vous aviez du temps libre?
2 Et resteriez-vous en France ou iriez-vous à l'étranger?
3 Feriez-vous du camping ou descendriez-vous à l'hôtel?
4 Que choisiriez-vous comme logement?
5 Vous visiteriez des monuments historiques?
6 Et iriez-vous au parc naturel du Morvan?
7 Et vous feriez des randonnées pédestres?
8 Et, si vous aviez le choix, vous passeriez combien de temps en Bourgogne?

7 1 un chalet, 2 un(e) moniteur-trice, 3 un bonhomme de neige, 4 une carotte, 5 un téléférique, 6 un tire-fesses, 7 une piste, 8 un traîneau, 9 une patinoire,

10 un(e) kiné(sithérapeute), 11 la luge, 12 des
raquettes (f.pl).

8 nautiques (d'hiver), peine (chance/veine), pluie
(neige), minuit (midi), archaïques (mécaniques),
télépéages (télésièges), télécommande
(téléphérique), raclette (raquettes), à fondre (de
fond), surprendre (détendre).

9 (*Suggested answers*) mon, ton, nom, mont, gant, ma
ta, nage, mage, otage, on, âme, tango, gnome, étang,
tonne, ange, étage, mât, tonne, montage, tain, mégot,
oméga, mange, met, omet, ment, gâte, ne, non.

10 1 finissent, 2 mangiez, 3 choisissions, 4 écrives,
5 lise, 6 sorte, 7 prenne, 8 passions, 9 étudions,
10 attendiez, 11 boives, 12 jouiez.

11 1 lisions, 2 sois, 3 aille, 4 apprenne, 5 aient,
6 regardions, 7 fassiez, 8 viennes, 9 fassent,
10 réussisse, 11 aie, 12 fassent.

12 1 ait, 2 vient, 3 soit, 4 aille, 5 choisisse, 6 a, 7 fasse,
8 va, 9 est, 10 fasse, 11 vienne, 12 ailles,
13 appreniez, 14 disiez, 15 vas.

Bilan

1 veniez, 2 Noël, 3 fassiez, 4 pourriez, 5 randonnées,
6 patinoire, 7 cours, 8 monitrice, 9 bleues, 10 d'hiver,
11 d'endroits, 12 préfériez, 13 montrerait, 14 visiteriez,
15 prendriez, 16 emmènerait, 17 visiterions, 18 descendrait,
19 faisait, 20 ferait, 21 veniez, 22 voyiez, 23 fasses.

Unité 17

1 Si j'étais allé(e) au Canada …1, 5, 9, 12.
Si j'avais étudié en Provence … 3, 8, 10.
Si j'étais devenu(e) célèbre … 2, 4, 6, 7, 11.

2 Si Marc et Yacine s'étaient levés de bonne heure, ils
ne se seraient pas dépêchés.
S'ils avaient pris le petit déjeuner, ils auraient été de
meilleure humeur.
Si Marc n'avait pas découvert une tache sur sa
cravate de soie, il ne se serait pas fâché.
Si Yacine n'avait pas bavardé avec une amie au
téléphone, elle aurait fait sa toilette tout
de suite.
Si elle ne s'était pas préparée si vite, elle n'aurait pas
renversé le maquillage sur sa robe.
S'ils étaient partis à l'heure, Marc n'aurait pas
dépassé la limite de vitesse.

S'il n'avait pas roulé si vite, il n'aurait pas attrapé une
amende.
S'il n'y avait pas eu d'embouteillages en route, Marc
et Yacine seraient arrivés à temps.
S'il n'y avait pas eu d'embouteillages en route, et s'ils
avaient trouvé une place dans le parking de la
mairie, Marc et Yacine seraient arrivés à l'heure.
S'ils n'avaient pas eu tant de problèmes, Marc et
Yacine n'auraient pas manqué le mariage de leur
nièce.

3 la clim, la vitre, le tableau de bord, la lunette arrière,
le freinage, le rétroviseur, le régulateur de vitesse, le
radar de recul.

4 1 E, 2 J, 3 F, 4 C, 5 A, 6 B, 7 I, 8 H, 9 D, 10 G.

5 Vrai: 4, 5, 8, 12. Faux: 1 Deux articles concernent des
accidents de la route.
2 La pluie est la cause d'un accident, du carburant
sur la route a causé l'autre.
3 Deux articles mentionnent les pompiers.
6 Il a été arrêté pour excès de vitesse/parce qu'il
roulait trop vite.
7 Elle a été arrêtée parce qu'elle roulait trop
lentement/ne roulait pas assez vite.
9 Non, elle était légèrement blessée.
10 La route n'a pas été barrée, mais la circulation
a été limitée à une seule voie.
11 Il a été suspendu provisoirement avant son
passage au tribunal.

6 1 les bagages, 2 le radar de police, 3 une nappe,
4 le tabac, 5 la radio, 6 une piqûre.

7 1 F, 2 B, 3 H, 4 I, 5 G, 6 J, 7 A, 8 E, 9 D, 10 C.

8 1 bonne, 2 repas, 3 d'alcool, 4 conseils,
5 compléter/finir/terminer, 6 froid, 7 régime, 8 lit,
9 lisez, 10 bouillon.

9 1, 9, 3, 15, 7, 11, 16, 12, 17.
1, 14, 8, 2, 4, 6, 13, 10, 5.

10 6 is wrong. (← Demander qu'on vous donne la
réponse à la solution.)

11 1 aveugle, du diabète, 2 boite, abcès, 3 marcher, la
patte, 4 parle, du bec.

12 1 E, 2 F, 3 K, 4 A, 5 H, 6 G, 7 C, 8 J, 9 I, 10 L,
11 B, 12 D.

13 1, 3, 6, 8, 9 V.
5, 10 on ne sait pas.
2 F Elles sont plus sensibles aux substances nocives
comme la drogue et l'alcool.

4 F Les femmes ont plus de difficulté.
7 F Les hommes ont eu plus de réussite.

14 1 égaux, 2 raisons, 3 effet, 4 directes, 5 tranquillisant, 6 l'alcool, 7 ivresses, 8 fréquentes, 9 vulnérables, 10 physique, 11 consommation, 12 dépendantes 13 boisson, 14 traitement.

Bilan

1 soit, 2 ait, 3 soit, 4 vitesses, 5 de recul, 6 marche, 7 réglable, 8 permettrais, 9 perdrais, 10 stressé, 11 j'aie, 12 régulateur, 13 de vitesse, 14 avait, 15 aurais, 16 une amende, 17 accrochage, 18 douleurs, 19 torticolis, 20 bleus, 21 la tête, 22 rhabiller, 23 radio, 24 fièvre, 25 boutons, 26 ordonnance, 27 crème, 28 aiguës, 29 diarrhée, 30 docteur, 31 intoxication, 32 avis.

Unité 18

1 1 tragique, 2 original, 3 facile, 4 amusant, 5 cher, 6 laid, 7 suspect, 8 difficile, 9 drôle, 10 interdit.

2 1 touchez, 2 jeter un coup d'œil, 3 pense, 4 remédier, 5 touche, 6 crois, 7 habitue, 8 intéresse, 9 habituent, 10 jeter un coup d'œil.

3 1 V, 2 ?, 3 V, 4 F, 5 ?, 6 F, 7 V, 8 F, 9 F, 10 V, 11 F, 12 ?.

4 1 F, 2 D, 3 H, 4 B, 5 J, 6 I, 7 G, 8 A, 9 C, 10 E.

5

¹M	I	²T	³T	⁴E	R	R	⁵A	N	⁶D
I		⁷R	A	T			M		O
D		I			⁸V	E	⁹T	U	
I		¹⁰S	A	¹¹L	E		¹²R	E	Z
		T		A			¹³T	E	
¹⁴O	B	E	L	I	S	¹⁵Q	U	E	
P		S		D		U			¹⁶M
E		¹⁷S	A		¹⁸P	E	C	H	E
¹⁹R	U	E		²⁰S		U			
²¹A	N		²²S	I	M	E	N	O	N

6 A, E, B, F, C, H, G, D.

7 1 Les parents d'Amélie attendaient les bagages.
2 Son frère et sa sœur dormaient par terre.
3 Ils vivaient au Japon.
4 Elle savait que c'était un pays où on buvait du thé.
5 Il lui donna/tendit un bol de thé brûlant.
6 Elle le trouva fort et fabuleux.
7 Elle allait faire de grandes choses.
8 En gambadant et/en tournant comme une toupie.

8 (*Suggested answer*)
Amélie Nothomb est belge mais elle est née à Kobe au Japon en août 1967. Son père étant ambassadeur, la famille a beaucoup voyagé. À l'âge de 5 ans Amélie est partie en Chine avec sa famille. Puis plus tard ils sont allés à New-York où Amélie a fait ses études secondaires. Elle a étudié la philologie ancienne à l'université de Bruxelles. Elle aime voyager et elle passe son temps entre Paris et Bruxelles. À 19 ans elle a pensé devenir interprète et elle a décidé d'aller travailler au Japon pour une entreprise japonaise. Elle y a été humiliée et a fini par y nettoyer les WC. Cette expérience est racontée dans le roman *Stupeur et tremblements* qui a obtenu le Grand prix du roman de l'Académie. Adolescentes, Amélie et sa sœur aînée sont devenues anorexiques. Son premier roman intitulé *Hygiène de l'assassin*, a connu un grand succès. Elle publie environ un roman par an, parmi lesquels *Le Sabotage amoureux* en 1993, *Les Combustibles* en 1994 et *Stupeur et tremblements* en 1999.

9 (*Suggested answers*)
Charles GARNIER est né … il est devenu …, son projet a remporté …, qui a inauguré …, a surpris …, a demandé, …il a répondu, …il est mort.
Sarah BERNHARDT est née …, …ont marqué, …a fait, … a mené, … a créé, …est morte.
Jacques OFFENBACH est né …, …il est venu étudier, …il a gagné sa vie, …il est devenu, …il a fondé, …il a écrit, …qui a immortalisé, …il est mort.

10 1 s'échappa, 2 monta, 3 explora, 4 tourna, 5 alla, 6 fit, 7 accepta, 8 devint, 9 épousa, 10 voyagea, 11 rencontra, 12 repartit, 13 donna, 14 publia, 15 embarqua, 16 tira, 17 acheta, 18 continua,

19 s'installa, 20 publia, 21 s'intéressa aussi,
22 mourut, 23 écrivit, 24 furent.

11 (*Suggested answers*)
1 que j'ai exploré tout seul et dont j'ai tourné le gouvernail.
2 je suis allé à Paris finir mes études de droit.
3 j'ai fait la connaissance d'Alexandre Dumas qui a monté ma pièce *Les Pailles rompues*. Puis je suis devenu secrétaire du Théâtre Lyrique.
4 j'ai épousé Honorine Morel, que j'ai rencontrée au mariage d'un ami.
5 j'ai voyagé en Écosse avec mon ami Hignard.
6 je suis reparti avec lui en Scandinavie.
7 ma femme a donné naissance à notre fils.
8 j'ai publié *Cinq semaines en ballon*.
9 *Les aventures du capitaine Hatteras* et *Voyage au centre de la Terre* ont été publiés.
10 j'ai embarqué sur le *Great Eastern* à Liverpool.
11 mon premier bateau, le *Saint-Michel* dont j'ai fait mon cabinet de travail.
12 j'ai continué à écrire.
13 nous nous sommes installés à Amiens.
14 je me suis intéressé à l'espéranto.
15 j'ai écrit des pièces de théâtre, des poèmes et des essais.

Bilan

1 entre, 2 enfance, 3 offrit, 4 installer, 5 acheta, 6 certaine, 7 exposé, 8 reçut, 9 prix, 10 l'histoire, 11 fut, 12 furent, 13 fut élevée, 14 célèbre, 15 d'Austerlitz, 16 fut, 17 démonté, 18 place, 19 Marie Curie, 20 physicienne, 21 Camille Claudel, 22 sculptrice, 23 Georges Pompidou, 24 homme politique, 25 Claude Monet, 26 peintre.

Les citations du jour

1 Some people are so boring they can make you waste a day in five minutes. (Jules Renard).
The best way of turning a woman's head is to tell her she's got a lovely profile. (Sacha Guitry)
2 The chains of marriage are so heavy that you need two to carry them, sometimes three. (Alexandre Dumas)
3 If you were building the house of happiness, the largest room would be the waiting-room. (Jules Renard)

4 The height of optimism is to go into a top restaurant counting on finding the pearl in the oyster that will pay the bill. (Tristan Bernard)
5 You only get rid of poverty by giving the destitute the means of controlling their destiny themselves. (Muhammad Yunus)
6 We don't inherit the earth from our ancestors, we borrow it from our children. (Antoine de Saint-Exupéry)
7 Since we've had TV at home, we all sit on the same side of the table at mealtimes, as in Leonardo de Vinci's *The Last Supper*. (Marcel Pagnol)
The best way of getting to sleep is to imagine it's time to get up. (Groucho Marx)
8 You shouldn't trust engineers; what starts with a sewing machine ends up with the atom bomb. (Marcel Pagnol)
9 God said: There will be tall men and short men, good-looking men and ugly men. There will be black men and white men… And all of them will be equal. But that won't always be easy. And he added: There will even be some who are short, black and ugly and for them it will be very hard.*
(Coluche)
Coluche often employed shock tactics to shake his audience out of its complacency, using for example, seemingly racist remarks to counter racism. He was committed to fighting poverty, racism and all forms of political and social injustice.
10 Mushrooms grow in damp places. That's why they're shaped like umbrellas. (Alphonse Allais)
A woman's handbag is a real toolkit, like the ones plumbers cart around. And all day long, whenever they've got a spare moment, they carry out repairs. (Jean Cau)
11 In the public services sector, people who arrive late pass those who are leaving early on the stairs. (Georges Courteline)
12 Too fast, the car. So many lovely places where you can't stop. (Jules Renard)
The train – the poor man's car. All it lacks is being able to go everywhere. (Jules Renard)
13 I am capable of the best, as I am capable of the worst, but I am at my best when I am at my worst. (Coluche)
14 Any driver capable of unfolding and refolding a road map is ready to learn to play the accordion. (André Verchuren)
15 We have learnt about straight lines thanks to the aeroplane. (Antoine de Saint-Exupéry)
16 The world would be better for children if the parents were forced to eat spinach. (Groucho Marx)

Wherever he is, wherever he goes, man continues to think with the words and syntax of his own country. (Roger Martin du Gard)

17 A car in which every part except the horn makes a noise is called a second-hand car. (Pierre Dac)
It's easy to stop smoking, I stop 20 times a day! (Oscar Wilde)

The advantage of being a doctor is that whenever a mistake is made, it can be buried straight away. (Alphonse Allais)

18 The Mona Lisa is smiling because all the people who drew moustaches on her face are dead. (André Malraux)